国家级一流本科课程参考教材（证书编号：2023230270）

语言田野调查方法

THE METHODS OF LANGUAGE FIELDWORK

◎ 王远新 / 著

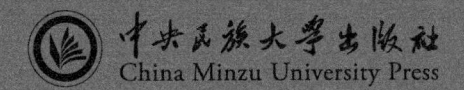

中央民族大学出版社
China Minzu University Press

图书在版编目（CIP）数据

语言田野调查方法 / 王远新著 . -- 北京：中央民族大学出版社，2025.2.（2025.8 重印）-- ISBN 978-7-5660-2444-2

Ⅰ. H004.2

中国国家版本馆 CIP 数据核字第 20242U42T0 号

语言田野调查方法

作　　者	王远新
责任编辑	买买提江·艾山
封面设计	布拉格
出版发行	中央民族大学出版社
	北京市海淀区中关村南大街27号　邮编：100081
	电话：(010)68472815(发行部)　传真：(010)68932751(发行部)
	(010)68932218(总编室)　　　(010)68932447(办公室)
经 销 者	全国各地新华书店
印 刷 厂	北京鑫宇图源印刷科技有限公司
开　　本	787mm×1092mm　1/16　印张：19.75
字　　数	400千字
版　　次	2025年2月第1版　2025年8月第2次印刷
书　　号	ISBN 978-7-5660-2444-2
定　　价	80.00元

版权所有　翻印必究

目 录

绪 论 ·· 1

第一章 语言田野调查的历史回顾 ··· 4
第一节 早期语文学的田野调查 ··· 4
一、采风 ··· 4
二、传教 ··· 5
三、考证 ··· 5
四、语言学习 ··· 6
第二节 现代语言学的田野调查 ··· 6
一、历史比较语言学的田野调查 ··· 7
二、方言地理学的田野调查 ··· 8
三、人类语言学的田野调查 ··· 9
四、描写语言学的田野调查 ··· 10
五、社会语言学的田野调查 ··· 11
第三节 我国汉语方言和少数民族语言的田野调查 ·························· 12
一、汉语方言调查 ··· 12
二、少数民族语言调查 ··· 16
三、方言地理学调查 ··· 17
四、社会语言学调查 ··· 22
第四节 本章小结 ··· 24
习题 ··· 26

第二章 语言田野调查的价值、内容和学术伦理 ······························· 27
第一节 语言田野调查的价值 ··· 27
一、语言田野调查是获取第一手材料的重要途径 ··························· 27
二、语言田野调查是不断更新理论认识的重要途径 ······················· 28
三、语言田野调查具有重要的实用价值 ··· 28
四、语言田野调查是提高综合素养和学术水平的重要途径 ··········· 28
第二节 语言田野调查的主要内容 ··· 29

一、语言本体调查 ………………………………………………… 29
　　二、语言生活调查 ………………………………………………… 31
　　三、语言态度和语言认同调查 …………………………………… 32
　第三节　语言田野调查的学术伦理 ………………………………… 33
　　一、学术伦理和学术规范 ………………………………………… 33
　　二、道德层面的学术伦理 ………………………………………… 33
　第四节　正确认识语言研究中的"主流"与"非主流" …………… 41
　第五节　本章小结 …………………………………………………… 41
　习题 …………………………………………………………………… 42

第三章　怎样选择可持续性的语言研究 ……………………………… 43
　第一节　利用和挖掘身边的语言资源，关注空白调查点 ………… 43
　　一、利用母语优势，从描写走向解释 …………………………… 44
　　二、从普通话或方言变体、变异切入，寻找新课题 …………… 46
　　三、主动挖掘身边的语言资源 …………………………………… 48
　　四、关注空白调查点 ……………………………………………… 49
　第二节　关注语言生活及其变迁 …………………………………… 49
　　一、城市语言生活调查 …………………………………………… 50
　　二、农村语言生活调查 …………………………………………… 50
　　三、语言态度和语言认同调查 …………………………………… 51
　第三节　本章小结 …………………………………………………… 52
　习题 …………………………………………………………………… 52

第四章　语言田野调查的方法论特点 ………………………………… 53
　第一节　语言田野调查理论与实践的关系 ………………………… 53
　　一、理论的功用 …………………………………………………… 54
　　二、理论和材料的关系 …………………………………………… 55
　第二节　语言田野调查的方法论 …………………………………… 56
　　一、宏观与微观结合 ……………………………………………… 56
　　二、共时与历时结合 ……………………………………………… 57
　　三、定量与定性结合 ……………………………………………… 59
　　四、主位与客位结合 ……………………………………………… 60
　　五、类型对比分析 ………………………………………………… 61
　第三节　本章小结 …………………………………………………… 62
　习题 …………………………………………………………………… 64

第五章 语言本体调查方法及注意事项 …… 65
第一节 字音调查法 …… 65
一、字音调查法的缘起 …… 65
二、字音调查法的特点 …… 66
三、对字音调查法的评价及辩护理由 …… 68
第二节 词表、词语和语法大纲调查法 …… 71
一、词表调查法 …… 71
二、词语调查法 …… 73
三、语法大纲调查法 …… 73
第三节 综合调查法 …… 75
第四节 调查注意事项 …… 76
一、调查点和调查对象的选择 …… 76
二、调查工具的运用 …… 77
三、同音字表的整理 …… 78
四、调查时机的把握 …… 79
五、发音人语料的处理 …… 80
六、特色词语的筛选和调查 …… 81
七、长篇语料的获取 …… 81
第五节 本章小结 …… 82
附录一 文白异读专项调查问卷 …… 84
附录二 汉语方言变异调查问卷 …… 89
习题 …… 96

第六章 语言生活调查的主要内容和方法 …… 97
第一节 日常生活领域的综合调查 …… 98
一、语言社区维度 …… 98
二、群体维度 …… 101
三、部门维度 …… 104
第二节 专门领域的调查 …… 104
一、行政和司法领域调查 …… 104
二、传媒和文化领域调查 …… 106
三、教育领域调查 …… 107
第三节 特殊领域和群体的调查 …… 109
一、特殊领域调查 …… 110

二、特殊群体调查 ·· 111
　第四节　进一步说明的两个问题 ··· 111
　　一、濒危语言调查 ·· 111
　　二、高同质性社区语言生活调查 ··· 112
　第五节　本章小结 ·· 113
　附录　生态移民社区语言生活调查问卷 ··· 114
　习题 ·· 126

第七章　语言生活调查点的选择及相关问题 ································ 127
　第一节　选择调查点需要兼顾的因素 ·· 127
　　一、兼顾民族分布状况 ·· 127
　　二、兼顾社区类型 ·· 128
　　三、兼顾地理环境 ·· 130
　　四、兼顾周边语言文化环境 ··· 131
　　五、统筹兼顾不同因素 ·· 132
　第二节　顺利进入田野点的路径 ··· 135
　　一、由上而下 ··· 136
　　二、由下而上 ··· 136
　　三、由点及面 ··· 137
　第三节　克服语言交流的障碍 ·· 138
　　一、试调查阶段 ·· 138
　　二、正式调查阶段 ·· 140
　第四节　本章小结 ·· 141
　习题 ·· 142

第八章　传媒领域语言生活调查 ··· 143
　第一节　传媒领域语言生活调查应当关注大众的需求 ······················ 143
　第二节　传媒领域语言生活调查的主要内容和方法 ························· 145
　　一、调查内容 ··· 145
　　二、调查方法 ··· 145
　第三节　传媒领域语言生活的对比分析 ··· 149
　　一、历时和共时维度的对比 ··· 149
　　二、可比性和综合研判 ·· 150
　第四节　对不同语言文字媒体发展趋势的思考 ······························· 151
　第五节　本章小结 ·· 152

目 录

  附录　公务人员语言使用和语言态度调查问卷 ……………… 153
  习题 ……………………………………………………………… 164

第九章　语言田野调查的文献方法 ………………………………… 165
 第一节　文献综述与田野文献的关系 …………………………… 165
 第二节　研究文献的阅读、梳理和评述 ………………………… 166
  一、广泛深入阅读 ……………………………………………… 167
  二、谨慎客观评述 ……………………………………………… 168
  三、结合实际创新 ……………………………………………… 169
  四、审慎对待研究文献中的数据和结论 ……………………… 170
 第三节　田野文献的搜集和使用 ………………………………… 176
  一、不轻信"知情人"提供的数据 …………………………… 176
  二、慎重使用某些地方文献数据 ……………………………… 182
 第四节　本章小结 ………………………………………………… 184
 习题 ………………………………………………………………… 185

第十章　访谈法在语言田野调查中的运用 ………………………… 186
 第一节　访谈与聊天 ……………………………………………… 186
 第二节　访谈法的特点 …………………………………………… 187
  一、集体和个体访谈 …………………………………………… 187
  二、结构访谈 …………………………………………………… 187
  三、非结构访谈 ………………………………………………… 190
  四、半结构访谈 ………………………………………………… 190
 第三节　访谈注意事项 …………………………………………… 192
  一、学术态度 …………………………………………………… 193
  二、访谈能力 …………………………………………………… 193
  三、访谈技巧 …………………………………………………… 194
 第四节　访谈提纲和访谈材料 …………………………………… 197
  一、制订访谈提纲 ……………………………………………… 197
  二、整理和验证访谈材料 ……………………………………… 199
 第五节　本章小结 ………………………………………………… 200
 附录　访谈提纲 …………………………………………………… 201
 习题 ………………………………………………………………… 203

第十一章　观察法在语言田野调查中的运用 ……………………… 204
 第一节　观察法的特点 …………………………………………… 204

一、观察法的分类 ………………………………………………………… 204
　　二、观察法的作用 ………………………………………………………… 204
　第二节　一般观察法 ………………………………………………………… 205
　　一、非随机观察法 ………………………………………………………… 205
　　二、随机观察法 …………………………………………………………… 207
　第三节　深度观察法 ………………………………………………………… 208
　　一、试调查阶段的深度观察 ……………………………………………… 208
　　二、正式调查阶段的深度观察 …………………………………………… 209
　第四节　隐匿观察法 ………………………………………………………… 211
　第五节　本章小结 …………………………………………………………… 212
　附录　双语教学课堂观察表 ………………………………………………… 214
　习题 …………………………………………………………………………… 215

第十二章　语言生活调查问卷的设计 ……………………………………… 216
　第一节　问卷类型和设计 …………………………………………………… 216
　　一、问卷类型 ……………………………………………………………… 217
　　二、题干类型、选项或指标 ……………………………………………… 220
　第二节　问卷内容 …………………………………………………………… 221
　　一、综合性问卷的内容 …………………………………………………… 221
　　二、专项问卷的内容 ……………………………………………………… 225
　第三节　问卷核查和统计 …………………………………………………… 226
　　一、问卷核查和逻辑检验 ………………………………………………… 226
　　二、样本统计和分析工具 ………………………………………………… 227
　第四节　本章小结 …………………………………………………………… 228
　附录　民族聚居村语言生活调查问卷 ……………………………………… 229
　习题 …………………………………………………………………………… 242

第十三章　语言认同的调查内容和方法 …………………………………… 243
　第一节　语言认同的特性 …………………………………………………… 244
　　一、语言认同的天然性 …………………………………………………… 244
　　二、语言认同的建构性 …………………………………………………… 245
　　三、语言认同的互动性 …………………………………………………… 245
　第二节　语言认同的调查内容 ……………………………………………… 246
　　一、语言认同与语言结构 ………………………………………………… 246
　　二、语言认同与语言功能 ………………………………………………… 247

目录

　　三、语言认同与语言态度 ……………………………………………… 247
　　四、语言认同与社会身份建构 ………………………………………… 248
　　五、语言认同与语言政策和语言规划 ………………………………… 248
　第三节　语言认同调查的切入角度和方法 ………………………………… 249
　　一、切入角度 …………………………………………………………… 249
　　二、调查和分析方法 …………………………………………………… 250
　第四节　语言认同调查注意事项 …………………………………………… 252
　　一、语言认同影响语言能力和语言使用 ……………………………… 252
　　二、语言意识形态影响语言态度 ……………………………………… 253
　　三、社会关系网及其变化影响语言变体或变异项的使用 …………… 254
　　四、正确处理主观认知与行为表现的结构性差异 …………………… 254
　第五节　本章小结 …………………………………………………………… 255
　附录　语言认同调查问卷 …………………………………………………… 256
　习题 …………………………………………………………………………… 266
结　语 ……………………………………………………………………………… 268
附录　《语言田野调查实录（1—18）》辑刊目录 ………………………………… 272

Contents

Introduction 1
Chapter 1 Historical Review on Language Fieldwork Investigation 4
  1 Fieldwork Investigation of Early Philology 4
    1.1 Folk Collection 4
    1.2 Missionary Work 5
    1.3 Textual Research 5
    1.4 Language Learning 6
  2 Fieldwork Investigation of Modern Linguistics 6
    2.1 Fieldwork Investigation of Historical Comparative Linguistics 7
    2.2 Fieldwork Investigation of Dialect Geography 8
    2.3 Fieldwork Investigation of Cultural Anthropological Linguistics 9
    2.4 Fieldwork Investigation of Descriptive Linguistics 10
    2.5 Fieldwork Investigation of Sociolinguistics 11
  3 Fieldwork Investigation of Chinese Modern Linguistics 12
    3.1 Chinese Dialect Investigation 12
    3.2 Minority Language Investigation 16
    3.3 Dialect Geography Investigation 17
    3.4 Sociolinguistic Investigation 22
  4 Summary 24
  Exercises 26
Chapter 2 Value, Primary Contents and Academic Ethics of Language Fieldwork Investigation 27
  1 Value of Language Fieldwork Investigation 27
    1.1 Language Fieldwork Investigation Is an Important Approach to Acquiring First-Hand Data 27
    1.2 Language Fieldwork Investigation Is an Important Approach to Continuously Updating Theoretical Understanding 28

    1.3 Language Fieldwork Investigation Has Important Practical Value ·············· 28
    1.4 Language Fieldwork Investigation Is an Important Approach to Upgrading
         Comprehensive Ability and Academic Level ·· 28
  2 Primary Contents of Language Fieldwork Investigation ································ 29
    2.1 Language Investigation ·· 29
    2.2 Language Life Investigation ··· 31
    2.3 Language Attitude and Language Identity Investigation ······················ 32
  3 Academic Ethics of Language Fieldwork Investigation ································ 33
    3.1 Academic Ethics and Academic Regulations ·· 33
    3.2 Academic Ethics in Moral Aspect ··· 33
  4 Correctly Understanding the "Mainstream" and "Non-Mainstream" of
    Language Study ·· 41
  5 Summary ·· 41
  Exercises ··· 42

Chapter 3 How to Choose a Continuous Language Study ···························· 43

  1 Using and Exploring the Nearby Language Resource and Pay Attention to the
    Unstudied Investigation Points ··· 43
    1.1 Making Use of Mother Language Advantage from Description to Explanation ··· 44
    1.2 Starting with National Common Language or Dialect Varieties to Seek
         for New Topics ··· 46
    1.3 Actively Exploring the Nearby Language Resource ······························ 48
    1.4 Paying Attention to the Unstudied Investigation Points ······················· 49
  2 Pay Attention to the Language Life and Its Change ································ 49
    2.1 Urban Language Life Investigation ··· 50
    2.2 Rural Language Life Investigation ··· 50
    2.3 Language Attitude and Language Identity Investigation ······················ 51
  3 Summary ·· 52
  Exercises ··· 52

Chapter 4 Characteristics of Language Fieldwork Investigation Methodology ········· 53

  1 Relationship between Theory and Practice of Language Fieldwork Investigation ······ 53
    1.1 Theoretical Functions ·· 54
    1.2 Relationship between Theory and Data ··· 55
  2 Methodology of Language Fieldwork Investigation ····································· 56

2.1	Macroscopic and Microscopic Combination	56
2.2	Synchronic and Diachronic Combination	57
2.3	Quantity and Quality Combination	59
2.4	Emic and Etic Combination	60
2.5	Typological Comparative Analysis	61
3	Summary	62
	Exercises	64

Chapter 5 Methods and Notes of Language Investigation 65
- 1 Investigation Method of Character Phonology 65
  - 1.1 Origins of Investigation Method of Character Phonology 65
  - 1.2 Features of Investigation Method of Character Phonology 66
  - 1.3 Evaluation and Justification of Investigation Method of Character Phonology ... 68
- 2 Investigation Method of Wordlist, Vocabulary and Grammar Outline 71
  - 2.1 Wordlist Investigation Method 71
  - 2.2 Vocabulary Investigation Method 73
  - 2.3 Grammar Outline Investigation Method 73
- 3 Comprehensive Investigation Method 75
- 4 Notes on Investigation 76
  - 4.1 Selection of Investigation Points and Targets 76
  - 4.2 Use of Investigation Tools 77
  - 4.3 Arrangement of Homophonic List 78
  - 4.4 Grasping Investigation Timing 79
  - 4.5 Dealing with Informant's Corpus 80
  - 4.6 Selection and Investigation of Characteristic Vocabulary 81
  - 4.7 Acquisition Long Form Corpus 81
- 5 Summary 82
- Appendix 1 Colloquial and Literary Reading Questionnaire 84
- Appendix 2 Chinese Dialect Variation Questionnaire 89
- Exercises 96

Chapter 6 Primary Contents and Method of Language Life Investigation 97
- 1 Comprehensive Investigation into Daily Life Domain 98
  - 1.1 Linguistic Community Dimension 98
  - 1.2 Group Dimension 101

  1.3 Administration Dimension ·· 104
 2 Investigation into Specific Domain ·· 104
  2.1 Investigation into Administrative and Judicial Domain ····························· 104
  2.2 Investigation into Media and Cultural Domain ·· 106
  2.3 Investigation into Educational Domain ·· 107
 3 Special Domain and Group Investigation ··· 109
  3.1 Investigation into Special Domain ·· 110
  3.2 Investigation into Special Group ··· 111
 4 Further Illustration of Two Questions ·· 111
  4.1 Endangered Language Investigation ··· 111
  4.2 Language Life Investigation of Highly Homogeneous Community ················ 112
 5 Summary ·· 113
 Appendix Language Life of Ecological Migration Community Questionnaire ············ 114
 Exercises ·· 126

Chapter 7 Selection of Language Life Investigation Points and Related Questions ··· 127

 1 Factors Required Consideration When Selecting Investigation Points ················· 127
  1.1 Considering Minority Distribution Condition ·· 127
  1.2 Considering Community Type ·· 128
  1.3 Considering Geographical Environment ··· 130
  1.4 Considering Surrounding Linguistic-Cultural Environment ························ 131
  1.5 Considering Different Factors in General ··· 132
 2 Path of Successful Entrance into Fieldwork Point ·· 135
  2.1 Top-Down ·· 136
  2.2 Bottom-Up ··· 136
  2.3 From Point to Surface ·· 137
 3 Overcoming Language Communication Barrier ·· 138
  3.1 Test Investigation Stage ··· 138
  3.2 Formal Investigation Stage ·· 140
 4 Summary ·· 141
 Exercises ·· 142

Chapter 8 Language Life Investigation in Media Domain ································ 143

 1 The Language Life Investigation for Mass Media Domain Is to Care for
  Public Demands ··· 143

2 Primary Contents and Methods of Language Life Investigation in Media Domain	145
2.1 Investigation Contents	145
2.2 Investigation Methods	145
3 Comparative Analysis of Language Life in Media Domain	149
3.1 Comparison of Diachronic and Synchronic Dimension	149
3.2 Comparability and Synthetic Judgement	150
4 The Consideration about the Mass Media Development of Different Languages and Writing Systems	151
5 Summary	152
Appendix Government Official's Language Use and Language Attitude Questionnaire	153
Exercises	164
Chapter 9 Literature Method of Language Fieldwork Investigation	165
1 Relationship between Literature Review and Fieldwork Literature	165
2 Reading, Rearrangement and Comment of Research Literature	166
2.1 Broad and Deep Reading	167
2.2 Careful and Objective Comment	168
2.3 Integrated Practical Innovation	169
2.4 Cautious Attitude towards the Data and Conclusions in Research Literature	170
3 Collection and Use of Fieldwork Literature	176
3.1 Careful for the Data Insider Provides	176
3.2 Carefully Use Certain Local Literature Data	182
4 Summary	184
Exercises	185
Chapter 10 Use of Interview in Language Fieldwork Investigation	186
1 Interview and Chat	186
2 Features of Interview	187
2.1 Collective and Individual Interview	187
2.2 Structural Interview	187
2.3 Non-Structural Interview	190
2.4 Semi-Structural Interview	190
3 Notes on Interview	192
3.1 Academic Attitude	193

	3.2	Interview Ability	193
	3.3	Interview Skills	194
4	Interview Outline and Interview Material		197
	4.1	Draft Interview Outline	197
	4.2	Arrange and Verify Interview Material	199
5	Summary		200
Appendix Interview Outline			201
Exercises			203

Chapter 11 Use of Observation in Language Fieldwork Investigation 204

1	Features of Observation		204
	1.1	Observation Classification	204
	1.2	Observation Functions	204
2	Common Observation		205
	2.1	Nonrandom Observation	205
	2.2	Random Observation	207
3	Deep Observation		208
	3.1	Deep Observation in Test Investigation Stage	208
	3.2	Deep Observation in Formal Investigation Stage	209
4	Hidden Observation		211
5	Summary		212
Appendix Observation Table for Bilingual Teaching Class			214
Exercises			215

Chapter 12 Design the Language Life Investigation Questionnaire 216

1	Questionnaire Types and Design		216
	1.1	Questionnaire Types	217
	1.2	Stem, Option and Target	220
2	Questionnaire Content		221
	2.1	Comprehensive Questionnaire Content	221
	2.2	Specific Questionnaire Content	225
3	Questionnaire Examination and Statistics		226
	3.1	Questionnaire Examination and Logic Verification	226
	3.2	Sample Statistics and Analysis Tool	227
4	Summary		228

Contents	· 7 ·

    Appendix   Language Life of Ethnic Concentration Villages Questionnaire ·············· 229

    Exercises ··· 242

Chapter 13 Investigation Content and Method of Language Identity ·················· 243

    1   Features of Language Identity ··· 244

        1.1   Naturalness of Language Identity ·· 244

        1.2   Constructiveness of Language Identity ·· 245

        1.3   Interactivity of Language Identity ··· 245

    2   Investigation Content of Language Identity ··· 246

        2.1   Language Identity and Language Structure ····································· 246

        2.2   Language Identity and Language Function ····································· 247

        2.3   Language Identity and Language Attitude ······································ 247

        2.4   Language Identity and Social Identity Construction ························ 248

        2.5   Language Identity and Language Policy and Language Planning ········ 248

    3   Angle of Entry and Method of Language Identity Investigation ·············· 249

        3.1   Angle of Entry ·· 249

        3.2   Investigation and Analysis Method ··· 250

    4   Some Considerations for Language Identity Investigation ······················· 252

        4.1   Influence of Language Identity upon Language Competence and Use ············ 252

        4.2   Language Ideological Influence upon Language Attitude ·················· 253

        4.3   Influence upon Language Variaty and Variant by Social Relational

             Net and Its Changes ··· 254

        4.4   Correctly Handling the Structural Difference of Subjective Cognition and

             Behavioral Expression ·· 254

    5   Summary ·· 255

    Appendix   Language Identity Questionnaire ··· 256

    Exercises ··· 266

Epilogue ··· 268

Appendix Table of Contents for the Series *Language Fieldwork*

    Memoir (*I-XVIII*) ·· 272

绪 论

"田野"一词的原意指远离城市的地方,特别是指与城市文化不同的偏远地区。"田野调查"原意指研究者深入异文化的偏远地区,调查当地人的文化特点和认识世界的方式,并以此获得地方性知识。因此,以往的田野调查者常将与城市文化有明显差异的偏僻乡村地区作为调查地。随着工业化和人口流动速度的加快,以及全球化和互联网的发展,人们的生产和生活方式、价值观和看待世界的方式都产生了巨大变化,研究者选择调查地的标准以及研究视野也有了很大变化。与之相应,"田野"的概念及"田野调查"的范围逐渐扩大。

从调查点的选择看,不同类型社区如实体和虚拟社区、城市和乡村社区等,不同领域如教育、传媒、行政、司法领域等,不同群体如大学生、进城务工者、"海归"群体等,都可以作为田野调查点,可谓"无处不是田野"。从调查对象和研究问题的角度看,研究者不再局限于调查研究陌生的语言文化,也调查研究熟悉的语言文化;不仅强调单点语言文化的调查,也重视多点语言文化的调查;不仅重视共时语言文化的调查,也强调历时语言文化的研究;不仅重视语言文化差异性的调查,也强调语言文化共性的探讨。更重要的是,田野调查的指导思想、调查和研究方法不再是简单的"二元对立"模式。总之,现代意义上的田野调查指研究者为特定目的、选择适当调查点和调查群体,在调查地做系统的调查,并在此基础上开展相关研究的全过程。

立足于语言田野调查,凡是与语言文字使用相关的社区、领域和群体,都可以从特定问题出发,从特定角度切入,采用特定的方法开展综合性的田野调查,目的是获取与语言文字及其使用相关的第一手材料、数据和案例,并在此基础上建构语言学理论。

田野调查是一个复合概念,包含多种理论和方法,并因其实证价值在众多社会人文学科中得到广泛运用。它不仅是语言学、社会学、人类学、民族学、教育学、考古学以及史学中的口述史和文学中的口传文学(民间文学)等学科获取第一手材料的基本方法,也是这些学科的常规工作。语言田野调查(又称田野语言学,Field Linguistics)发端虽早,但从学科史和学术谱系看,它是英国功能人类学家 B. 马林诺夫斯基(B. Malinowski,1884—1942)语言交际功能(phatic communion)学说,美国学者 F. 鲍阿斯(F. Boas,1858—1942)、E. 萨丕尔(E. Sapir,1884—1939)、L. 布龙菲尔德(L. Bloomfield,1887—1949)等人开创的描写语言学(Descriptive Linguistics)和人类语言学（又称语言人类学，Linguistic Anthropology），美国语言学家 W. 拉波夫（W. Labov, 1927—）开创的社会语言学（Sociolinguistics）的延续。

　　有人对陌生的远方充满了无限想象，长期深入异域他乡，体验异文化的独特魅力，痴迷于田野调查；有人认为田野调查的经历是进入某一专业领域的必修课，它不仅是获取专业领域第一手材料的重要途径，而且是培养学科基本功的最好训练；有人将田野调查视为"人生礼仪"（容观夐，1999：75），认为它是人生和学术成长的必经之途。无论立足怎样的角度，总体而言，田野调查主要有三个目的：一是取证，它是获取第一手材料的主要途径；二是专业训练，它是将课堂或书本知识、学科理论和方法运用于实践并加以检验的最佳方式；三是理论生成，它是学术创新的重要途径。

　　早在传统语文学时期，东西方语文学家就开始了语言田野调查的实践。比如，中国周朝形成的采风制度，除采集民歌，还搜集异地词语；汉代扬雄在前人调查的基础上，补充调查、考证分析，开启了我国方言研究的先河。近代时期，西方历史语言学后期和中国清末民初时期的方言调查研究均得到了一定发展。总体而言，东方的语言调查主要是为考察语言的发展演变寻找线索和证据，其研究旨趣是历史主义的。西方的语言调查研究有两个传统：一是与东方传统相似，语言调查为历史比较语言学服务，比如19世纪70年代德国莱比锡大学一批青年语言学家（新语法学派，又称青年语法学派，Junggrammatiker）开展的方言调查，目的是为语言的历史比较研究寻找证据；另一个传统起初是反历史主义的，即不满新语法学派"语音规律无例外"学说建立的研究方法。这一学派的学者认为，语言的发展演变不仅有直线发展的一面，还存在区域语言或不同方言之间相互影响形成的区域语言联盟（allying of language）的发展模式。他们试图用方言地理分布研究替代历史比较法，其成果包括语言联盟、方言地理学（Dialect Geography，又称语言地理学 Linguistic Geography）、波浪理论（Wave Theory）等。

　　现代语言学的田野调查，经由美国描写语言学、人类语言学和社会语言学的倡导和实践，逐渐发展成为比较成熟的调查研究模式。可以毫不夸张地说，从现代语言学不同分支学科的角度看，语言田野调查至少是社会语言学、人类语言学、描写语言学（包括方言学）、方言地理学等学科存在和发展的基础。

　　W. 拉波夫（1972：97—120）曾采用比喻的说法，将语言学不同分支与研究者的主要活动场所联系起来：历史语言学家离不开图书馆，人类语言学家远涉高山丛林，心理语言学家据守实验室，理论语言学家在书房里内省反思，社会语言学家的主要活动场所则是城市里的大街小巷（徐大明，2006：18）。这形象地指出了不同语言学分支获取研究素材的途径，也在一定程度上体现了不同分支学科的方法论特点。语言学不同分支学科的研究方法包括获取语料的方法均受特定语言观影响，都在以往研究的基础上取得了巨大成就，同时也都有各自的局限性。

美国人类学家A.古塔（Akhil Gupta）和J.弗格森（James Ferguson）认为（2005：43）："进入'田野'就意味着到另一种不同于自己文化的地方去，去那里生活就是进入另一个'世界'，从'田野'返回就意味着离开那个世界而到达这个世界，即学术机构所在的世界。"长期深入一个田野点进行持续性的田野调查固然重要，它是揭示某类社区、领域和群体语言生活特点的重要途径。同时，深入不同类型社区、领域和群体的调查也十分重要（即西方学者所说的"多点民族志"），因为调查经历越丰富，见识越多，对相关问题的认识就越深刻。对于学术新手而言，首先要做好一个典型田野点的调查研究，再不断增加具有可比性的田野点，扩大调查范围，进行不同类型调查个案的对比研究，才可能使自己的研究具有可持续性。

语言田野调查是获取第一手语言材料的重要途径，是语言学多个分支学科存在和发展的基础，也是学术创新的基本依据。本书遵循多学科理论和方法兼容并蓄、理论联系实际的原则，从经验科学角度，依据多年的语言田野调查实践，结合描写语言学、汉语方言学、社会语言学的理论和方法论，阐述语言田野调查的历史、理论和方法论特点，论述语言本体、语言生活、语言态度和语言认同等领域的主要研究内容、调查方法和注意事项，旨在建构具有中国特色的语言田野调查方法体系。

参考文献

[1] [美] A.古塔（Akhil Gupta），J.弗格森（James Ferguson）. 人类学定位——田野科学的界限与基础（*Anthropological Locations：Boundaries and Grounds of a Field Science*，University of California Press，1997）[M]. 骆建建，等译. 北京：华夏出版社，2005.

[2] 容观夐. 人类学方法论 [M]. 南宁：广西民族出版社，1999.

[3] 徐大明. 语言变异与变化 [M]. 上海：上海教育出版社，2006.

[4] [美] W. Labov. Same principles of linguistic methodology [J]. *Language in Society*，1972（1）.

第一章 语言田野调查的历史回顾

以现代语言学的建立为依据，可以将语言田野调查划分为早期语文学和现代语言学两大阶段。关于现代语言学的建立时间，语言学界有不同意见。有人认为历史比较语言学标志着现代语言学的建立；有人认为 F. 索绪尔（F. de Saussure，1857—1913）建立了现代语言学的基本理论，其《普通语言学教程》（*Cours de Linguistique Générale*）是现代语言学建立的标志。考虑到索绪尔是历史比较语言学后期的学者，加之《普通语言学教程》是他去世多年后由其学生根据听课笔记整理，因此，我们持前一种观点，即历史比较语言学是现代语言学的建立标志。本章简述早期语文学和现代语言学两大阶段语言田野调查的特点，以及中国现代语言学时期汉语方言、少数民族语言、方言地理学和社会语言学的田野调查。

第一节　早期语文学的田野调查

早期语文学阶段的语言田野调查主要有四方面的目的。

一、采风

"采风"指调查者到异地或异域采集、记录不同语言或方言的词语，对比或解释一些词语的来源，目的是了解异地或异域的民俗风情，并揭示其文化含义。古代中国将民歌称作"风"，因此"采风"原指中国古代的民歌搜集活动，目的是为"王者所以观风俗，知得失，自考正也"（《汉书·艺文志》）。换言之，通过搜集民歌观察民生疾苦，检讨统治得失，修订相应政策。周代时，采风已形成制度，除采集民歌，还搜集异地词语。采风者将采集的"风"集中起来，加工整理后献给天子。汉代扬雄的《轺轩使者绝代语释别国方言》（简称《方言》，共13卷）就是在采风搜集的各地词语基础上进行补充调查、分析考证的方言研究著作。公元前2世纪成书的《尔雅》是中国的辞书之祖，资料取自《楚辞》《列子》《庄子》《吕氏春秋》等文献，疏通上古时的书面语，同时收录了一些"方俗殊语"。

西方早期旅行家、传教士的语言田野调查，多数具有"采风"的性质。从15世纪欧洲殖民者进入美洲到19世纪初，传教士、学者、旅行家记录的印第安语文献达700多种。这类调查多采用拉丁字母，记录并简要对比或解释异域词语，语言材料大都比较简单，相关分析也多附属其他目的，算不上严格意义的语言调查研究（蔡永良，2003：8—9），有些甚至是"猎奇"之作，词源解释也大多比较牵强。

二、传教

欧洲传教士进入美洲大陆后，或采用拉丁字母，或为印第安语创制文字，记录印第安人的语言，目的是传播宗教。创制文字、传播宗教，需要系统调查记录印第安语，并做必要的描写和分析。明清之际西方天主教传教士来华传教，清末民初（19世纪末到20世纪初）西方基督教传教士来华传教，一批传教士在我国从事汉语方言和少数民族语言调查。为了传教，他们学习汉语书面语、传教地的汉语方言或少数民族语言，留下了一批语言描写论著。进入少数民族地区的外国传教士还为一些民族创制了文字，如伯格理苗文、胡托苗文、格框式傈僳文、大写字母傈僳文（老傈僳文）、变形哈尼罗马字、景颇文、载瓦文、拉祜文、佤文、独龙文、纳西文、新平傣文（花腰傣文）等，这些文字多采用拉丁字母或其变体形式（邓章应，2007）。

三、考证

早期的一些语言调查通过搜集和记录异地方言土语，考证它们与古代书面语的关系，目的是"以今证古""通经致用"，即以古语证今语，以今语通古语。汉代扬雄的《方言》通过"博通天下名物""释古今语"，即论述名物在各地方言中的异同，为后世训诂学家考证古义提供了重要借鉴。清杭世骏《续方言》（二卷）、程际盛《方言续补》（一卷）多利用《方言》《释名》《尔雅》诸书补扬雄《方言》的不足。由于他们并未做方言调查，只是搜集古书材料加以整理，因此，方言学价值不大。自汉代扬雄的《方言》到清末民初章太炎（章炳麟，1869—1936）的《新方言》（1907—1908)[①]，中国传统方言调查研究的目的几乎都是利用方言材料诠释古代典籍，或是利用古文献资料解释方言。

章太炎的《新方言》是以探求本字和语源为目的的汉语方言词汇著作，作者运用

[①] 1906年始撰，《国粹学报》连载，1908年载毕，1909年日本东京刊行单行本，全书11卷，附"岭外三州语"。

历史主义观点和比较方法，对汉语史和语音学的发展产生了重要影响。《新方言》搜集汉语方言词语 800 余条，大体按"释词、释言、释亲属、释形体、释宫、释器、释天、释地、释植物、释动物"10 卷分类；第 11 卷为"音表"，概述古韵 23 部和古声母 21 纽；附录"岭外三州语"为其弟子黄侃（字季刚，1886—1935）所作，考释惠州、嘉应州（今梅州）、潮州客家话词语，计 60 余条。章太炎采撷《尔雅》《方言》《说文》《释名》《广雅》《广韵》以及其他文献资料的语词，与当时的方言相互印证，纵横类比制成音表，目的是以古语证今语，以今语通古语。作者运用声韵演变规律和他增创的通转（对转、旁转等）条例，论证同根词或同源词在不同历史时期或不同方域之间的贯通关系，为汉语声韵演变提供了一个可能通转的框架，并可以据此探索古语今言声韵的联系。"音表"是作者研究上古音的成果，其重要贡献是考察方言词语的本字及语源，解释了古籍中一部分难解词语，使一部分方言词语有源可考；其不足是一些词例与后来的口语相联系，难以揭示其演变过程（孙华，2006）。

17—18 世纪，藏族语文学家噶玛司都为撰写《司都文法详解》，深入藏区调查不同地区的藏语方言和嘉绒语，但其调查目的不是为了研究口语，而是为注释和说明传统藏文文法《授记根本三十颂》《字性缀联法》（王远新，1994：21）。

四、语言学习

早期语文学家深入调查地，搜集特殊词语和语法现象，并与其他语言或方言比较，目的是供其他民族了解或学习所调查的语言或方言。11 世纪，突厥语文学家马合木德·喀什噶里深入古代新疆和中亚等广大地区，进行了长达 15 年的田野调查，记录其足迹所至族群、部落语言的词汇、谚语、箴言、诗歌及其他民间文学形式，还记录了调查地的境域变迁、族群迁移、风土人情、逸闻掌故、山川关隘、都城舆情等。经多年整理，马合木德·喀什噶里编纂出突厥语民族百科全书式的工具书《突厥语词典》。他编纂这部词典的重要目的之一，是满足当时阿拉伯和波斯等地使臣、学者、商人及传教士了解或学习喀喇汗王朝语言的需要（王远新，1994：21）。

第二节　现代语言学的田野调查

研究目的不同，调查研究方法就会有差异。同样是考察语言本体问题，立足于历史来源，需要采用历史比较语言学方法；调查陌生的语言或方言，需要采用描写语言学方法；考察语言的共时结构规律，需要采用结构主义或形式主义、功能主义分析方法；分析语言的地理分布，需要采用方言地理学方法；考察语言变体和变异及其使用，需要采用社会语言学方法；考察语言结构和语言使用的认知特点，需要采用认知语言学方法。如果是一项综合性的语言研究，则需要综合采用多种语言学方法。本节立足于现代语言学史，主要阐述历史比较语言学、方言地理学、人类语言学、描写语言学、社会语言学的田野调查。

一、历史比较语言学的田野调查

19世纪，历史比较语言学的早期和中期，语言学家比较古今书面语材料，寻找建立在语音对应规律基础上的同源词，并以此构拟印欧原始母语（又称原始祖语、原始共同语），目的是建立语言的谱系。由于主要依据文献语言材料探讨语言演变规律、拟测古老的语言形式，因此，这个时期的学者普遍认为，书面文献越古老，研究价值越大。

19世纪后半叶，即历史比较语言学后期，语言学家特别是新语法学派的部分学者认为，现代口语和方言保留了部分古老的语言形式，主张从方言和口语调查入手，寻找语言的历史发展线索。此期及其后继学者调查口语和方言主要有三个目的：第一，检验依据古代书面语和亲属语言材料构拟的原始语言形式；第二，解释语音对应和相关音变规律中的不规则现象，探寻"例外的规律"；第三，为无文字或缺乏文献记载的语言建立语言发展史，即通过现代语言或方言材料的调查和比较，确定具有语音对应关系的同源词，以此构拟不同阶段的语言形式，进而构拟原始共同语，确定语言或方言的亲疏远近关系（王远新，2002：14）。

历史比较语言学后期，一些学者在调查语言或方言土语时认识到，语言的发展演变不单纯是直线发展式的，也会受到语言接触即横向因素的影响。在特定地域，不同语言包括无亲属关系的语言相互影响，会形成区域性语言特征，这些特征也可能形成语音对应关系，波浪理论就是这类研究的代表。这类研究考察语言或方言土语的空间分布特点和规律，阐述语言横向传播对语言发展变化的影响，并建立了"语言联盟"理论和"区域语言学"，在一定程度上弥补了历史比较语言学包括新语法学派的不足。

新语法学派的"语音规律无例外"学说认为，语音变化是连续的、渐变的，在词汇中的表现是离散的、突变的。只要语音条件相同，同类语音必然有相同的变化结果。语音演变具有规律性并没有错，但新语法学派把连续式音变看作音变的唯一形式，则过于绝对化。20世纪60年代，受方言地理学启发，美籍华裔学者王士元提出了语言演变的词汇扩散理论（lexical diffusion theory）。1969年，王士元在《语言》（*Language*）杂志发表的论文《相互竞争的变化产生剩余》(Competing Changes as a Cause of Residue)中指出,语音的演变首先在一部分词语中发生,然后逐渐扩散到其他词语,有些扩散可能完成,有些扩散则不会完成。如果存在与某一扩散形式竞争的另一音变形式,就会在词汇中产生冗余现象。换言之,语音变化是离散式的,一个音演变为另一个音是突然发生、瞬间完成的,但音变在词汇中的扩散却是逐步实现的,即"语音突变、词汇渐变"。词汇扩散理论的离散式音变也是音变形式的观点,是对新语法学派音变理论的补充。从本质上看,词汇扩散理论的目的是揭示语言传播和扩散是怎样影响语言变化的,即某一语音变化是如何通过一组正在发生变化的词语传播的。简言之,音变扩散是通过空间传播的。社会语言学城市方言学派的代表人物 W. 拉波夫认为,词汇扩散在音变中的作用有限,"没有证据表明……词汇扩散是音变的根本机制"[1994:501,转引自罗纳德·沃德华(Ronald Wordhaugh),雷红波,译,2009:257]。词汇扩散现象的确会发生,但它只是对规则性音变的一种补充,而且是很小的补充,影响音变最重要的因素是语言的长期发展趋势、内部变异以及说话人之间互动的社会力量。解释这种变化的关键是要确定语言和社会的相关数据,把由此产生的规律整合到变化理论中去,使人们能够明白变化是怎样产生、因何而产生的,然后描述其发展过程(罗纳德·沃德华,雷红波,译,2009:257)。

总体而言,新语法学派倡导的口语和方言土语调查,不是为了描写语言或方言本身及其结构规律,而是为了与标准语或书面语比较,或者在语言或方言内部比较的基础上,确定具有语音对应规律的同源词,进而探讨语言发展演变的规律,其目的是服务于语言历史研究,具有"考古"的性质。波浪理论和词汇扩散理论主要依据语言或方言调查材料,探讨语言演变的特点和规律。方言地理学虽然立足于共时的方言调查和描写,但目的是证明语言的历史演变是如何受到多种因素包括地理因素和区域语言联盟的影响。

二、方言地理学的田野调查

方言地理学是通过语言或方言调查绘制语言地图、研究语言地理变异的语言学分支学科,产生于历史比较语言学鼎盛时期。19 世纪 70 年代,历史比较语言学发现了语音演变的规律性,青年语法学派进而提出"语音规律无例外"的学说。后来一些学者推测,语音演变规律中的一些例外是由于标准语或书面语不够纯粹导致的,偏僻农村地区的方言保留着更为纯粹的语言成分,因此主张调查农村方言。1876 年,德国语言学家 G. 温克尔(Georg Wenker, 1852—1911)采用邮寄问卷的方式调查德语方言,依据调查结果绘制的方言地图显示,高地德语和低地德语之间并无明确的界限,由此否定了新语法学派"一种语音变化会以同一方式影响所有的词"的看法（G. 温克尔《德国语言地图》，1881）。1896 年，瑞士语言学家 J. 吉列龙（Jules Gilliéron, 1854—1926）调查法语方言，编制出版了《法国语言地图集》（1902—1910）。他的调查研究表明，与"语音规律无例外"学说相反，几乎每个词都有自己的同语线，即"每一个词都有自己的历史"。持同类观点的学者认为，语言的变化除受语言结构内部要素影响，还受交际密度、不同社团等社会因素影响。在 G. 温克尔和 J. 吉列龙影响下，欧美方言地理学兴起，相继出版了大量语言或方言地图集。

方言地理学以语言或方言地图为基础，从语言的地理分布考察语言的历史演变，结合非语言因素解释语言的分布状况，探讨语言变化的机制。方言地理学的具体操作步骤是：首先，在方言调查基础上，精选一些代表性的语言成分，如典型的语音特征、词汇或语法项目，调查记录其地域分布、语音形式和语义特点；然后，将每一个调查项目制成一幅地图，并以实际记录的形式在地图上标记出来，直观展现语言或方言特点以及语言项目、语言变化的空间分布，以此凸显语言特征和语言变化与地理分布的关系，帮助人们认识语言变化的真实状态；最后，利用方言地图解释语言特征的地理分布特点。

总体而言，历史比较语言学的理论假设是原始母语内部具有同质性，主要采用内部比较法研究语言演变的历史。方言地理学认为，语言演变是各种力量包括地理因素相互作用的结果，认为每个词都有自己的历史，强调探讨特定方言中词的独立发展轨迹，结合经济活动、行政区划、地理差异、交际网络、历史文化、宗教等因素研究语言的变化。通过方言调查和方言地图可以发现并呈现语言演变的新事实，重构"每个词的历史"，进而探讨语言演变各种因素之间的复杂关系。从语言调查看，方言地理学是语言的共时研究，但本质上仍属于历史语言学范畴，即采用另一种方法探讨语言的历史演变，并为方言划分服务，在一定程度上弥补了历史比较语言学的不足。此外，方言地理学需要以语言描写和历史研究为基础，因为当一种语言的描写和历史研究还非常薄弱时，方言地理学的研究也会受到制约。

三、人类语言学的田野调查

为了解其他民族的文化，欧洲文化人类学家开始重视这些民族语言的田野调查。英国波兰裔人类学家 B. 马林诺夫斯基在太平洋新几内亚特罗布兰德（Trobriand）群岛的研究，是文化人类学研究的早期代表。他采用当地人的语言记录其"民族文化的陈述、有特征的记事、典型的话语、民间传说和咒语"（桂诗春、宁春岩，1997：86），并将其作为进一步研究当地民族文化的重要依据，目的是建立"文化的科学"。B. 马林诺夫斯基认为，一种语言的性质及其使用，能够反映该语言群体的社会特性。一种语言总是根植于使用这种语言的民族文化、社会生活和习俗之中,因此,代表不同文化的语言之间几乎无法完全对译,即不同语言文化具有"不可通约性"。理解一个民族的语言离不开语言环境,只有在文化语境特别是情景语境中,才能正确理解和恰当评估一段话语的真正含义。B. 马林诺夫斯基在田野调查基础上创建的功能理论,即联系人类文化与人类生活需求进行语言的功能分析,成为欧洲文化人类学的主流,也为欧洲早期的功能语言学提供了理论依据。简言之,欧洲文化人类学的语言调查是为民族文化研究服务的。

四、描写语言学的田野调查

结构主义语言学的重要学派美国描写语言学兴起后,语言田野调查的目的发生了根本转变,即通过语言和方言调查获取的语料成为语言研究的直接对象,语言的共时研究不再是文献考证、语言历史研究的附庸,也不再受其他学科研究范式的制约。

美国人类学和人类语言学奠基人 F. 鲍阿斯是"文化相对论"的倡导者。他强调,描写任何一种语言都应当遵循其自身的特点,而不应按事先确定的框架或照搬欧洲传统的语法框架。F. 鲍阿斯(1911)认为(转引自 R. M. W. Dixon, 2008: 28):"掌握一种语言是获得准确而完善的知识的必不可少的途径,这是因为从聆听当地人的谈话和参与他们的日常生活中可以收集到许多信息,而这些对于未掌握这种语言的观察者来说是完全不可能得到的。"F. 鲍阿斯在学会印第安语的基础上,调查、记录印第安语,搜集当地人的民间故事和其他田野材料,细致描写印第安语的语法结构,并根据自己的田野调查经验为美国大学设计了人类语言学课程及相关的调查研究程序。在人才培养方面,他要求学生必须在学会调查地语言的基础上,依据实地调查获取的话语材料描写和分析其语言结构。F. 鲍阿斯强调,一项语言田野调查成果应当在词汇和语法描写之后附录大量话语材料,目的是供他人核对、验证调查结论,或在此基础上做进一步研究。

E. 萨丕尔继承了 F. 鲍阿斯的思想及田野调查传统,为人类语言学的发展做出了重要贡献,其代表作《语言论——言语研究导论》(英文版,1921;中文版,1985,商务印书馆)是早期描写语言学和人类语言学的重要著作。这部著作共 11 章,系统论述了语言学的研究对象、语言成分、语音、语法程序、语法概念、语言的结构类型、语言的发展、语音规律、语言交互影响及语言与种族和文化的关系、语言和文学的关系等问题。

L. 布龙菲尔德在 F. 鲍阿斯理论的基础上,建立了语言描写的基本框架,确定了分析语言单位的标准,奠定了描写语言学的方法论基础。他的代表作《语言论》(*Language*, 英文版,1933;中文版,1980,商务印书馆)是其 1914 年出版的《语言研究导论》(*An Introduction to the Study of Language*)的修订本,被誉为美国描写语言学的奠基作,对美国结构主义语言学的形成、发展具有重要作用和深远影响。《语言论》共 28

章，论述了语言学的一般问题及音位学、语法和词汇、比较法、方言地理学、语言演变、语义变化、借用等问题，其主要贡献是确立了描写语言学的基本原则和描写语言结构的总体框架。

美籍华裔语言学家赵元任结合汉语音韵学将描写语言学方法用于汉语方言调查，开创了汉语方言调查研究的新途径，并取得了不菲的成就，被誉为现代汉语方言学的奠基人。美籍华裔语言学家李方桂采用描写语言学方法调查中国少数民族语言，为我国少数民族语言调查描写提供了示范性成果，被誉为"非汉语研究之父"。此外，李方桂在美国攻读博士学位期间记录的美洲印第安语材料，为美国保留了几种印第安语言文化标本。

总之，描写语言学兴起后，语言调查的目的发生了根本转变：以田野调查获取的话语材料作为研究对象，描写语言的结构特点。其典型操作程序是，选择合适的调查地，寻找"理想的"或"典型的"发音合作人，系统记录他们的话语材料，并以此为依据描写该语言的音系和语法结构。换言之，这时的语言田野调查开始把目光转向语言的共时结构本身，即系统记录和描写一种语言或方言的结构。

五、社会语言学的田野调查

社会语言学强调调查现实生活中正在使用的语言，即综合采用语言田野调查方法获取和分析真实自然的话语材料。在 W. 拉波夫看来，社会语言学属于语言学本体论范畴，与其他语言学模式普遍关注的问题并无本质区别，其差异主要体现在社会语言学联系社会因素、语言环境研究语言结构和语言使用。社会语言学既有社会学概率统计的定量分析特点，也因其强调定量分析的解释及人类学深度访谈等个案研究的重要性而具有定性研究特点，具有典型的经验科学和实证研究特色。具体而言，社会语言学在"异质有序"语言观指导下，采用田野调查方法以及共时与历时、定量与定性相结合的分析方法，有效地研究被其他语言学模式忽略的言语活动和言语行为。从这个意义上讲，社会语言学特别是狭义的社会语言学（城市方言学派）是研究语言变异的分支学科，是研究言语活动、言语行为的重要途径。

受社会语言学语言观和调查研究方法影响，现代描写语言学已开始注重语言内部的异质性以及语言变异研究的价值，并开始把语言调查和研究的范围从农村扩展到城市，从地理因素扩展到社会因素，其中年龄、性别、受教育程度、语言背景、社会阶层、族群等社会变量与语言变量的关系受到了更多关注。与此相应，现代的语言调查不仅调查"理想的"或"典型的"发音合作人，也关注不同群体、不同社会特征的发音人。这和传统语言学重视书面语、描写语言学和方言学重视同质化语料、生成语言学关注研究者内省语料及语感判断有很大的不同。语言描写研究的这一转向，证实了 W. 拉波夫"社会语言学就是语言学"的论断。

第三节 我国汉语方言和少数民族语言的田野调查

中国的语言田野调查主要涉及汉语和少数民族语言两大领域,其中汉语调查以汉语方言为主,也涉及普通话及相关领域;少数民族语言调查既包括有传统文字和书面语的语言和方言,也包括无文字的语言和方言。我国的语言调查主要采用描写语言学方法,还采用方言地理学和社会语言学方法。为叙述方便,本节立足于中国的语言田野调查,从汉语方言、少数民族语言、方言地理学、社会语言学四个角度论述。

一、汉语方言调查

(一) 古代的汉语方言调查研究

中国的汉语方言研究虽然发端早,但受"重文轻语"观念的影响,重视书面语或标准语研究,轻视口语特别是方言俗语研究。汉语方言研究的奠基作、汉代扬雄的《方言》考证各地方言以求汉字本字的读音和语义,目的是读懂古文献或考证古文献的词义,即扬雄所说的解释"绝代语"。总体而言,中国早期的方言调查不是研究方言本身,而是为了读懂古代文献。

纵观汉语方言研究史,汉语方言调查研究的特点与古代中国人的治学理念、汉语和汉字的特点有关。这从中国古人为"说话写字"一类术语的命名中可以得到佐证:书面语和宫廷语言被称为"雅言""正音""官话",民间语言(百姓口语)被称作"俗语""俚言俗语",不同地方的民间语言或口语则被称为"方言土语""方言俗语"。"雅"与"俗"、"宫廷语言""正音""官话"与"方言俗语""俚言俗语"等命名,很大程度上体现了古代中国人的语言价值观。[①]

---

① 古代东方(印度、阿拉伯)及西方(古希腊、罗马)的语言研究都有"重文轻语"的特点,这种观念至今仍有一定的市场,西方语言学术语的命名在一定程度上体现了这种语言价值观。比如"土语"常用于描述乡村口语形式,城市方言则不能称作"都市土语"。方言涵盖的地理范围通常比土语广,因此,通常说"地区方言""乡村土语",很少说"地域土语""乡村方言"。"方言""土语"概念还隐含着阶层差异,W. 拉波夫创立的变异研究被称作"城市方言学派",没有人将其称为"城市土语学派","土语"一般用于描述较低阶层的言语;西方语言学通常使用"中等阶层方言"概念,一般不会使用"中等阶层土语"的概念。参见[加]罗纳德·沃德华(Ronald Wardhaugh). 社会语言学引论:第五版[M]. 雷红波,译. 上海:复旦大学出版社,2009:52.

中国传统"小学"的三个门类文字学、音韵学、训诂学由考证书写单位——文字的形音义发展而来。汉代扬雄之后，汉语方言研究一直未得到应有的重视。晚清虽有方言俗语研究论著，但其宗旨也是为了考证古代的读音和语义。[①] 自汉代扬雄的《方言》到清末民初章太炎的《新方言》，中国传统方言调查和研究的目的，几乎都是利用方言材料诠释古代典籍，或是利用古文献资料解释方言。辛亥革命后，西学东渐，西方语言学特别是其主流学派历史比较语言学对中国语言学产生了重要影响，汉语方言学与音韵学相伴而行，其研究旨趣仍具有"考古"的倾向。

（二）近代外国传教士的汉语方言调查研究

民国之前，中西文化交流史上曾出现过两次西方人学习和研究汉语的高潮。第一次是明清之际的天主教传教士来华传教，在罗马耶稣会罗明坚（Michele Ruggieri，1543—1607）和利玛窦（Matteo Ricci，1552—1610）等人影响下，一批来华传教士学习和研究汉语。遗憾的是，"礼仪之争"导致清政府采取严厉禁教政策，"耶稣会士时代"结束，来华传教士的汉语学习和研究也告一段落。1807年，英国传教士马礼逊（Robert Morrison，1782—1834）来华传教，标志着基督教新教传教的开端，揭开了晚清来华西方人学习和研究汉语的序幕（卞浩宇，2010）。

19世纪中期，纷至沓来的西方传教士记录、整理、分析汉语方言，研究内容涉及语音、词汇和句法，有的还做方言比较和分类。由于多数传教士未受过语言学专业训练，相关研究缺乏系统性，有些研究还因记录的语料不够准确而缺乏科学性。不过，也有传教士具有很高的语言学修养，在汉语方言调查研究方面取得了很大成就。对此，游汝杰（2002，2021）有比较全面的介绍和考证。此部分重点介绍艾约瑟的上海方言口语调查研究、高本汉的汉语方言调查和汉语史研究、贺登崧的汉语方言地理学研究。

1. 艾约瑟的上海方言口语调查研究

艾约瑟（Joseph Edkins，1823—1905）1843年伦敦大学毕业后进入神学院深造，1847年担任牧师，1848年被伦敦布道会派遣到上海，任上海墨海书馆管理助手。艾约瑟在上海居住10年后，1860年赴烟台，1861—1863年在天津生活，1863年到北京传教，居住长达30年。1875年，艾约瑟获英国爱丁堡大学神学博士学位，1905年在上海去世。

艾约瑟在宗教、文学、汉语、历史研究方面均有造诣，其中研究汉语的著作有

[①] 晚清的这种研究风气有特殊的政治背景，即晚清政府怕知识分子"妖言惑众"，威胁其统治，在"清风不识字，何必乱翻书"的氛围中，很多知识分子只能研究一些与社会、政治没有直接关系的问题。

《上海方言口语语法》(*A Grammar of Colloquial Chinese—as Exhibited in the Shanghai Dialect*, 1853 年第一版, 1868 年再版)、《中国官话口语文法》(又译《汉语官话口语语法》, *A Grammar of the Chinese Colloquial Language, Commonly Called the Mandarin Dialect*, 1857 年第一版, 1864 年再版)、《上海方言词汇集》(*A Vocabulary of the Shanghai Dialect*, 1869 年)。

《上海方言口语语法》主要描述 19 世纪中叶开埠不久的上海方言语音和语法。语音方面,他采用严式标音法记录上海方言口语的读音以及一些文读音和常见的不规则读音,为后人留下了宝贵的语料。语法方面,他提出的区分语法和韵律(节奏)、将二者结合起来研究汉语方言的观点,比《马氏文通》早 45 年,并将其落实到语言分析的不同层面。他将上海方言的介词分为前置和后置的观点,也被后人接受和继承。吴方言专家钱乃荣(2006)认为:"艾约瑟不愧为 19 世纪的一位语言学家,他观察语言的方法和运用的语言学理论在当时都是领先的。他又在不太长的时间内悉心调查和准确观察到了上海话及其周边的许多重要特点,有不少精辟的论述和独到的见解。他的这部著作不论从当时来说还是现今来看,都堪称第一流的语言学著作,为我们保存了上海话语音语法方面最早的相当全面的文献。这是研究中国方言语法的第一部语言学著作,对上海方言和吴语以及中国语言的语法学的创建做出了杰出的贡献,在准确记录和分析研究方言语料方面做出了示范,使上海方言和吴语的语言学研究从一开始就走上了一定的科学高度,迈出了可圈可点的第一步,因此具有开创性的意义。"

2. 高本汉的汉语方言调查和汉语史研究

20 世纪 20 年代,瑞典语言学家高本汉(Klas Bernhard Johannes Karlgren, 1889—1978)在调查记录 24 种汉语方言材料的基础上,撰写的论文于 1915 年分别获文学硕士和哲学博士学位。该论文是他后来出版的《中国音韵学研究》(*Études sur la phonologie chinoise*)中的一部分(1—338 页),最初发表在伦德尔主编的《东方研究文集》第 15 卷(1915—1926 年)上。

高本汉汲取中国传统音韵学精髓、采用西方历史比较语言学方法撰写的《中国音韵学研究》(赵元任、罗常培、李方桂,译,1940 年初版,1994 年再版),是他构拟汉语中古音的代表作。全书由古代汉语、现代方言的描写语音学、历史上的研究、方言字汇四卷组成,阐释了汉语语音史、现代方言研究共时描写方法和历史语言学研究的历史解释方法、方言字典编纂学和编纂法。高本汉将西方现代语言学方法引入汉语传统音韵学,依据现代方言调查资料印证中古音的声韵系统,首次构拟出中古音音值,为"上推古音、下证今音"奠定了基础,并构拟了上古音。这部著作不仅是古代汉语语音系统构拟的奠基之作,标志着中国现代音韵学的开端,而且对中国音韵学和方言学研究产生了重大影响。如王力（1981：196）所言，中国语言学家受高本汉影响很大，"都接受了高本汉的总原则，甚至接受了他的观点、方法"。然而，高本汉的汉语方言调查研究是为音韵学服务的，他关于上古韵部主要元音的构拟（李方桂，1931）、将大部分阴声韵构拟为入声韵，导致上古音系成为纯闭音节的语言（王力，1960；郭锡良，1987），引起了后人的争议。

3. 贺登崧的汉语方言地理学研究

比利时天主教圣心会神父、辅仁大学贺登崧（Willem Grootaers，1911—1999）教授是最早采用方言地理学方法调查研究汉语方言的学者。贺登崧担任传教士后，于1932年开始学习汉语并持续了七年。1939年赴中国传教时，他已掌握3000多个汉字，能阅读中国古典作品。到北京后，贺登崧开始学习北京话，师从刘半农的弟子周殿福（1910—1990）学习语音学和方言学。1941年赴山西大同传教时，贺登崧与大同东南部桑干河南岸西册田村村民打成一片，一边跟农民学习大同话，一边记录语料。随着观察的深入，贺登崧发现，桑干河南岸特别是东西两部分区域的方言差异显著，于是扩大了调查范围。1945年秋，贺登崧被聘为辅仁大学语言学教授，主持方言地理研究室的工作，其间曾获批民俗和方言调查项目。

自20世纪40年代起，贺登崧依据山西大同、河北宣化等地方言和民俗调查资料，先后发表了数十篇论文。他的《中国的语言地理学：汉语的语言学采用新方法的必要性》（1943）、《中国语言地理学Ⅱ：晋东北的一条方言边界》（1945）两篇论文，首次将方言地理学方法用于汉语研究。他在《中国语言学及民俗学之地理的研究》（《华裔学志》，1943，1945）中，批评高本汉重古典轻口语的理论和方法，以及中国汉语方言通行的研究方法，倡导语言或方言地理学研究（石汝杰，2003）。他的代表作《汉语方言地理学》汉译本由上海教育出版社出版（石汝杰、岩田礼，译，2003）。

（三）赵元任的汉语方言调查研究

赵元任（1892—1982）早年在清华国学院、中央研究院历史语言研究所工作，后定居美国。他被誉为20世纪最著名的汉语语言学家、现代汉语方言研究之父。他为中国培养了现代语言学的研究队伍，王力、吕叔湘、朱德熙等著名语言学家都是他的学生。20世纪20年代，赵元任带领学生杨时逢赴江浙地区调查了33个县市的方言，调查成果《现代吴语的研究》（1928）被誉为现代汉语方言学的开山之作，并被视为中国现代方言学建立的标志。此外，他的《钟祥方言记》（1939）、《中山方言》（1948）、《湖北方言调查报告》（1948，合著）、《绩溪岭北方言》（1965，合著）等，为后人提供了汉语方言调查和描写的示范，奠定了汉语方言学的方法论基础。他的《中国话的文法》（A Grammar of Spoken Chinese，1968，汉译本为《汉语口语语法》，吕叔湘，译，1979）被公认为学习汉语最好的教科书，也是最重要的汉语语法著作之一。赵元任强调口语的重要性，认为口语是书面语的基础，重视口语研究就是抓住了语言研究的根本。他创立的汉语方言调查描写模式，并未照搬西方描写语言学的方法，而是在方言口语基础上兼顾了古代书面语和历史音韵，这种研究模式虽经后人改革，但其精髓一直延续至今。

（四）后赵元任时期的汉语方言调查研究

在赵元任开创的汉语方言调查描写方法的基础上，经过几代人的努力，中国语言学家初步建立了汉语方言学的学科体系，形成了独特的理论和调查描写方法。中国社会科学院语言研究所1979年创刊的专门刊登方言调查和研究成果的《方言》杂志，发表了大量相关研究成果。《中国分省区汉语方言研究文献目录（稿）》（张振兴，等，2014）收录了2010年之前除西藏自治区之外33个省区10类方言的文献目录，条目达32000余条，学者调查描写过的汉语方言点达2300多个，这些成果大体反映了近一个世纪汉语方言调查研究的总体面貌。

近年来，汉语方言研究的代表作是61位方言学家参与编写的41卷本《现代汉语方言大词典》（李荣主编，江苏教育出版社，2002）①。词典收词约32万条，约3000万字，为方言词典编写提供了示范，将汉语方言词汇调查研究推向了一个新高度。词典的贡献不限于方言词汇，还有助于方言词汇和虚词的比较研究，"文史方面的学者，也可以取用其中的材料"（李荣，1999：总序）。

二、少数民族语言调查

中国是多民族、多语言、多方言的国家，由于多数民族没有记录本族语言的传统文字，因此，田野调查是记录和积累第一手语言材料并开展相关研究的主要途径。汉代扬雄《方言》记录的一些方言词语与当今某些少数民族语言的词语有对应关系，因此可以说，在中国方言调查的发端时期，少数民族语言调查亦未缺席。

中国现代语言学的语言和方言调查，是在西方描写语言学影响下发展起来的。20世纪二三十年代，以赵元任、李方桂为代表的语言学家在接受描写语言学语言观和方法论后，为中国的汉语方言和少数民族语言研究做出了音系描写和结构分析的示范。抗战时期，随着一些大学和研究机构迁入西南边疆，语言学家利用地利之便，调查描写了西

---

① 2003年出版《绩溪方言词典》，共计42卷。

南地区的一批少数民族语言和方言,为中国少数民族语言和方言调查描写奠定了基础。此间,李方桂调查记录了 20 多种少数民族语言和方言,并为中央研究院历史语言研究所培养了两名研究生,即马学良和邢公畹。前者在李方桂指导下调查研究撒尼彝语,出版了国内第一部彝语语法著作《撒尼彝语研究》(中国科学出版社,1951),成长为藏缅语研究大家,创建了中央民族学院少数民族语言文学系(现中央民族大学中国少数民族语言文学学院),培养了大批少数民族语言调查研究人才;后者在李方桂指导下调查研究侗台语,成长为侗台语研究大家,创建了中国侗台语的研究重镇南开大学汉语侗台语研究室。邢公畹在回忆治学经历时指出(罗美珍,1995):"1940 年到 1942 年,我在当时的中央研究院历史语言研究所做研究生,从李方桂先生学语言学。我这就从旧的治学范围里走出来,眼界顿然开阔,懂了很多新道理。比如:第一,语言学不能只凭书本儿学,首先要学会做田野工作;第二,汉语从上古音到中古音、再到现代音的演变情况必须能建立在演变程式的合理推导上,而在实际工作的程序上,这种推导其实是建立在现代方言调查的基础上;第三,不能只研究一种语言,要研究一组相关的语言,才能观察到语言的深层现象,李先生指定我学台语,我就开始研究台语了。这是我第一次获得'豁然开朗'的境界。"

中国少数民族语言和方言的系统调查描写始于 20 世纪 50 年代。中华人民共和国成立伊始,为识别民族,摸清我国少数民族语言的分布、基本结构和使用情况,为无文字民族创制文字,中央政府组织了 7 个少数民族语言调查工作队,分赴全国 16 个省区开展语言调查。1955—1959 年,民族语文工作者调查了 42 个民族的语言,搜集了 150 多种语言或方言材料,每种语言或方言包括几十至上百个调查点,每个调查点包括数千个常用词、一套语法例句、一份音系报告,有些调查点还记录了一定数量的长篇话语材料。

20 世纪 50 年代的少数民族语言调查,大致摸清了少数民族的基本分布状况及其语言结构的基本面貌,并针对一些语言提出了方言划分意见。截至目前,民族语文工作者已经积累了 2000 多个语言或方言调查点的材料,发表了大量方言调查描写论著,涉及130 多种语言。这些调查材料和研究成果为少数民族语言的比较研究、语言类型学和其他语言学分支学科的研究奠定了坚实基础(王远新,2002:49—53)。

三、方言地理学调查

我国语言和方言众多、结构差异大,适合做方言地理学研究。然而,纵观我国 20 世纪的汉语方言和少数民族语言研究,主要采用的是描写语言学和历史比较语言学方法,其中汉语方言研究的历史方言学倾向更为突出。即便有些论著涉及语言或方言地理分布研究，也不是学术主流；语言或方言地图多是方言分布示意图，严格采用方言地理学方法调查研究汉语方言和少数民族语言的成果寥寥无几。这与我国语言研究的传统观念、汉语方言和少数民族语言调查描写成果积累不够有关。进入21世纪后，随着汉语和少数民族语言调查描写成果的积累，以及历史比较研究的进展，方言地理学才逐渐发展起来。

（一）汉语方言的方言地理学调查研究

贺登崧是最早采用方言地理学方法调查汉语方言的西方学者，他的弟子、辅仁大学研究生王辅世则是实践贺登崧理论和方法的早期中国学者。1948年暑假，王辅世在贺登崧指导下完成了宣化方言地理学调查。贺登崧1948年底离开中国，1949年暑假后，王辅世考取北京大学中文系研究部罗常培的研究生。在学习语言学相关课程的同时，王辅世于1950年6月在宣化方言调查的基础上完成了《宣化方言地图》，并在北京大学通过了论文答辩。该论文直到1994年王辅世赴日本访学期间，才由日本国立亚非语言文化研究所正式出版。

《宣化方言地图》是中国人首次完成的严格意义的方言地理学研究成果，全书共五章。第一章概述中国方言研究历史和现状，指出中国的方言调查尚不够充分，把汉语分为三区、九区、十二区或五大音系既勉强也不科学。作者认为，方言调查可以更深刻了解调查地居民的物质和精神生活，得出地理环境与语言的关系，可以补充说明调查地的历史。关于方言调查方法，作者指出了"执字问音"法调查汉语方言的弊端，介绍了宣化方言调查经验：调查区的面积越小越好，调查时间越长越好，调查者除事先有记音训练以外，尤需听音、审音训练。调查对象最好是世居民族或懂世居民族语言的人，应当是不识字和不曾离开本地的男性或女性。调查时不能给调查对象任何语音提示，记音时应当将声调高低升降"用线表示出来"。如果记音时有遗漏，事后也不可追忆补充，宁缺毋滥。作者还介绍了宣化方言调查的具体内容和做法，认为在时间有限的条件下，只能选择一些方言特色材料做方言地理研究，比如可以将虫鸟名称这类最不容易变化的语言材料作为研究对象。关于方言地图，作者认为调查汉语方言工作量最大的是语音，整理音系并观察其演变，则需要画方言地图。画出许多词语的地图相互参证，便可以看出调查地方言概貌及其发展方向、方言与地理环境的关系等。

第二章说明绘制方言地图的步骤，主要分析了15个调查项目的同言线，包括12个虫鸟名称、人称代词"我、我们"及疑问代词"什么"。作者指出："方言地理学就是要靠调查所得到的结果，对于历史、地理和其他社会现象作有力的说明，但同时还要研究历史地理对于方言的影响，所以我们可以说它们之间是相互说明的。"

第三至第五章讨论宣化方言与当地历史的关系，论述地理环境对方言的影响，将同言线集中于两张地图，分别观察宣化方言与周边万全、泥河方言的关系，并预测了宣化方言的演变趋势。

在汉语方言地理学方面，日本学者的研究成果较多，这在很大程度上得益于贺登崧的影响。日本的方言地理学虽晚出于欧洲，但后期发展迅速。1951年，贺登崧从比利时赴日本国立国语研究所任研究员，参与编制六卷本《日本语言地图》，方言地理学遂在日本得以发展。为此，贺登崧被誉为"日本语言地理学之父"。20世纪90年代以来，岩田礼、平田昌司、远藤光晓、太田斋、松江崇等致力汉语方言地图的编写。1992—2007年，日本学者以"研究成果报告书"形式印行了《汉语方言地图（稿）》（岩田礼，等，1992）、《汉语方言地图集》（平田昌司，等，1995）、《汉语方言地图集（稿）第三集》（远藤光晓，等，1999）、《汉语方言地图集（稿）第四集》（太田斋，等，2004）、《扬雄〈方言〉逐条地图集》（松江崇，1999）等地图集。上述方言地图集参考已经发表的方言材料，各收几十幅方言特征分布图，其中《扬雄〈方言〉逐条地图集》是第一部古代汉语方言特征地图集。日本版的《汉语方言地图集》为编写汉语方言特征图做出了有益探索，但因材料所限，难以全面系统反映汉语方言地理的面貌。

岩田礼（1952—）是日本金泽大学文学部教授，受贺登崧影响，立志于汉语方言地理学研究。中日建交后，岩田礼作为首批来华留学生，于1979年赴南京大学进修。他的代表作《汉语方言解释地图》（2009）的绪论部分介绍了方言地理学及相关概念，描述了汉语方言的地理表现、分布类型及汉语方言词语的传播方式和路线。地图和解说部分收录了49个语言条目的95幅方言地图，描述了语言条目的词形分类、分布特征，并做了相应的解释。

语言地图大致分方言分布图和方言特征图两类。我国早期的方言研究多从语言地理分布考察语言的历史演变，为语言分类、方言分区服务；方言地图也多是方言点片的分布图或示意图，很少采用方言地理学方法制作方言特征图。中国较早的方言分布地图是上海申报馆出版的《中华民国新地图》（1934）①，其中一幅为"语言区域图"，由中央研究院历史语言研究所提供。20世纪40年代后，一些方言调查报告、方言志书所附方言地图多为方言分区或方言示意图，鲜见专门的方言地图集及相关研究成果。

《湖北方言调查报告》是赵元任、杨时逢、丁声树、董同龢、吴宗济等人依据1936年湖北汉语方言调查材料撰写的现代汉语方言学巨著，也是继赵元任《现代吴语的研究》之后最重要的汉语方言学著作之一，由当时的中央研究院历史语言研究所出版（中央研究院历史语言研究所专刊之18，商务印书馆，1948）。该著作收录了66幅湖北方言地图，以同言线形式体现方言特点和分布，为汉语方言地图的绘制积累了经验。由

---

① 为纪念《申报》创刊60周年，该地图集由丁文江、翁文灏、曾世英编制。

于调查的方言点密度不够，同言线的绘制缺乏足够材料，有主观臆测的成分。此后，赵元任及其团队调查了云南、湖南、四川等地汉语方言，陆续出版了《云南方言调查报告》（中央研究院历史语言研究所专刊之56，台北，1969）、《湖南方言调查报告》（中央研究院历史语言研究所专刊之66，台北，1969—1974）[1]、《四川方言调查报告》（中央研究院历史语言研究所专刊之82，台北，1984），杨时逢为主要编著者。上述四部著作的研究内容和调查方法大体一致，体现了赵元任对汉语方言调查研究的思考与构想。云南、湖南、四川方言调查报告各有40—60幅不等的地图，但这些地图不是专门讨论方言地理学问题的。

近一个世纪，中国的语言和方言调查积累了可观的材料，方言地理学也随之发展起来。中华人民共和国成立至20世纪80年代，随着汉语方言和少数民族语言调查及相关研究的开展，涌现出一批语言地图，但多是方言分布图。1959年，李荣和丁声树主持了河北昌黎方言调查，出版了《昌黎方言志》（科学出版社，1960），其中的第二章"昌黎方言的南北两区"以11幅方言地图为例，说明了两区的差异，其科学性和准确性较《湖北方言调查报告》进了一步。白涤洲的《关中方音调查报告》（1954）[2]，依据关中地区的语音差异绘制了23幅方言地图；江苏人民出版社出版的《江苏省和上海方言概况》（1960）、河北人民出版社出版的《河北方言概况》（1961）、潘茂鼎等的《福建汉语方言分区略说》（《中国语文》1963年6期）等均附有方言特征图。

20世纪80年代以来，我国出版了一些专门的方言地图集。叶祥苓的《苏州方言地图集》（1981）是独立成书的汉语方言地图集，收图50幅，较详细展现了苏州方言的分布。甘于恩的《广东粤方言地图集》（2010）是以省为界的单方言地图集，展现了广东省122个市、县、镇粤方言的特征和差异。1987年，中国社会科学院与澳大利亚人文科学院合编的《中国语言地图集》是语言地理分布图，2012年版补充了1987年之后的新成果，展现了我国境内汉语方言和数十种少数民族语言的地理与系属分布。詹伯慧、张日昇主编的《珠江三角洲方言综述》（广东人民出版社，1990），钱乃荣的《当代吴语研究》（上海教育出版社，1992），侯精一、温端政的《山西方言调查研究报告》（山西高校联合出版社，1993），陈章太、李行健主编的《普通话基础方言基本词汇集》（语文出版社，1997）等，均附有数量不等的方言特征图。

21世纪以来，汉语方言地理学有了长足发展，相关研究成果主要体现在两个方面：

---

[1] 1935年秋，中央研究院历史语言研究所赵元任、丁声树、吴宗济、董同龢、杨时逢等人在湖南做方言普查，约一县一个调查点，共调查了75个点，调查材料后由杨时逢整理成《湖南方言调查报告》，作为中央研究院历史语言研究所专刊之66在台北刊行。

[2] 1933年，白涤洲赴陕西调查了关中42县50个调查点的方言。白涤洲1934年去世后，调查资料由喻世长整理，由中国科学院语言研究所作为"语言学专刊"第6种于1954年刊行。

一是结合汉语方言地理学调查撰写的调查报告和研究论著，其中附有数量不等的方言特征地图；二是编纂全国性和区域性的方言地图集。利用超星发现系统，以"汉语+方言地理学"为关键词检索，1980—2016 年，共发表相关论著 982 篇/部（中文 980 篇/部，外文 2 篇/部），其中期刊论文 309 篇（北大核心期刊论文 71 篇，南大核心期刊论文 56 篇，其他论文 182 篇），学位论文 577 篇（硕士学位论文 477 篇，博士学位论文 100 篇），会议论文 28 篇，年鉴 29 篇，报纸 3 篇，其他 3 篇/项，图书 33 部。

曹志耘主编的《汉语方言地图集》（商务印书馆，2008）由国内外 57 位研究者历时 7 年、依据 930 个方言点调查材料绘制出 510 幅方言地图，展示了汉语方言的语言特征分布。汉语方言地理学专项研究成果主要有项梦冰、曹晖的《汉语方言地理学：入门与实践》（中国文史出版社，2005；中国书籍出版社，2013），Richard VanNess Simmons（史皓元）[①]、石汝杰、顾黔的《江淮官话与吴语边界的方言地理学研究》（上海教育出版社，2006），王文胜的《处州方言的地理语言学研究》（中国社会科学出版社，2008）、《吴语处州方言的地理比较》（浙江大学出版社，2012）等。项梦冰和曹晖总结了汉语方言地理学描写性地图的绘制、解释性地图的绘制和解释性地图的进一步解释；归纳了汉语方言地理学的四种研究方法：历史比较法、文献考证法、空间分析法和外部解释法。湖南师范大学文学院鲍厚星指导的博士研究生陆续完成了一批方言地理学博士学位论文，如《衡山南岳方言的地理研究》（彭泽润，2003）、《湖南亲属称谓的地理语言学研究——以湘东北及湘中部分地区为立足点》（孙益民，2009）、《湘江流域汉语方言地理学研究》（李永新，2009；湖南师范大学出版社，2011）等。彭泽润的博士学位论文通过答辩后，经过十年的补充修订，以《地理语言学和衡山南岳方言地理研究》为名由商务印书馆出版（2017）。这部著作包括基础研究和个案研究两大部分，基础部分概述地理语言学的性质、类型、历史及其与方言学的关系，介绍语言地图和方言地图；个案部分依据衡山县 354 个自然村的调查材料，绘制出 90 幅方言地图（30 幅综合图，60 个调查项目的分项图），在分析衡山南岳方言语音、词汇和语法特点的基础上，加以理论概括。此外，詹伯慧主编的《广东粤方言概要》（暨南大学出版社，2002）绘制了 66 幅方言地图；邢向东的《神木方言研究》（中华书局，2002）绘制了 19 幅方言地图。

随着学术的发展，西方的方言地理学开始与社会语言学相结合，研究语言变异的地理分布。在国内学者中，郭风岚的博士学位论文《宣化方言及其时空变异研究》（语文出版社，2007）综合采用描写语言学、地理语言学、社会语言学调查方法，以语言变异和词汇扩散理论为依据，多角度描写和解释了宣化方言的变异和变化。

[①] 史皓元，美国罗格斯大学东亚系教授，曾用中文名"史瑞明"。

(二) 少数民族语言的方言地理学调查研究

中华人民共和国成立后，我国少数民族语言研究主要采用描写语言学和历史比较语言学方法。随着语言调查范围的扩大、语言材料的增多，方言地理学研究方法得到应用。

喻世长主编的《布依语调查报告》(1959) 是方言分布图的代表作，金有景主编的《中国拉祜语方言地图集》(1992) 是方言特征图的代表作。

1956 年全国少数民族语言调查期间，喻世长担任第一工作队副队长，主要负责贵州省境内壮侗语族语言的调查，他领导并参与了布依语调查提纲的编制、调查人员培训及调查材料的复核，撰写了《布依语调查报告》。报告提供了 40 个调查点的语音、词汇材料，主要依据语音差异将布依语分为八个土语小区，并附有 85 幅方言地图，其中语音 49 幅、语法 8 幅、词汇 28 幅。

金有景主编的《中国拉祜语方言地图集》是作者深入云南拉祜族地区历时 13 个月田野调查的成果。作者从 280 多个调查点中选取 252 个点的材料，每个点分 421 个条目，绘制出 370 幅地图，地图集选用了其中的 366 幅语言特征图，3 幅参考图。该地图集是我国第一部关注一种少数民族语言语音、词汇、语法特征的大型方言地图集，大体反映了中国拉祜语方言土语的特点和分布情况。作者认为，由于拉祜语方言地域性发育不充分，方言间存在明显的"插花分布"现象，方言区边界线具有"波动性"，即某一方言逐渐吞并另一方言引起的持续性变化，这些因素导致了划分"同音线"的困难。

总体而言，我国方言地理学研究起步较晚，且始终未能成为汉语方言和少数民族语言研究的主流（王远新，2002：54—56）。欧洲、日本学界常用的"同音冲突、混淆、类音牵引、通俗词源"等概念，对多数中国学者而言还比较陌生（黄晓东，2012）。

四、社会语言学调查

描写语言学、汉语方言学与社会语言学各有特色，可以相互为用。L. 米尔罗伊 (L. Milroy, 1987：2) 指出："不必把这两个传统视为相互对立的。恰恰相反，绝大多数社会语言学研究都在很大程度上依赖于根据方言学家们的大规模研究而得来的语言学知识，而事实上，按照拉波夫所说的一些普遍原则而进行的许多研究则可视为对方言学方法的一次明确修改。反过来说，方言学最近的许多研究亦已经按社会语言学的方向进行修改。"我国方言学家游汝杰（2005）认为："社会语言学大大地改变了方言学家的作用。方言学家不再仅仅只是公布他的材料，而是注意将他们的材料与社会发展相联系，并且从中探讨理论问题。社会语言学革新了方言学只研究地域方言的传统，将研究旨趣转向社会方言，例如城市方言的社会层次分层研究。社会语言学应该成为方言学发展的新阶段，事实已经有人将社会语言学纳入方言学的范围。""汉语方言学应以同样的理由，引进社会语言学，革新自己的理念、旨趣和研究方法，进入崭新的发展阶段。"

纵观近几十年的研究，受社会语言学观念和调查方法的影响，我国语言或方言调查研究在以下领域取得了明显进展：

第一，城市化或城镇化过程中语言与方言接触产生的新语言变体及语言变异现象受到普遍关注。地域方言是共同语因地理分隔、人口迁移、行政区划和历史积淀等因素形成的，变化相对缓慢，因此，以往的汉语方言研究受汉语史特别是音韵史研究影响较大，且更多关注乡村地区的方言。乡村地区通常都比较封闭，人们的观念比较保守，容易保留较为古老的语言形式。城市特别是大都市是当代语言变异和变化的策源地，语言接触复杂，语言变化速度快，语言创新成分多，即使以往有一些研究，其定位也大都倾向于寻找城市言语中较为保守的特征。在城市化进程加快的历史背景下，采用传统方言调查方法很难揭示城市语言和方言的特点。社会语言学创始人W.拉波夫的变异研究，正是在这种背景下产生的。社会语言学理念和调查方法传入中国语言学界后，中国学者在重视城市语言和方言研究的同时，还把目光投向了城镇化进程中的乡村、多方言地区和多语言民族杂居地区，由此开辟了一些新的研究领域。

第二，语言生活、语言服务调查研究已成为中国社会语言学的重要特色，汉语方言区和少数民族语言地区得到越来越多的关注，濒危语言保护和有声语言资料的录制、相关数据库的建设已经成为国家行为，这些都为语言研究的全面发展以及理论认识的提升奠定了基础。

第三，以往的语言或方言调查更多选择偏僻农村地区即语言或方言腹地作为调查点，以老派的单语或单方言人作为调查对象。随着语言接触研究视野的扩大，语言或方言边缘地区、具有混合性质的语言变体以及语言岛和方言岛受到更多关注，调查对象也不再局限于老派发音人。

第四，随着普通话的推广，汉语方言和普通话、少数民族语言和汉语（包括普通话和汉语方言）的关系受到前所未有的关注，相关调查报告和研究论著为语言政策和语言规划的制订提供了科学依据。

第五，越来越多的人开始采用综合调查法调查语言和方言，出现了一批综合性研究成果；方言地理学、方言特色词或特征词、语言或方言特殊句法和构式，以及语言类型学、认知语言学与社会语言学结合的研究受到越来越多的关注。

第四节　本章小结

　　语言田野调查可分为早期语文学和现代语言学两大阶段，本章在简述两个阶段语言田野调查特点的基础上，重点阐述了中国现代语言学时期的汉语方言、少数民族语言、方言地理学和社会语言学田野调查。

　　我国早期语言田野调查主要有采风、传教、考证、语言学习四方面的目的；现代语言学的语言田野调查主要涉及历史比较语言学、方言地理学、人类语言学、描写语言学、社会语言学等学科领域。我国汉语方言和少数民族语言调查具有三方面的特点：

　　第一，从学科发展看，我国的语言调查经历了先秦两汉时期的采风和释古今语的早期调查、清末民初西学东渐过渡时期的调查、中华人民共和国成立后科学系统的调查三个阶段。早期语言调查研究是经学的附庸，目的是通经致用；过渡时期的语言调查受到西方语言学方法的影响，为后来的系统调查研究奠定了基础；现当代语言调查从前两个时期的附庸地位、本体描写为主走上了语言本体描写与解释、语言本体与语言功能相结合以及跨学科研究的道路，描写语言学、方言学、方言地理学、人类语言学、社会语言学、实验语音学、数据库语言学等均得到了一定发展。简言之，我国的语言调查研究经历了释古今语（以今释古）、关注现实（了解国情）、积累实证个案以及多学科综合研究的过程。

　　第二，从调查方式看，主要有政府行为和个体行为两类调查模式。政府行为的调查如先秦两汉时期的宫廷采风活动、民国时期中央研究院组织的方言调查、中华人民共和国成立后政府组织的若干次汉语方言和少数民族语言调查。个体行为的调查如汉代扬雄的研究、清末民初西方传教士的调查研究以及不同时期学者的个体调查研究。无论政府行为还是个体行为的调查，其基本趋势是由单一的"口耳之学"向多种方法综合性调查研究发展。

　　第三，从调查内容看，以往的研究更多关注语言或方言的"典型"代表点，非典型语言或方言的调查和描写关注不够，如语言岛或方言岛、混合方言、跨国界语言或方言等。过去的调查研究更多关注整理音系、归纳语音规律和特点；现在，语言结构的各个方面都开始受到关注。与之相应，过去的调查研究大多比较零散，现在的调查研究逐渐呈现出系统化以及语言本体与语言生活结合、结构描写与解释结合、跨学科合作等特点。

今后，应当进一步扩大调查范围，加强汉语和少数民族语言田野调查研究的相互借鉴，从语言类型学、认知语言学等角度深化对语言本体特点的认识；加强语言生活、语言变异和语言接触的调查研究，更全面地揭示语言发展演变的规律；在借鉴西方理论和方法的基础上，进一步规范和创新调查研究方法，结合中国语言和方言的实际，提炼本土化的语言调查理论和方法。

参考文献

[1] 卞浩宇. 晚清来华西方人汉语学习与研究 [D]. 苏州大学博士学位论文，2010.

[2] 蔡永良. 语言·教育·同化：美国印第安语言政策研究 [M]. 北京：中国社会科学出版社，2003.

[3] 邓章应. 传教士所创民族文字概说 [J]. 内江师范学院学报，2007（3）.

[4] [瑞典] 高本汉（Klas Bernhard Johannes Karlgren）. 中国音韵学研究 [M]. 赵元任，罗常培，李方桂，译. 1940年初版，1948年再版，1994年缩印版，北京：商务印书馆，1994.

[5] 桂诗春，宁春岩. 语言学方法论 [M]. 北京：外语教学与研究出版社，1997.

[6] 郭锡良. 也谈上古韵尾的构拟问题 [G] //《语言学论丛》编委会. 语言学论丛（第十四辑）. 北京：商务印书馆，1987.

[7] [比利时] 贺登崧（Willem Grootaers）. 汉语方言地理学 [M]. 石汝杰，岩田礼，译. 上海：上海教育出版社，2003.

[8] 黄晓东. 汉语方言地理学大有可为——岩田礼教授访谈摘录 [J]. 当代语言学，2012（1）.

[9] 金有景. 中国拉祜语方言地图集 [M]. 天津：天津社会科学院出版社，1992.

[10] 李方桂. 切韵â的来源 [G] //中央研究院历史语言研究所集刊编辑. 中央研究院历史语言研究所集刊（第三本第一分册）. 1931.

[11] 李荣. 现代汉语方言大词典 [M]. 南京：江苏教育出版社，1999.

[12] 罗美珍. 邢公畹先生访谈录 [J]. 民族语文，1995（2）.

[13] [加] 罗纳德·沃德华（Ronald Wardhaugh）. 社会语言学引论：第五版（*An Introduction to Sociolinguistics: Fifth Edition*）[M]. 雷红波，译. 上海：复旦大学出版社，2009.

[14] 钱乃荣. 英国传教士 J. Edkins 在吴语语言学上的重要贡献——《上海方言口语语法》评述 [G] //复旦大学汉语言文字学科《语言研究集刊》编委会. 语言研究集刊（第三辑）. 上海：上海辞书出版社，2006.

[15] 石汝杰. 贺登崧和汉语方言地理学 [J]. 语言教学与研究，2003（6）.

[16] 孙毕. 章太炎《新方言》研究 [M]. 上海：华东师范大学出版社，2006.

[17] 王辅世. 宣化方言地图 [M]. 东京：日本国立亚非语言文化研究所，1994.

[18] 王力. 上古汉语入声和阴声的分野及其收音 [G] //北京大学中国语言文学系. 语言学研究与批判（第二辑）. 北京：高等教育出版社，1960.

[19] 王力. 中国语言学史 [M]. 太原：山西人民出版社，1981.

[20] 王远新. 中国民族语言学论纲 [M]. 北京：中央民族大学出版社，1994.

[21] 王远新. 中国民族语言学：理论与实践 [M]. 北京：民族出版社，2002.
[22] 游汝杰. 西洋传教士汉语方言学著作书目考述 [M]. 哈尔滨：黑龙江教育出版社，2002.
[23] 游汝杰. 汉语方言学的现状和愿景 [J]. 暨南学报（哲学社会科学版），2005（5）.
[24] 游汝杰. 西洋传教士汉语方言学著作书目考述（增订本）[M]. 上海：上海教育出版社，2021.
[25] 喻世长. 布依语调查报告 [M]. 北京：科学出版社，1959.
[26] 张振兴，等. 中国分省区汉语方言研究文献目录（稿）[M]. 北京：中国社会科学出版社，2014.
[27] [美] L. Milroy. *Language and Social Networks* [M]. 2nd edn. New Jersey: Wiley-Blackwell, 1987.
[28] [澳] R. M. W. Dixon. 田野语言学：微型手册 [A]. 许帆婷，译，戴庆厦，罗仁地，汪锋. 到田野去——语言学田野调查的方法与实践 [C]. 北京：民族出版社，2008.

习题

1. 简述早期语言田野调查的目的。
2. 简述历史比较语言学调查口语和方言的目的。
3. 简述方言地理学田野调查的特点。
4. 简述描写语言学田野调查的特点。
5. 简述社会语言学田野调查的特点。
6. 简述艾约瑟上海方言口语调查研究的特点。
7. 简述高本汉汉语方言调查和汉语史研究的特点。
8. 简述贺登崧汉语方言地理学调查研究的特点。
9. 简述赵元任的汉语方言调查研究特点。
10. 简述王辅世的汉语宣化方言的方言地理学研究。
11. 受社会语言学语言观和调查方法的影响，我国语言和方言调查研究有怎样的新进展？
12. 我国汉语方言和少数民族语言调查有哪三个特点？

第二章 语言田野调查的价值、内容和学术伦理

充分认识语言田野调查的价值，了解其主要内容，恪守语言田野调查的学术伦理，是语言研究的基本问题。

进入田野之前，研究者要有相应的学术训练和准备，比如阅读文献、确定调查内容、提出研究假设、设计调查程序、落实调查地点和调查对象、编制访谈提纲和调查问卷等。完成上述工作后，应当做问卷试调查、专家咨询和专题访谈，完善调查方案、修改访谈提纲和调查问卷，还要协调调查地的各种关系、计划经费使用等。

进入调查地之后，研究者要联系调查地的接洽人，走访相关部门，进一步搜集调查地最新的语言文化和人口分布材料，民族地区的调查还要搜集分民族人口数据等，专题访谈相关工作人员，获得他们的指导和支持；还要经受交通不便、水土不服、语言交流障碍等考验。调查过程中，研究者要随时随处留心观察和记录，进行不同类型的访谈和问卷调查。在完成各项调查任务的同时，研究者还要主动参与当地的生产生活和文化活动，以获取更为全面和深入的调查材料。

调查结束后，研究者需要辨析各类资料、提炼问题，统计问卷调查数据、进行逻辑检验，从不同角度论证研究假设，进而完成理论建构。即便如此，也不能保证每次调查都能获得满意的结果，这就需要补充调查。耗费如此多的时间和精力，付出如此多的人力和财力，投入和产出似乎不成正比，这或许是一些学者更愿意做文献研究的原因之一。

对学术新手而言，应当充分认识语言田野调查的价值，准确把握调查研究内容，熟练掌握调查方法，因为它们关系到今后的学术道路；应当恪守学术伦理，因为它是顺利开展语言田野调查的基本保证。

第一节 语言田野调查的价值

一、语言田野调查是获取第一手材料的重要途径

语言本体（语言的结构系统）和语言生活（语言的使用及相关问题）调查是语言

学发展的基础。理论探讨固然重要，但缺乏第一手材料的支撑，理论的说服力就会打折扣。可以说，理论探讨的广度和深度与第一手材料的积累和实证研究的丰富程度相辅相成。进一步而言，语言田野调查获取的第一手材料，是描写语言结构、解释语言演变原因、揭示语言使用特点、建构语言理论的基础。每项调查个案的结论或许比较简单，理论认识或许不够深入，但材料扎实了，个案积累多了，后续的类型比较或对比分析以及在此基础上的理论探讨及其应用价值就会逐渐凸显。因此，积累的第一手材料和研究个案越多、类型越丰富，理论探讨就会越扎实，学术道路才能走得更远。

二、语言田野调查是不断更新理论认识的重要途径

我国是多民族、多语言、多方言和多文字的国家，语言生活复杂，语言类型多样，语言变异现象丰富，过去的调查积累远远不够，对某些问题的认识还很肤浅，甚至存在误区。学术创新很大程度上依靠新的材料和事实，语言田野调查是丰富和完善语言学的重要途径。语言及其使用随着社会的变化而变化，每个时期都会面临新的问题。当一个国家或地区处于社会、经济、文化剧烈变革时期，语言生活及语言结构的变化就会更加迅速。因此，需要及时跟踪和补充调查语言生活和语言结构的新材料、挖掘新事实，不断深化认识、优化调查研究方法、提炼新的理论。

三、语言田野调查具有重要的实用价值

语言结构及其使用和发展状况，是语言国情的重要组成部分，语言教育、语言传播、文化传承，以及国家的行政管理、司法实践、媒体发展等，都需要制定合理的语言发展战略、正确的语言政策和恰当的语言规划。这不仅是国家发展战略、语言文化安全等制度安排的需要，也是语言使用主体即广大民众语言实践以及语言服务双方互动的需求。因此，全面调查各民族的语言状况，科学描述人民大众的语言生活，充分反映语言使用者真实的语言态度和语言认同特点，既能为政策制定、规划实施提供科学依据，发挥社会人文科学服务国家和人民的功能，也能体现研究者的社会关怀和人文情怀。

四、语言田野调查是提高综合素养和学术水平的重要途径

一个田野点就是一个社会，语言调查需要深入语言社区（又称言语社区），广泛汲取民间智慧，运用不同方式获取高质量的调查材料。前人的经验值得借鉴，学以致用需要亲力亲为。每一次调查都是增加社会阅历、培养吃苦耐劳品质、提高交际和适应能力

以及应对突发事件能力的机会。广泛接触民众的语言生活，研究者的综合素质和学术水平可以得到实实在在的提升，学问也会更接地气。课堂或书本学习可以增加知识，田野调查可以增加见识，因此，田野调查的每次奔波都是一次历练：去不同的地方，见识各类事情，接触不同人群，比书斋里的生活更加充实。从时空心理看，调查者的物理和心理时间感受会有很大的反差，一次次田野调查无形中增加了研究者生命的厚度，生活也变得更有意义。

第二节　语言田野调查的主要内容

语言田野调查包括语言本体、语言生活、语言心理（语言态度和语言认同）三大领域，主要涉及社区、领域、群体三个维度。广义的语言生活调查包括语言本体特别是其中的语言变体和语言变项的使用以及相关的语言态度和语言认同等内容，为了叙述方便，本节从语言本体调查、语言生活调查、语言态度和语言认同调查三方面阐述。

一、语言本体调查

传统的语言本体调查主要指结构主义语言学同质有序语言观指导下的描写主义范式，目的是描写语言的共时结构系统。现当代语言本体调查中的"新描写主义""规范语法""纪录语言学"等描写范式，实际上都是传统描写语言学的延伸和深化，均属于语言本体调查范畴。关于语言本体的调查，将在第五章"语言本体调查方法及注意事项"中阐述，本章主要论述社会语言学异质有序语言观指导下的语言本体调查，主要包括语言系统和语言变异两个方面。前者不仅要考虑语言系统的同质性，还要考虑语言系统内部的异质性，这样才能大体保证语言描写的充分性和精确性；后者通过调查语言变异项目及其使用的社会分布和心理动因，可以进一步解释语言系统内部的异质性即语言变异的起变原因、变异过程和发展趋势，有助于深化对语言演化过程和原因的认识。

（一）语言系统调查

语言系统调查即语言结构的整体调查主要指在社会语言学异质有序语言观指导下，

搜集语料、分析语言结构的方法,主要涉及以下三个方面的内容:

第一,社会语言学注重调查现实生活中鲜活的自然语料,并以此作为分析素材,这和以往的语言学重视书面语或标准语、人工数据或内省材料有很大的不同。它与传统描写语言学的最大区别是将调查对象的选择从"理想的"个体发音人变为具有不同社会特征的代表性发音人,并以此观察不同社会特征说话人的语言特点,目的是客观、全面描写语言的结构。简言之,描写语言学和传统方言调查更加关注个体的语言事实,社会语言学调查更加关注不同群体在不同社会语境中的语言事实和语言使用状况,以及影响语言演变的主观和客观因素。

第二,社会语言学认为,城市特别是大都市是语言变异和变化的发源地,语言接触是语言变异和变化的重要动因,因此,研究者需要进入人口密集且来源多元的城市社区,观察说话人的言语互动,获取不同场合、不同说话人的自然话语材料,在定性研究和定量分析的基础上,考察语言的社会使用、变异的过程和发展规律。简言之,社会语言学特别关注城市方言的调查描写。受此影响,描写语言学包括现代方言学也开始将研究范围从农村扩展到城市,从地理因素扩展到社会因素。

第三,社会语言学以其深厚的经验基础和实证研究区别于其他类型的语言研究,并在继承前人调查方法的基础上,发展出一系列新的调查方法,包括田野文献法、观察法、访谈法、测试法、问卷调查法,并在此基础上形成了宏观与微观、共时与历时、定量与定性、主位与客位相结合以及同类和不同类型个案对比分析等方法论原则。因此,社会语言学被称为"最贴近现实生活"的语言学。

总之,社会语言学的语言观、调查方法和分析模式,特别是语言变量与社会变量、语言使用与心理认同相结合的方法,细化了语言系统的分析,深化了语言演化的解释。

(二)语言变异调查

语言变异是社会语言学研究语言演变的核心概念,也是语言田野调查的常规调查项目。变异无处不在,但并不是所有共时语言差异项都具有社会意义,只有体现群体使用和语言态度差异的语言项目才是语言变异项。W. 拉波夫认为,应当区分具有指示作用、标记作用和固定评价标准三种语言结构的差异类型:第一类是不具有社会意义的差异,即只起指示作用且不随语境变化的语言变项,比如美国英语的南方和北方口音只是地域差异,没有或不主要体现社会差异。第二类是具有社会意义的差异,比如英语不同词中的 r 音是否卷舌,体现了纽约市英语使用者的社会身份,人们对这种发音特别敏感,且持不同的评价。这类差异具有标记作用,且随语境的变化而变化,是社会语言学的变异项。第三类是定型化差异,人们对这类差异具有固定的、一致的评价,比如一个语言社会对文辞(书面语读音或文读词)、文雅表达形式,对俗辞(口语读音、土词、白读词)、脏话、粗俗表达形式具有固定不变的评价,即肯定前者、否定后者。从变异研究的理论目标看,第一类和第三类差异不具有社会语言学研究价值,只有第二类是随语言使用者社会属性和语言使用语境差异出现变异的语言项目,人们对其持有不同的价值判断标准,研究者可以从中发现某些具有普遍意义的语言变异规律,它才是语言变异研究应当重点关注的(祝畹瑾,1992:44)。

关注语言变异项目与语言使用者社会特征和心理认知的关系,目的是揭示"进行中的变化"以及语言的变异规律、解释变异的成因和过程、预测变异的发展趋势,这种研究模式的主要特点是在共时描写中融入了动态分析。语言变异调查的具体操作步骤是:在语言结构调查的基础上甄别语言变异项目,通过对语言变项使用及其扩散的调查,从使用者的社会特征和认知心理等角度解释语言变异的分布特点、影响因素和发展趋势,即将语言结构与社会结构、语言使用的认知动因结合起来,完善语言的描写和解释。语言变异项即语言变量涉及语音、词汇、语义、语法结构、话语风格和语体特点等,社会变量主要涉及不同或相同的语言社区,不同交际场域说话人的社会特征如性别、年龄、受教育程度、职业、社会阶层、民族或族群、语言背景等,心理认知参项则主要涉及语言使用者的语言态度和语言认同以及相关的社会身份建构。

二、语言生活调查

狭义语言生活调查主要指语言使用即语言交际功能和社会文化功能及相关问题的调查,目的是全面描述特定社区或行业、领域内不同社会群体的语言生活状况。语言社区是社会语言学尤其是语言生活调查的基本单位,可以从不同角度进行分类。比如,按居住方式,可以分为城市和农牧社区及特殊社区(城中村、移民社区等);按民族分布,可以分为单一民族和多民族社区;按语言使用,可以分为单语单方言和双语双方言(多语多方言)社区等。语言生活调查涉及社区、领域和群体三个维度,既可以是综合性的调查,也可以是某一维度的专项调查。语言社区由不同社会特征的人群构成,因此,社区或特定行业、领域的语言生活调查主要涉及调查对象的基本信息,如性别、职业、年龄、受教育程度、民族或族群、语言背景等个人信息及其家庭背景信息、族际通婚状况和通婚态度等;调查对象的语言习得和习得环境,如从小最先习得的语言以及在不同阶段内的家庭、社区、学校语言习得环境;调查对象的语言文字能力、语言文字掌握程度和使用现状,如在不同场域(家庭、社会等)针对不同交际对象(陌生人、熟人、本族人、外族人、单语单方言人、多语多方言人等)、谈论不同话题(正式、非正式话题)时的语言使用;语言文字学习途径、学习动机和学习困难,以及对相关语言变体及其使用的语言态度。语言生活调查既可以为语言结构的深入研究提供背景素材、基础数据和解释依据，也可以为语言政策的制定和规划的实施、语言使用和发展研究提供科学依据。

三、语言态度和语言认同调查

语言态度和语言认同是语言田野调查的重要内容，无论语言结构还是语言交际和社会文化功能的调查，都涉及语言态度和语言认同。语言态度和语言认同均属于社会心理范畴，前者主要指说话人对相关语言变体、变异项本身及其使用和发展的态度；后者则是说话人在语言态度和语言行为基础上重构社会身份的重要途径。

语言态度由不同要素复合而成，不同要素之间会表现出结构性差异，这既导致了语言使用的复杂性，也为恰当评估语言态度对语言变体、变异本身及其使用特点和规律的影响提供了有效观察视角。语言态度既是影响语言演变的重要动因，也是影响语言选择和语言交际的重要因素。语言交际和社会文化功能、语言结构的发展变化，语言接触和语言关系的发展走向等，无不受语言态度的影响，同时也在语言态度方面有不同的体现。积极的语言态度对语言的保持和传承具有促进作用，它促使个体或群体更加重视并积极学习和使用一种语言，会加快某种语言变异形式的扩散和传播，反之亦然。此外，语言态度还在语言政策的制定和规划的实施方面扮演着重要角色。

与语言态度密切相关的是语言认同。认同的本质是身份建构，即对自身的认同和他人对自己身份的确认，是划分"我者"和"他者"的依据。语言行为是社会行为，语言使用是重要的社会行为，对身份建构起着重要作用。语言使用者在不同场合针对不同交际对象和话题的语言交际行为，都会影响其身份的建构。语言变体或变项的选择和使用、不同表达风格等也会在一定程度上体现说话人的身份认同，对其身份转变和说话角色的建构均具有或隐或显的影响。一般而言，语言使用者常会选择适合他们特定社会身份的言语形式和表达风格，一些违背社会身份的言语形式和表达风格常蕴含着特定的社会文化含义。换言之，语言使用即语言的交际特点只是语言生活的外在表现形式，其内在机制是社会身份与言语形式和表达风格的匹配和互动。

总之，语言态度是语言认同的实践层面，语言认同是语言态度的哲学层面，将二者结合起来，可以更好地解释语言结构和语言功能的特点及其发展演变规律。

第三节　语言田野调查的学术伦理

一、学术伦理和学术规范

学术伦理既是研究者学术道德的约束，也是行为规范的准则，还能体现研究者的学术价值观和人文情怀。学术伦理的建设和完善涉及多方面的因素，靠个体努力远远不够，需要学术共同体达成共识并付诸行动，还需要制度保证。学术伦理贯穿于田野调查及相关研究的全过程，涉及法律法规、道德、学术规范等层面，其中遵守法律法规是题中应有之义，遵守调查地的公序良俗和特殊习惯是基本要求，遵守道德和学术规范是底线。缺乏学术道德和规范，必然导致学术观念和行为的偏差、社会责任感和人文关怀的淡化，以及功利主义的泛滥。

学术伦理与学术规范属不同范畴，但二者密切相关，有些问题既属于学术规范范畴，也涉及学术伦理。比如研究者缺乏独立思考和批判意识，人云亦云；不积累第一手材料，只采用第二手材料论证自己的观点；回避对论证不利或与自己观点不符的材料；忽略与自己研究相关的重要成果，对前人的贡献轻描淡写，或引用时避重就轻；不能持中立态度客观描述语言事实，依据少量材料和数据做宏大叙述；归因分析不分主次、过分夸大研究问题的性质或功能，忽略多种因素的共同作用。上述种种，既不符合学术规范，也有悖于学术伦理。

二、道德层面的学术伦理

社会学家艾尔·巴比（Earl Babbie，2009：70）指出："当我们研究人类任何行为时，伦理问题的重要性是至高无上的。"他认为（2009：63—65），社会研究中普遍遵循的两个伦理准则是"自愿参与"和"不伤害参与者"。任何一项社会人文研究，都需要强调研究对象的自愿参与，且无论在调查过程中还是研究结果公布后，都要确保研究对象的隐私权。遵循上述两项原则的关键，是征得调查对象的"知情同意"（informed consent）。简言之，在他看来，"知情同意"是总原则，包括自愿参与和尊重隐私权两条具体原则。结合我国国情以及多年的语言田野调查实践，笔者认为，应当在艾尔·巴比的原则基础上，将道德层面的学术伦理扩充为尊重、换位、诚信、知情、隐私、互助等相互关联的六项原则。

（一）尊重原则

1. 摆正位置

研究者要以求知者姿态进入调查地，不能以"大地方来的""上面来的"自居，更不能以"官方名义"指手画脚、随意表态。在一些偏远农村或牧区，研究者特别是调查小组的到来，对当地人而言即便不是大事，也足够引人关注。研究者的言行举止会成为他们议论的话题，而且传播速度非常快。要让当地人感受到研究者是来实实在在工作的，而不是政府部门派来"检查或指导工作"的，更不是来游山玩水、观光猎奇的。研究者应当虚心向调查对象请教，通过自己的一言一行让他们切实感受到研究者对其发自内心的尊重。一个内心瞧不起基层民众的研究者，不可能深入了解他们内心想法和行为方式的真正含义。

2. 理解调查对象

田野调查是研究者有求于调查对象，调查过程是研究者不断揣摩调查对象心理、调整调查策略的人际交往过程。调查技巧固然有其作用，但调查对象会有不同的应对策略。说不说、说什么、怎样说取决于调查对象，信不信、信什么取决于研究者。因此，研究者与调查对象之间存在复杂的互动关系。研究者应当取得调查对象的信任、使其认同自己的研究，彼此建立良好的互信关系，才能获得较好的调查效果。

以云南佤族祭祀语言调查为例。过去，佤族多数人笃信灵魂不灭、万物有灵，认为日月天地、风雨雷电、山川河流、生命体及其他不能解释的自然现象都有灵魂，如掌管风雨雷电的雷神、山川河流的水神和山神、农作物的谷魂、个体的魂魄、死者的鬼魂。世间万物的生存、变化和消亡均受鬼神支配，鬼神既能造福也会惩治人类。由于敬畏神灵，不论日常生产生活如开荒、播种、收谷物、宰杀牲畜、出远门、远方归来等，还是重大礼俗仪式如男婚女嫁、贺生送葬、新屋落成等，主人都要举行祭祀（当地汉语方言称"作鬼"）活动，且要请巴猜（祭师）吟诵祭词，目的是告知众神，请其庇护。祭词被认为是具有某种法力的"神秘语言"，蕴含着佤族世代传承的生产生活经验和伦理道德观念。巴猜念祭词通神、愉神、求神，通过解释卦象传达神的旨意，为人消灾解难、趋利避害。一些研究者和文化工作者常以保护非物质文化遗产的名义采访巴猜，但效果并不理想。作为佤族传统文化的守护者和传播者，巴猜深信并畏惧鬼神，严格遵守念祭词的时间、场合和禁忌。一些年长的巴猜不懂汉语，即使通过翻译也很难顺利沟通，因此常因语言障碍导致误解。部分研究者只考虑调查方便，不顾巴猜的感受和规矩，比如有的为拍摄祭祀过程，要求巴猜现场杀鸡、念祭词；有的为搜集民间音乐，让巴猜吹奏丧葬仪式时才能吹奏的乐器；有的为录制竹篾编织过程，临时通知巴猜准备半成品等。还有研究者希望巴猜讲述民间故事或历史传说，这些故事或传说在不同地区有不同版本，如果不能充分尊重讲述者，就容易导致巴猜和研究者之间产生嫌隙甚至误解（叶黑龙，2018：10—11）。总之，作为研究者，不能"操纵"研究对象，应当在最合适的情景下获取有效、自然、可靠的第一手材料。正如丹尼·L. 乔金森（Danny L. Jorgensen，2015：5—6）所说："当人们知道他们正在被观察和研究时，尤其是当研究者贸然地操纵环境时，他们的行为方式肯定会有所不同。"

个体成长经历、语言社区特点均受制于特定社会结构及说话人的语言行为和文化心理，研究者包括调查地出生的研究者与调查对象的成长环境、社会身份、思维方式、认知特点和言语表达方式均存在差异。因此，不能依据研究者及其所属社区通行的观念、思维方式，去观察和理解调查对象的语言文化，而应当充分理解、尊重当地人或当事人的想法和做法，特别是那些在研究者看来有违"常理""常规"的想法和做法。调查过程中遇到问题时，研究者要多替调查对象着想，并理解其真实想法，才能找到恰当的解决办法。比如语言生活入户调查常遇到这种情形：当地干部出于好心，不按抽样原则，而是为研究者指定条件好的家庭户访或做问卷。如果有些话不好明说，可以顺带多调查几户，并将这类家庭作为抽样户访和问卷调查之外的重点访谈对象，获取的观察和访谈材料同样能派上用场。如果时间不充裕，要充分理解当地干部的好意，尽量与他们协商，进一步说明调查目的和抽样原则，取得他们的支持。

3. 既不盲从也不固执己见

当地人是语言现象的权威判断者或语言事件的亲历者，调查者应当充分尊重他们的看法，但不能盲从，因为当地人的判断存在"身在此山"的局限，会受传统习惯的制约；也不要轻信自己的观察，因为可能只看到了问题的表象。即便调查者受过严格专业训练甚至有丰富的调查经验，也不能过分自信，更不能固执己见。语言现象和语言行为错综复杂，要依据特定场景全面调查、深入观察、综合研判。语言态度和语言认同调查常遇到调查对象"言行不一"的现象，研究者在结合调查对象自述的基础上，应当以其实际表现为依据，探究他们的主观认知与客观表现，以及二者不一致的原因。

（二）换位原则

田野调查涉及主位（emic）与客位（etic）立场，前者指站在当事人立场观察问题、获取材料；后者指立足于局外人立场观察问题、提炼认识。笔者认为，语言田野调查不仅应当兼顾主位与客位立场，而且需要恰当把握二者的转换关系。

调查熟悉的语言文化要有意识地"化熟为生",既要排除主观认知（先入为主、情感倾向）、个体习惯（习以为常、视而不见）的干扰,也不应受当地人或当事人看法的左右,而应站在局外人立场,以客观、超然的态度对待调查中遇到的问题。不能简单地认为,研究者看到的、调查对象说的都是客观真实的（王远新,2011:13—14）。

调查陌生语言文化时,研究者与调查对象身份不同,对同一现象及其隐含的社会文化意义的理解会有差异,需要尽快"化生为熟"。由局外人变为局内人,需要具有共情当地人生活的能力以及自身的移情重构能力。然而,研究者完全融入调查社区是理想状态,事实上很难做到。即便能够较长时间扎根于某一田野点或坚持跟踪调查,也很难真正融入。作为局外人,研究者应当积极融入调查社区并努力成为局内人,站在主位立场观察问题、获取材料,尽可能理解当地人言语行为的深层逻辑和意义世界,并正确阐释调查材料的"言外之意"。分析语言现象和语言行为时,应当尽可能摆脱主位立场的束缚,立足客位立场提炼问题、建构认识。换言之,研究者需要经历主位与客位立场的转换过程,才能真正理解调查对象语言行为、语言态度和语言认同的特点,从而获取真实自然的语料,客观描述事实真相、解释语言生活变化的原因、得出全面可靠的结论。

总之,不论调查熟悉还是陌生的语言或语言生活,研究者既要沉浸其中,又要"旁观者清";既要"进得去",又能"出得来",这也是学术伦理的要求。

（三）诚信原则

诚信既是学术研究的要求,也是学术伦理需要遵循的原则。深入基层,接触民众,一定要真诚守信。介绍研究目的和意义时,要实事求是,不刻意隐瞒,也不随意夸大。如果直接说明研究目的有可能使调查对象产生顾虑,可以采用转移注意力等方式加以说明并开展调查,但调查结束后,应当向调查对象说明调查目的和材料用途。调查过程中应当多交朋友,且与他们保持长期联系,这不仅便于调查,还有助于跟踪研究并及时回馈调查对象。作为朋友,调查对象会请求研究者帮忙,如帮孩子买高考辅导材料,咨询子女升学、高考志愿填报、就业意向等,有时还会托研究者给亲友找工作。如果有能力办到,一旦答应就要兑现。如有困难,应当坦诚说明,否则容易失信。有些调查对象比较关注本族或本土语言文化,希望得到研究成果,研究者不仅应当在成果中注明调查对象的贡献,以恰当的方式致谢,还应当及时将研究成果赠予对方。智能手机普及之前,我们经常会给调查对象拍工作照或"全家福",回去后及时洗出照片寄给他们。这看似小事,但可以维系彼此的情感,也关乎诚信,不可忽略不计。

（四）知情原则

为获得知情同意,研究者应当向调查对象说明调查目的和材料用途。调查研究的问题不同,与调查对象达成知情同意的难度会有差异。总体而言,不敏感或敏感程度低的问题更容易获得知情同意。相同的问题,农村和牧区调查对象比城市社区的调查对象更容易达成知情同意;城市社区中,机关大院、高校家属社区的调查难度更大,有的调查对象甚至会以不同理由拒绝入户。笔者带领研究生调查遇到这种情况时,学生一般都会出示学生证,说明为了完成社会实践课题,长途奔波,希望得到调查对象的理解和配合。多数调查对象的家庭中都有后代或亲友在外求学,将机关大院或高校家属区的公务人员或大学教师身份转换为学生家长身份,他们都会体谅学生的困难,如无特殊情况,一般不会再拒绝。遇到愿意接受调查但心存顾虑不愿多谈的调查对象,应当先营造轻松愉快的访谈氛围,不要直接询问调查对象不愿回答的问题,打消其顾虑后再进入主题。

与综合性的社区入户调查相比,行业或领域专项调查难度更大。政府机关工作性质比较特殊,即便开具了介绍信,也会面临"门难进、人难见、口难开"的尴尬。相对而言,公检法机关的调查比语言文字工作、文化教育等机构的调查难度更大。对此,研究者应当充分理解并遵守机关单位的要求,办理好相关手续,耐心解释调查目的、内容以及材料用途,争取其上级主管部门或同级主管领导的支持,取得调查对象的信任和配合。

(五) 隐私原则

匿名和保密是尊重调查对象隐私权的基本保障。艾尔·巴比(2009:66)认为,"匿名"指"当研究者和读者都不可能将回答和回答者对应起来时,这个研究就可以说达到了匿名的要求";"保密"指"当研究者能够指认特定研究对象的回答,但是承诺不会将其公开时,该研究就达到了保密的要求"。具体而言,遵循隐私原则应当注意以下三个方面的问题。

1. 界定隐私

哪些信息可以透露、透露到什么程度,不同类型的语言调查要求并不相同。描写语言学主要涉及语言结构的调查记录和分析研究,公开发音人的信息,一般不会伤及其利益,只需要征得发音人同意即可。调查成果署名等事宜,则会涉及学术伦理,应当与发音人协商。社会语言学变异和语言生活调查因涉及调查对象的主观评价、心理认知、行为倾向等语言态度和语言认同问题,会触及个人隐私或敏感问题,匿名和保密等伦理问题比描写语言学突出。一位博士研究生的学位论文涉及北京市大学生语言态度调查,她在调查日志中写道(衣莉,2009:210):"一次,在北京某高校做集体问卷,在回收的问卷中,有一份问卷上竟然写着'你的问卷涉及隐私太多,我不愿意回答!'"鉴于此,这类调查不宜采用自填式问卷调查法,而应采用一对一访谈式问卷调查法,通过与调查对象的有效互动获取相关信息，并告知匿名处理方式，达成隐私保护共识。

2. 采用恰当调查方法和得体的问话方式

在民族杂居区或边境地区调查语言生活，一般都会涉及族际特别是跨国通婚对家庭语言生活及后代语言习得的影响等问题。有一次笔者访谈这类家庭时，总感觉调查对象有些话没说透，甚至刻意回避某些话题。进一步了解得知，户主的妻子是外国籍，孩子上学有困难，导致他们在回答相关问题时有顾虑。作为研究者，虽然无力帮助他们，但可以向其说明这项调查只涉及语言使用和语言态度，既不会泄露个人隐私，更不会伤及他们的利益。访谈再婚家庭成员的族际通婚状况和态度时，一定要避开受访者家属。访谈单身残疾调查对象时，不宜直接询问其婚姻状况及族际通婚态度，应当采用转移话题的方式获取相关信息，否则，可能会刺激调查对象的痛点，影响调查效果。

3. 不伤及调查对象的切身利益

调查对象的切身利益有时会与研究内容存在矛盾，要视具体情况选择恰当的处理方式。比如为避免一些主观和客观因素的干扰，社会语言学在调查语言变异问题时，常采用转移注意力的方法，即隐去调查意图，将调查项目混装在其他语料中，在调查对象意识不到调查目的的情形下获取自然语料。又如调查语言态度和语言认同时，有些调查对象对某类问题的看法比较极端或激烈，有些人的经历比较特殊，而这些看法或经历又具有一定代表性，他们担心公布后会损害其名声或利益。通常的做法是，耐心说明材料用途，强调用于学术研究，并隐蔽个人信息。对那些即便匿名也会因事件特殊可能被"对号入座"、伤及调查对象利益的案例，需要谨慎处理。这类案例虽不宜公开，但可以作为全面认识调查问题、深入了解不同调查群体想法的重要参考材料。

如果发现地方性法规或政策措施与当地语言生活实际不符，或与国家层面的法律法规、政策规定相抵触，研究者一定要本着求真务实的态度认真对待，实事求是地揭示问题的真相。如果不宜公开，可以采用内参形式上报；如果可以公开，需要把握尺度，其基本原则是地方政策、行政法规需服从国家层面的法律法规。

（六）互助原则

1. 恰当付费

调查对象接受并耐心配合调查，是对调查者无私的帮助，调查者应当尊重他们的付出，并给予力所能及的回馈。有的调查者会跟调查对象约定付费金额，近年来的"问卷星"调查还采用了"抽红包"的做法。如果条件许可，给调查对象付费是应当的，但要讲究付费技巧。调查者不应把调查对象看作"工具人",而应将其看作真诚交流的对象和共同研究的合作者,将"劳务费"看作对他们付出的尊重。不恰当的付费方式表面来看可以暂时调动调查对象的积极性,但会带来负面影响。比如某一极度濒危的少数民族语言引起了不同学科学者的关注,一些研究者不恰当的付费方式导致一些当地人将其作为挣钱手段,即便不会本族语,也跟老人学点日常用语,以此为由索要劳务费。有的调查受项目经费的约束,只有少量的劳务费支出,付给调查对象少量劳务费,不如送实用的礼品更能拉近双方的距离。

2. 及时回馈

没有付费条件,要事先说明,并采用其他方式补偿。我们课题组在新疆察布查尔锡伯自治县调查时,一位中年女性向调查员索要"牌档子"(新疆汉语方言"好处",指钱或其他好处),调查员一时不知所措。笔者得知情况,用哈萨克语跟调查对象寒暄拉近距离后,说明了调查意义、经费来源和用途。她不仅积极配合完成了问卷,还主动充当向导,协助完成了其他调查。

回馈方式多种多样,不能简单地认为,研究工作可以为调查地做宣传、增加其知名度和影响力就是一种回馈方式。其实,普通百姓的期望并不一定在此。因此,可以从长远利益和眼前好处两方面关注调查对象的需求。

从长远利益看,尽量做有益于调查对象和社区的项目,如保护和传承他们的语言和文化,关心其语言服务需求、后代教育和发展出路等,这有助于得到调查对象的理解与支持。笔者带领的团队调查研究清东陵和清西陵满族北京官话方言岛,帮助当地文管部门和满族乡镇填补了满族语言文化材料的空缺,达到了回馈调查对象和社区的目的。笔者指导的研究家乡方言的博士生和博士后工作人员,不仅填补了家乡方言研究的空白,为家乡文化事业作出了贡献,还得到当地政府的资助,出版了专著,同样起到了回馈作用。语言生活调查可以向调查对象说明,调查结论会为政府制订保护语言文字、发展民族或地方文化、促进语言教育发展等政策提供参考;会对当地人的语言文字能力、政府部门语言文字管理和服务水平、语言教育乃至全民素质的提高有帮助,即使对调查对象没有直接帮助,也能惠及其后代。新疆塔塔尔语和土尔克曼话都是濒危语言,两个族群都非常关心自己语言文化的传承。我们不仅跟调查合作者成了长期的朋友,土尔克曼族群的一位发音人还学会了语言调查和记录语料的方法,并在我们的指导下独立编写了《土尔克曼话词语集》。塔塔尔语民族文化发音人在答谢晚餐上动情地说:"你们是在完成国家的任务,我们积极配合是必须的。我们一个不到5000人的小民族,国家从来没有忘记我们,帮助我们发展语言和文化,这是我们作为中华民族大家庭中一员的荣幸。"我们的调查之所以能够得到塔塔尔族每位发音人的无私帮助,这位合作者的话或许是最好的注解。

  从眼前好处看,首先应当与调查对象拉近距离,入户前买些实用礼品,尽力帮助他们解决一些实际困难。有些事情看似举手之劳,但做与不做差别很大。1999年,笔者和一位教师带学生赴云南禄劝彝族苗族自治县深山区调查语言生活。山上一户住茅草屋的人家,除了火塘、茅草地铺和几床破旧被褥外,没有其他家具。因为家里穷,几个孩子都没有上学。见此情景,我们把能留下的东西全给了他们,并向有关领导反映了他家的困难。户主感动地说:"我们家连乡干部都没有来过,你们是从'中央'来的,还专门来看我们,给我们东西,真是太谢谢了。"还有一次,我们在乌鲁木齐县白杨沟哈萨克族移民村入户调查结束时已近黄昏,调查员得知一位调查对象的女儿不久前因先天性心脏病住了半年院,出院后需要定期去卫生院输液,从她家到卫生院坐大巴往返需要两个多小时。调查对象不顾家事、先协助调查的举动感动了我们,我们也不顾一天的劳累,安排司机专程接送她和女儿去卫生院输液。专门负责这位调查对象的调查员在后来的调查日志中写道(刘晓凤,2012:405):"在田野调查中我们不仅收获了语言生活的第一手资料,还经常会遇到淳朴情感的馈赠。……我们几个姐妹也都在书包里放了些糖果、彩笔之类的小物件,遇到受访者家有小朋友,就会塞给他们。看到他们爱不释手的样子,我们往往既欣喜又辛酸,这可能是我们现在唯一能为他们做的了。"在新疆奇台县哈萨克族牧区调查时,我们得知调查对象的女儿在乌鲁木齐市上学,学业上遇到了一些问题。调查结束返回乌鲁木齐后,我们看望了调查对象的女儿,并帮助她解决了一些实际困难。一位老家在胶东半岛的博士生选择了陕西蒲城县胶辽官话方言岛作为研究题目,调研得到了当地人的热情帮助。为了回馈调查协助者,这位博士生不仅经常照顾其老人和小孩儿,辅导孩子的作业,帮助发音人干农活,帮助问卷调查对象寻找家乡的亲戚,暑假回老家还给他们邮寄了老家特产。这些看似是小事,却唤起了调查合作者和发音合作人的乡情,加强了调查对象与老家人的联系,调查者也达到了回馈的目的,加深了彼此的感情(赵婷婷,2023:429)。

  尽力帮助调查对象,有助于研究者的后续调查或跟踪调查。更重要的是,在此过程中,研究者能够更好地理解当地人为人处世的方式、思考问题的角度、价值观,以及相应的语言表达方式。换言之,研究者并非单方面的付出,在帮助他人的同时,自己的收获更大。即便不能直接帮助调查对象,也应当在调查过程中让其感受到被尊重,心情愉悦地接受调查。如果能使调查对象更好地认识自己的语言文化,对调查对象而言,也许是一种间接的回馈。

第四节　正确认识语言研究中的"主流"与"非主流"

语言学是社会人文科学的基础学科，学术新手要有甘于坐冷板凳的思想准备，并正确认识语言研究的应用价值及"主流"和"非主流"。

学术研究的动力之一是应用，但应用价值具有相对性。表面看，语言本体研究与社会应用的关系不如语言生活研究密切，但不能因此认为后者比前者更有价值。语言本体研究是语言学各分支学科的基础，其最大的用处是"无用之用"；语言生活研究更加关注语言使用者，与普通民众的关系更为直接，也更能体现研究者的人文关怀。事实上，语言结构的各方面相互关联，都需要投入精力；语言结构和语言生活相互制约、互动共变，缺少任何一方面都难以认识语言的全貌、本质特点及其演变动因。脱离语言使用者、语言使用场域、语言使用动机和态度，以及语言生活的实际，语言研究的科学性和应用价值就会大打折扣。密切关注社会生活中的语言事实，采用科学方法获取全面可靠的第一手材料，以新的理论视野开展多层面、多角度探讨，应当是我们努力的方向。

"主流"和"非主流"也是相对的。就语言学本身而言，不同历史阶段有不同的热点，即使同一时期，也不好说某类研究是主流，其他研究是非主流。如果一味追逐学术热点、被其牵着鼻子走，就容易随波逐流，也很难坚守学术伦理。在既定的研究领域持之以恒、深耕细作、逐步拓展，即便研究的内容不是热点，只要形成自己的研究特色，就能为语言学添砖加瓦。总之，追赶潮流永远是被动的，踏实做好既定的研究才能获得主动权。

第五节　本章小结

语言田野调查具有重要的学术和应用价值，认识语言田野调查的价值和主要内容、重视学术伦理是语言研究的基本问题。本章在阐述语言田野调查价值和主要研究内容的基础上，讨论学术伦理与学术规范的关系，重点论述了道德层面的学术伦理。结合中国国情和多年的调查实践，笔者将西方学者提出的"自愿参与""尊重隐私权"两项原则扩充为尊重、换位、诚信、知情、隐私、互助等相互关联的六项原则，认为在田野调查实践中，研究者要尊重调查对象，使其认同自己的人品、工作态度及研究工作的意义；应当站在调查对象或当地人立场考虑问题并兼顾客位立场，恰当把握主位与客位立场的转换关系；还应当尊重调查对象的隐私权，坚守诚信、知情同意和互助原则。总之，恪守学术伦理，是顺利开展田野调查的基本保证；正确认识语言研究的应用价值、"主流"与"非主流"及其辩证关系，涉及研究者学术道路的选择以及更深层次的学术伦理。

参考文献

［1］［美］艾尔·巴比（Earl Babbie）. 社会研究方法：第 11 版（*The Practice of Social Research*: *Eleventh Edition*）［M］. 邱泽奇，译. 2 版. 北京：华夏出版社，2018.

［2］［美］丹尼·L. 乔金森（D. L. Jorgensen）. 参与观察法：关于人类研究的一种方法（*Participant Observation*: *A Methodology for Human Studies*）［M］. 张小山，龙筱红，译. 2 版（修订本）. 重庆：重庆大学出版社，2015.

［3］刘晓凤. 塞外江南风景异：记乌鲁木齐市、伊宁市语言文化生活调查［G］//王远新. 语言田野调查实录（七）. 北京：中央民族大学出版社，2012.

［4］王远新. 田野调查中的数据采集和研究文献中的数据使用问题［G］//王远新. 语言田野调查实录（六）. 北京：中央民族大学出版社，2011.

［5］叶黑龙. 佤族祭词研究［M］. 北京：社科文献出版社，2018.

［6］衣莉. 新疆语言田野调查中的挫折和失败案例分析［G］//王远新. 语言田野调查实录（二）. 北京：中央民族大学出版社，2009.

［7］赵婷婷. 陕西省蒲城县胶辽官话方言岛调查［G］//王远新. 语言田野调查实录（十七）. 北京：中央民族大学出版社，2023.

［8］祝畹瑾. 社会语言学概论［M］. 长沙：湖南教育出版社，1992.

习题

1. 结合实际从一个方面举例说明语言田野调查的价值。
2. 异质有序语言观指导下的语言系统调查有怎样的特点？
3. 为什么说具有标记作用的语言结构差异才具有语言变异研究的价值？
4. 简述学术伦理和学术规范的关系。
5. 道德层面学术伦理应当遵循哪些基本原则？
6. 为什么说正确认识语言研究的"主流"与"非主流"及其辩证关系涉及更深层次的学术伦理？

第三章　怎样选择可持续性的语言研究

如何选择可持续性的语言研究，至少需要注意三个方面的问题：一是要精准定位，认清自身的能力和条件（包括研究能力的提升和创造更好的条件），设计好研究规划，做力所能及的研究，既不妄自菲薄，也不盲目自信。二是要有问题意识，在问题导向下选择具有前瞻性的研究，既要很好地把握学术历史、现状、前沿和走向，也要有学术敏感性。三是要持之以恒，一旦选定研究方向，就要坚持不懈。可以跟踪学术潮流或热点，但不能随波逐流，应当沿着既定的研究方向，在本学科内部深耕细作，积累到一定程度再拓展至交叉学科，使既定的研究具有延伸性，包括学科内部的延伸以及交叉学科的相互为用，从而不断增加研究深度、拓展研究广度。以上三个方面不是一朝一夕可以做到的，针对语言研究新手，本章就如何选择恰当的、适合自己的研究题目或切入点提出几点建议。

第一节　利用和挖掘身边的语言资源，关注空白调查点

任何研究都必须以事实为依据，语言研究也不例外。语言现象十分复杂，需要在特定理论和方法指导下搜集和对比语言材料，提炼语言事实，使之成为语言研究的证据。也就是说，语言材料并不等于语言事实。每个人都至少掌握和使用一种语言，允分利用自己熟悉的语言资源，是语言研究的天然优势，也是学术新手的最佳切入点。因为可以随时随地观察语言现象、提炼语言事实、获得研究灵感、思考或验证相关的语言学理论。换言之，从实践中发现问题、选择适合自己的研究方向，再将其分解成不同问题，从不同角度、采取不同方法做持续性探讨，是避免舍近求远、忙于追赶潮流却难以入流的有效途径。下文就如何利用熟悉的语言资源、怎样逐步深化和拓展研究提出四方面的参考意见。

一、利用母语优势，从描写走向解释

研究语言本体，首先要掌握搜集第一手语言材料的方法，在充分占有可靠材料的基础上，进行相关的描写分析。利用母语优势，采用描写语言学的理论和方法，进行语言本体的调查描写，既是语言研究的基础训练，也是寻找合适研究方向、深化研究问题的有效途径。

如果有机会参与一些课题、社会实践项目，或主持研究生自主创新项目，不要在完成任务后止步不前，而应顺此做延伸性或持续性的探讨。具体而言，就是在前期调查研究的基础上，进一步扩展语料，寻找恰当的问题或角度做专题研究。从语言学队伍的构成看，中华人民共和国成立后成长起来的第一代语言学家，多是20世纪50年代汉语方言和少数民族语言大调查期间培养的人才。大调查期间，他们多是在读的本科生或年轻助教。调查结束后，凡是能够做持续性调查研究的，都成长为当代语言学的中坚力量。可见，持续性的语言或方言调查，不仅是训练学术基本功的最好方式，也是积累第一手材料和研究经验的最佳途径。

如果我们熟悉或关注的领域前人已有比较完善的描写，短期内很难找到拓展的空间，可以在前人调查和描写的基础上，按照如下思路寻找合适的研究方向或题目：

第一，采用比较方法，即比较亲属语言或同一语言内部不同方言土语，解释研究对象的历史演变规律及其在亲属语言或某种语言中的特殊地位。换言之，前人关于某种语言或方言描写呈现的是共时结构特点，而采用历史比较法，可以解释共时结构的历史演变过程、规律及其影响因素。

第二，采用社会语言学方法，从语言变异角度切入，联系特定社区语言使用者的社会属性及其在不同场域（交际场合、交际对象和交际话题）语言变异项目的使用特点，分析其分布特点和规律。换言之，从语言使用中发现语言结构变异项目，从语言结构和社会结构的联系及语言交际的互动中，观察语言变异项目正在进行的变化，揭示共时微观演化的特点，分析影响变异的因素，预测其发展趋势。也可以采用社会语言学观念，完善描写语言学的调查方法，补充描写研究的不足。以往的语言描写为了体现"同质"的语言结构和"纯粹的语言系统"，主要以典型母语单语人的语料为研究对象。随着语言接触的广度加大、密度和深度加强，双语或双言现象成为语言生活的常态。为了适应语言生活的变化，可以在社会语言学"异质有序"语言观的指导下，在特定语言社区中选择不同社会特征的调查对象作为发音人，全面调查描写语言的结构和系统。不同性别、年龄、受教育程度、语言背景等社会特征说话人的语言结构大都各有其特点，揭示这些特点并进行归因分析，可以使描写更加全面，并进一步解释语言结构的特点及其影响因素和发展趋势。即便只选择一位发音合作人记录其语料，母语单语人和母语双语或双言人的音系及其他语言结构特点也会有差异，至少存在新老派差异，可以将其作为语言调查描写的切入点。

第三，采用认知语言学方法，阐释语言结构与语言使用者心理认知特点的关联，揭示语言发展变化的心理动因。比如，某类语言项目为什么更容易被接受、扩散速度更快，除了语言结构本身，还受语言社会文化地位和交际功能的影响，与不同社会特征语言使用者赋予语言项目的隐喻意义以及相关的语言态度和语言认同等深层社会心理动因有关。从这个角度切入，可以深化以往的微观描写。

第四，采用语言类型学方法，通过跨语言或跨方言的类型对比，从普遍共性或特征共性角度，描述某种语言或方言在人类语言中的类型分布及其特征，揭示共性和差异，准确认识这种语言或方言的特点，因为特点总是通过科学对比得出的。

第五，采用语言（方言）地理学方法，调查语言项目的地理分布，画出语言或方言特征的同言线，直观展现其地理分布特点，考察它们的历史成因和其他影响因素，如语言项目的分布、发展、分化等特点，以及受移民及其分布、居民特点和语言接触等因素影响形成的语言或方言地理特征。

第六，采用语料库方法，搜集某种语言或方言的口语语料，建立专项语料库，量化分析某种或某类语言结构的分布特点、使用频率、组合关系、句法和语境制约等，并结合语言或方言使用者的社会特征，分析其社会分布和发展趋势。这样既可以印证或完善已有的研究结论，还可以发现新的研究问题。

以上六点可以通过一个简单的例子综合说明。官话方言如中原官话、西南官话等普遍存在声母 k、kʰ、x 与 tɕ、tɕʰ、ɕ 两读现象，这在汉语音韵学和方言学界已是常识，即中古汉语的 k、kʰ、x 声母与齐齿呼和撮口呼相拼，受语音弱化影响，导致它们腭化后分别变为 tɕ、tɕʰ、ɕ。然而，这条演变规律在不同方言中的发展并不平衡：在南方汉语中，有些方言分化速度较慢，基本保留了中古汉语的特点，如广州话的"老家"[k/tɕ]、"陈寅恪"[kʰ/tɕʰ]、"行先"（先走）[x/ɕ]。与南方汉语相比，官话方言的分化速度较快，但不同方言片区的发展不平衡。比如，除个别存古遗迹如"张各庄""恪守""觟州"等，北京话已完成了语音分化过程。有些方言 k、kʰ、x 与 tɕ、tɕʰ、ɕ 两组声母均可出现：[k/x] 组如"街、鞋"保留了中古读音，一些词则为现代读音 [tɕ/ɕ]；[kʰ/tɕʰ] 组如"去（kʰ）、蛋壳（kʰ）"保留了中古读音，一些词如"去（tɕʰ）、地壳（tɕʰ）"则为现代读音；[x/ɕ] 组如"咸菜、恫吓"保留了中古音，"咸阳、吓唬"则为现代读音。上述读音差异，有些是文白异读导致的，有些是语音弱化导致的。同一方言小片，它们出现的语境、使用特点也有差异，比如"刚"（将）在同一方言小片中存在 gɑŋ/tɕiɑŋ 两种读音，有的是城里人变、农村人未变，年轻人变、老年人未变，受教育程度高的变、受教育程度低的未变，方言和普通话双言人变、单方言人未变等；即使同一个语言使用者，有时变，有时不变。上述种种，均体现了语音的社会差异。换言之，描写语言学和历史语言学（音韵学和方言学）的结论可以从社会语言学角度做进一步研究。换个角度看，在分化速度较慢的中古音和现代音共存的某些北方官话中，存在一字多读现象，这类多种读音的变化过程如何？比如，"解"有"解（tɕ）救"、姓氏"解"（ɕ）、地名"解（x）州"等读音，分析其历史演变过程和地理分布特点，可以为语言变化和地域文化研究提供佐证。

立足于上述复杂现象，在分析方言音系特点的基础上，可以判断 k、kh、x 与 tɕ、tɕh、ɕ 两组声母在不同语言条件下（特定词素、词及其组合）的分布特点，以及是否或在什么条件下成系统。在历史比较的基础上，可以考察两组声母从中古到近代和现代汉语的变化及其在不同方言片区的变化规律和发展趋势，并对两读或多读现象做出解释。比如，是文白异读，还是新老派差异；是连续性音变，还是滞后性音变；是结构内部或外部因素导致的，还是二者互动的结果。采用社会语言学方法可以考察两读或多读音使用的社会差异，即不同社区或同一社区不同社会特征说话人的差异与两读或多读音的关联，以及相关语言态度和语言认同对语音变异的影响，从而揭示影响两读或多读音的使用及其发展趋势的社会和心理因素。采用认知语言学方法，可以解释语言使用者对两读或多读音的心理认知特点。采用对比语言学方法，对比官话不同方言土语区两读或多读音的异同；还可以扩大对比范围，对比不同片区的方言，揭示其发展演变的共性和差异，即进行方言类型学探讨。采用方言地理学方法，可以解释两读或多读音的地理分布和发展特点。如果条件允许，可以建立方言口语语料库，量化分析两读或多读音的分布、出现频率和语境制约特点。上述角度，均可以为我们提供新的选题方向。

总之，结合语言的结构特点和历史演变、语言社区及其语言使用者的社会特征和心理认知特点、语言项目的地理分布及使用频率和类型特点等，阐释语言结构的规律以及未被揭示的特点，不仅可以深化以往的描写分析和历史研究，还具有跨学科的研究价值。这样，语言结构的共时描写和历时演变研究就进入了新的层面，即从"是什么"的呈现，进入"为什么"的解释。

二、从普通话或方言变体、变异切入，寻找新课题

假如研究者的母语既不是汉语方言，也不是少数民族语言，又缺乏音韵学和方言学训练，短期内做某种语言或方言调查研究有困难，可以考虑换一种思路。对普通话或地方普通话母语人而言，选择普通话作为研究对象最为方便。然而，普通话的研究成果汗牛充栋，以学术新手的学识和能力，短期内很难找到创新性的研究问题。在这种情况

下，可以在普通话或自己熟悉的汉语方言相关研究的基础上，利用前人的成果，选择普通话或汉语方言变体、变异项作为研究题目。这类研究至少有以下两个切入点。

（一）普通话变体或变异研究

普通话和方言都不是同质的系统，它们内部各有不同层级，这种层级构成了从标准普通话到老派方言的连续体：标准普通话—地方普通话（方言特色的普通话）—新派方言（普通话特色的方言）—老派方言（地道的方言）。这个连续体中的任何一段都是相对稳定的语言变体，前两种属普通话范畴，后两种属方言范畴，可以从中选择地方普通话作为研究方向。

普通话的普及、普通话母语人甚至普通话社区的出现，导致方言式微或新老派分化的加速。与此同时，方言也在悄无声息地影响甚至分化着普通话，使其产生了一系列变异和变化，形成了各具特色的地方普通话，如四川的"椒盐普通话""川普"、湖南的"塑料普通话"、陕西的"醋熘普通话""陕普"、内蒙古的"草普"、海南岛的"海普"等。这些地方普通话变体虽都属于普通话范畴，但语音、词汇和语义甚至语法或多或少受到当地方言的熏染，带有或隐或显的方言色彩，形成了标准普通话的下位变体。这为普通话单语者提供了新的研究路径，即从变体或变异角度研究地方普通话。

在方言底层特别是音系和词汇影响下，普通话出现了一系列变异项，由此形成了地方普通话。对比标准普通话和地方普通话，可以选择地方普通话中的典型变异项，调查描写它们的社会分布、不同社会特征说话人的使用特点及语言态度和语言认同，观察变异项与说话人社会特征和心理认知的关联，揭示影响变异发展的社会因素和心理动因。变异项的选择可以是若干语音变异项，如前文提及的声母两读或多读现象；也可以是典型的词汇和语义变异项，如方言特色词（特征词）；还可以是特殊句法结构或句法构式变异项，如兰银官话北疆片否定构式"肚子不要胀"（不要生气），中原官话某些片区的"把字句"，如"叫门打开""把门一开"等。在普通话影响下，这些结构或构式普遍出现了新老派差异，它们都是很好的社会语言学选题。

（二）方言变体或变异研究

与几十年前相比，我国的语言生活发生了巨大变化。过去，交通闭塞，"五里不同音，十里不同俗"。那时，方言调查大都选择方言腹地偏僻村庄作为调查点，以没有外出经历的单方言老派发音人作为调查对象。如今，封闭的单方言社区被打破，教育的普及、媒体的影响特别是新媒体的发展，以及人员流动数量增加、范围扩大、速度加快等，加速了普通话的普及，方言和普通话双言人逐渐增加。普通话对方言影响的加剧，使得方言发生了显著变化。这种变化发生在我们身边，每个人都有不同程度的体验。

在方言区，单方言人与方言和普通话双言人的语言差异表现在语言结构、表达风格等方面。比如各方言区普遍存在新老派差异，老派守旧、保留传统，新派创新、向普通话靠拢。新派方言人一口方言腔，但很多方言老词已不见踪迹，甚至声韵调也发生了局部变化。词汇变化更快，年轻人满口方言读音的普通话词语，与老辈人形成了明显的代际差异。一家三代人围坐在桌旁吃年夜饭，喊爹叫娘的词语都有差异。一些老辈人使用的词语，年轻人听不懂或虽能听懂但从来不说的现象随处可见。即便在与普通话差异不大、方言内部差异很小的东北官话区，一些年轻人不懂老年人口中的"张三"（狼）指何物、"打狼"（落后）为何义。面对上述变异现象，方言研究有了新内容，需要采用新的调查和分析方法。

现在的方言调查不能只局限于偏僻农村中无外出经历的单方言人，还应当考虑不同社区或同一社区内不同群体、不同社会特征的调查对象，采用社会语言学方法，分析方言变体和变异与方言使用者社会特征的联系，以及方言使用者的语言态度、语言认同对方言变异和变化的影响，预测方言的发展趋势。新的研究内容和角度及新的调查和分析方法，不仅可以观察方言特点及其动态变化，还可以弥补研究者音韵学基础薄弱、方言调查能力不足的缺憾。

三、主动挖掘身边的语言资源

如果研究者生活的地区并非自己的母语区，当地语言或方言有很大的研究空间甚至存在空白调查点，作为外来者，最好能主动学习并掌握这种语言或方言。边学习边就地取材的过程，就是母语与当地语言或方言的对比过程。当语感、语言能力和语言材料积累到一定程度，自然可以找到恰当的研究方向和题目。更重要的是，掌握了所在地的语言或方言，等于开辟了一个新的研究领域。对此，年轻学者应当有长远眼光。我们经常看到，一些异地生活或工作的人，有些人善于学习，很快掌握了当地话，与当地人交往的融入程度很高；有些人在当地生活几十年也没学会当地话，更别说融入，这对语言研究者而言非常可惜。我们还经常看到，一些汉族学生选择少数民族语言作为研究对象，持之以恒做下来总能取得一定成就；那些单纯为考学或完成学位论文而进入这个领域、未能长期坚守的人，除多了解了一种语言的特点，其他方面的收获并不大。这从另一角度说明，语言研究者要有学习和研究新语种和异地话的热情，要对各类语言现象保持高度的敏感性，更要有持之以恒的坚守。

四、关注空白调查点

如果研究者生活或熟悉地区的方言土语并非某种方言的典型代表,似乎没有什么特点,但事实上,看似非典型方言,其实有很多可以挖掘的语言材料和研究内容,可以说非典型性就是它最大的特点。此外,受方言之间的相互影响,不同方言区交界处有可能形成混合方言;由外地移民形成的方言岛,既保留了源方言的特点,又有移民地周边方言的特征。上述特殊的语言变体以往较少被关注,为我们留下了研究空间。调查这类语言变体,既能填补语料空白,又有语言理论尤其是语言接触研究的价值,应当持续不断地关注,并将其发展成自己的研究方向。

需要说明,上述几类语言变体常兼有几种语言或方言的特点,调查记录和描写分析有一定难度,不仅需要掌握调查工具、具备较强的调查能力,还要把握周边和移民来源地语言或方言的特点,工作量也相应地增加了许多。因此,揭示这类语言或方言变体的特点和规律,不能单纯停留在描写当地语言或方言层面,还要对比相关的语言或方言。如果学识不够,就要恶补,不能急于求成,在调查和搜集语料的过程中提高调查能力,在对比分析的过程中提高研究水平。

第二节 关注语言生活及其变迁

如果研究者没有接受过系统的音韵学和方言学专业训练,即使学过语言学基础知识,短时间内也难以找到普通话、地方普通话和方言变体或变异的研究题目;即使选择非典型性方言或空白研究项目,也因专业功底不济而难以实施。这种情况下,可以考虑选择非本体研究项目。语言与社会密切相关,非本体问题也需要做专门的研究,即结合语言使用者的语言行为、语言态度和语言认同以及所处的社会文化环境探讨语言生活问题。过去,这方面的研究重视不够,研究者可以从中开拓一些新的研究领域。当一个国家或地区处于社会文化转型期,面临前所未有的变化,必然会产生许多新的语言生活问题。即便有些问题有过研究积累,但随着社会的发展变化,已有的理论可能难以解释新的变化,需要结合新变化,从新的视角,做进一步的探索和解释。即便语言社会变化的一些问题是国外经历过的,且有不少研究成果,但不同国家或地区社会文化特点以及语言使用者价值观念、思维方式、语言态度和语言认同的差异,决定了社会文化转型期面临的语言问题各具特点，需要结合本国或本地实际进行新的探索。简言之，关注社会文化变革带来的新的语言生活问题，可以发现具有原创性的研究题目。从这个角度看，学术创新取决于研究者敏锐的问题意识，下面提供三个参考角度。

一、城市语言生活调查

传统的语言调查研究主要立足于农村封闭社区，社会语言学兴起后，城市语言调查受到更多关注。城市人口构成复杂、流动量大，语言和方言接触频繁，语言变异和变化显著，因此，语言接触和发展演化研究，离不开城市语言生活的调查。当代中国正处于社会转型和文化变革时期，语言生活发生了显著变化。我们每天面对、感知的种种变化，为语言研究提供了新的研究课题。城市化进程和城乡间社会流动速度的加快、生态保护工程的实施，各地出现了数量不等的"城中村"和大批移民社区，进城务工者、城镇移民普遍面临语言文化适应及相应的语言认同和身份建构问题。

随着外语学习的深入和使用范围的扩大，国外来华工作、留学、旅游的人数逐渐增多，英源和日源新词频出，使得当代汉语产生了新特点；大学生、外企员工、"海归"、在华外国人群体的语码转换和夹杂现象随处可见。随着网络的普及、新媒体的发展，网络流行语、动漫新词语、字母词、特殊造词方式和句法构式呈现泛化态势；老年群体普遍面临网络语言的冲击和适应以及代际语言沟通等问题。

城市语言生活的上述变化，不仅影响着语言结构和表达特点的走向，而且影响着人们的语言价值观，因此，有不少可以选择的研究题目。

二、农村语言生活调查

传统乡村相对封闭、流动性小，熟人社会密切的人际关系制约着人们的行为规范。语言行为是重要的社会行为，自然受社区规范的约束。因此，社区成员的语言交际、语言态度和语言认同表现出相当大的一致性。

随着当代经济社会的发展，人口流动、教育普及和媒体发展的速度加快，使得传统封闭的、同质化乡村逐渐向开放的、异质化社会过渡，生产关系、生活方式和人际关系随之发生了深刻变革。现在的乡村已不全是熟人社会和单一方言社区，传统的行为规范逐渐失去了约束力。普通话持续不断的推广及其强势的社会文化功能，不仅改变着乡村社会的语言生活，也改变着乡村方言系统及其发展走向。方言和普通话双言转换现象以及隔代"半双语交际"（各说各话）现象屡见不鲜。过去，乡村方言内部差异不大；现在，不少年轻人听不懂或能听懂不会说反映农村生活的常用词语。过去，一些外出返乡者不说家乡话，会受到乡亲的斥责甚至鄙视；现在，人们的语言态度变得更加开放和包容。网络时代，村民与外界接触的密度和广度远非以往的交往方式所能比拟。上述种种，使得乡村语言生活变得更加复杂，并改变着村民的语言行为及乡村语言变异和变化的方向，少数民族语言使用区的语言生活及语言结构变化同样具有上述特点。

随着农村语言生活的变迁，方言和普通话语码转换、不同类型农村社区语言使用、语言变异与变化、语言变项的社会分布、村民语言态度的差异以及语言认同与身份建构的特点，都是以往乡村语言研究关注不够的。与之相应，乡村语言调查也不能只局限于封闭社区个体发音人语言特点的静态描写，需要在新的社会背景下考察村民语言行为、语言态度和语言认同的变化；需要从新的视角、采用新的方法调查乡村语言的结构系统，考察农村语言生活以及村民社会特征、语言态度和语言认同变化与语言变异的关联，分析影响语言生活变迁、语言结构变异的各类因素。这样，才能全面描述乡村语言生活状况，准确揭示乡村语言特点以及村民语言态度和语言认同的变化。此外，多语多文地区特别是少数民族语言使用区语言景观、语言需求和语言服务的调查研究，个体和群体语言能力提高机制和路径研究等，都是新时代农村语言生活调查研究的重要内容。

三、语言态度和语言认同调查

语言态度是典型的社会语言学问题，语言认同则涉及跨学科研究。语言态度以及受其影响的语言选择是语言认同的实践层面，语言认同则涉及身份建构等哲学问题，它们都会在一定程度上制约着说话人对语言结构和语言使用的判断和选择。研究语言变体或变异项目的选择与语言态度和语言认同的关系，既可以从微观角度研究语言结构和语义演变问题，如语言变体或变异项目在特定群体中的分布、它们的使用所携带的社会文化意义及其扩散过程；也可以从宏观角度探讨语言变体或变异项目选择与说话人身份建构的互动关系，以及对人们语言生活甚至人生走向的影响。

语言态度和语言认同的特点及其相互关系，为语言结构和语言生活的跨领域研究提供了新的视角。一方面，语言态度和语言认同关系密切，有时语言态度可以在一定程度上体现语言认同；另一方面，相较于语言态度，语言认同的抽象度更高，调查难度更大。因此，最好在语言态度调查研究积累到一定程度后，再进入语言认同研究领域，或者将二者结合起来进行研究。

第三节 本章小结

　　选择恰当的学术方向和研究问题，是学术新手进行学术研究和论文写作的前提，它甚至会影响研究者的学术道路。选择可持续性的语言研究，涉及问题导向的精准定位、学术眼光的前瞻性、持之以恒的延伸性三个方面。因此，应当首先在本学科内部深耕细作，逐步拓展至交叉学科研究。作为语言研究新手，应当充分利用和主动挖掘身边的语言资源，包括利用母语优势、从描写走向解释，从普通话或方言变体、变异切入，寻找新的研究课题，从学术研究空白调查点中寻找研究课题；应当关注语言生活及其变迁，包括城市和农村语言生活研究、语言态度和语言认同研究。

　　总之，在前人研究的基础上，投身于社会语言现实，选择适合自己的学术方向和研究问题，扎扎实实获取大量第一手可靠的语言材料，积累不同类型的实证研究个案，开展不同类型的个案对比，可以从事实和个案积累中提炼理论认识，形成可持续性的研究方向，从而形成自己的研究特色。

习题

1. 结合学习和研究实践，谈谈选择熟悉的语言、方言或身边的语言现象进行语言研究的体会。
2. 结合自己的研究实践，谈谈您对换个角度或方法研究前人描写比较充分的语言现象的认识。
3. 举例说明您所在地区的地方普通话有哪些特点。
4. 举例说明您所在地区汉语方言典型的新老派变异现象，并尝试分析变异产生的原因。
5. 举例说明不同方言交界处的汉语方言、混合方言的区别。
6. 举例说明方言岛的特点及其研究价值。
7. 选择一个角度谈谈您对城市方言调查的认识。
8. 举例说明我国农村地区语言生活的新特点。
9. 选择一个角度谈谈您对网络新词语研究的认识。
10. 举例说明网络语言对某一群体语言生活的影响。
11. 根据您的研究兴趣和掌握的语言材料，尝试提出一个具有可持续研究价值的论题，并简要论述该论题为什么具有可持续研究价值。

第四章　语言田野调查的方法论特点

语言研究方法论受特定语言观的制约。描写语言学的旨趣是在个体共时语料的基础上描写同质性的语言结构系统，认为典型发音人的语料可以代表一种语言或方言系统；生成语言学以个体的语料及语言学家的语感判断为依据验证相关的理论假说，旨在探讨人类语言的深层结构共性。这两派的研究方法截然不同，即前者是典型的归纳法，后者是典型的演绎法，但二者语言观的本质均可以概括为"同质有序"论，即它们的研究对象均为内部具有同质性的"抽象语言"，忽略了语言内部的异质性以及现实社会生活中语言运用和语言使用主体的因素。社会语言学虽然也采用归纳法，但秉持"异质有序"的语言观，要求研究者深入语言社区，综合运用多种田野调查方法获取真实自然的话语材料，关注现实生活中不同社会群体的语言运用以及语言使用的主体，考察人际互动过程中社会、文化、心理等因素对语言结构和语言使用的影响，目的是揭示语言共时变异的特点、影响因素及其变化规律。

语言田野调查的总原则是理论联系实际，具体操作方法多种多样，而方法论则主要涉及宏观与微观、共时与历时、定量与定性、主位与客位调查和研究方法的有机结合，以及不同类型实证个案的对比研究。针对不同的调查内容和目的，调查技巧、分析方法和理论建构会有一定差异，本章主要阐述语言田野调查研究的总体原则和方法论特点。

第一节　语言田野调查理论与实践的关系

学术研究需要搜集和积累第一手材料，并在不同类型实证个案基础上总结规律、提炼认识、建构新的理论。已有的理论既是观察、提出和解释问题的工具，也是建构新理论的基础，因为任何一项研究都要建立在前人研究的基础上，并最终落实到理论创新上。理论探讨的广度和深度，与材料的全面性和实证个案的丰富性相辅相成，这可以从理论功用和新理论建构两方面加以阐释。

一、理论的功用

语言理论的功用主要体现在三个方面：一是语言事实由语言理论界定，这是指已有理论的使用；二是就新理论的建构而言，语言事实决定语言理论；三是理论的创新并非一蹴而就，需要从不同角度进行证实和证伪。

（一）理论是观察和提出问题的工具

已有理论是观察材料、提炼事实、探讨规律、建构新理论的前提。语言材料是客观存在的，语言事实（语言证据）则由语言理论界定，没有特定理论的指导，语言现象不一定是某项研究中的事实证据。语言现象错综复杂，运用语言思考和表达的语言行为是人们日常生活和行为方式的一部分，语言事实则存在于日常话语和语言事件之中。换言之，语言现象和语言运用并不等于语言事实，没有特定理论和科学方法的指导，语言材料只是客观存在的自然现象，不一定都能成为语言研究的证据；语言事实（语言证据）需要研究者从纷繁的语言现象中提炼、分析和论证。理论视角不同，相同的语言材料会有不同的价值和意义；研究者的理论背景、学术素养以及研究目的、价值取向等，也会影响语言现象的观察、语言事实的提炼和语言理论的建构。

新的理论视角有助于发现新的语言事实，新的语言事实和不同类型的实证个案有助于催生新的语言理论。强调从语言事实出发归纳语言理论的重要性，并不意味着否认假设演绎研究的重要性。因为实证研究同样需要有科学假设，实证过程需要演绎推理，实证分析只有在特定理论系统中才有意义。总之，语言现象是客观存在的，语言事实具有建构性和阐释性；语言理论是观察和提出问题的工具，语言事实的提炼需要特定理论的指导。

（二）理论是分析和解释问题的工具

已有理论总是建立在特定研究对象和语言事实基础上的，其解释力有特定的针对性。换言之，任何一种理论都是针对特定研究对象和语言事实提出的，而且是逐渐完善的，没有一成不变和放之四海而皆准的理论。理论的呈现虽然具有显著的思辨性，但在其形成过程中，离不开特定语言事实的支撑。因此，参考前人的理论成果时，只有弄清其理论背景、针对性和局限性，才能服务于自己的研究，发挥理论的解释力。

（三）理论创新是科学研究的归宿

理论建构不是简单地将已有知识移植到实践的过程，理论创新也不可能一蹴而就，需要不同研究个案进行证实和证伪。早期社会语言学提出了性别语言差异的观点，W. 拉波夫（1972：303）甚至认为，"言语中的性别差异往往在语言变化的机制中起着主要作用"。P. 特鲁吉尔（P. Trudgill，1972）的研究表明，英国诺里奇的女性更多使用"权威语言变体"，男性更倾向于使用"个人阶级语言"。R. 莱可夫（R. Lakoff，1975）的调查进一步表明，女性喜欢使用委婉方式回答问题，更多使用超级礼貌用语、空洞的形容词、特殊词汇、反问句、过分规范的语法和发音形式、直接引述以及夸张语调、陈述语境中的疑问语气。后来，一些研究发现，上述语言特点并非女性所独有。D. 坦嫩（D. Tannen，1990，1994）认为，无法将某些语言形式与性别逐一对应，男性和女性言语表达的差异主要体现在交际风格方面：男性交际风格更多聚焦于个体及其独立性，女性交际风格更多是为了建立团结和亲昵关系。还有人认为，社会语言学早期关于性别语言的研究通常关注西方文化语境中的白人群体，而这些群体不能代表所有群体［莎伦·K. 德克特（Sharon K. Dekert）、卡罗琳·H. 维克斯（Caroline H. Vickers），2015：13—15］。语言性别差异学说的提出和逐渐完善，说明不同语言社区、文化背景和情境语境中的性别语言及其使用存在差异，需要大量不同类型调查个案的积累和实证。

二、理论和材料的关系

从宏观语言学史看，理论学说的建立和发展，很大程度上依赖于新材料的发现。20世纪初之前，现代语言学的中心在欧洲，其主流历史比较语言学的建立与语言材料的扩展及比较研究有直接关系。20世纪前半叶，语言学重心开始转向结构主义，其代表性学派描写语言学的建立更是依赖语言研究种类的增加和大量第一手语料特别是无文字语言材料的积累，它不仅开拓了语言学家的视野，形成了不同类型的语言研究方法和相关的语言理论，还催生了探讨语言共性和个性的观念以及多元化的研究模式。自20世纪20年代赵元任调查汉语方言、40年代李方桂调查少数民族语言，特别是20世纪50年代中国语言学家开展汉语方言和少数民族语言大调查之后，随着调查语种增加和第一手语料的积累，中国的现代语言学才有了长足进步。

语言理论的建构可以是归纳式的，也可以是演绎式的，两种研究模式的抽象程度虽有差异，但最终都要接受语言事实的检验。社会人文研究很难避免主观因素如研究者理论观念、语言价值观的影响，但不能因此而放弃客观立场和实证研究。采用内省语料和演绎推理方法虽能提出有价值的、启人心智的思想，语感和经验丰富的语言学家可以通过内省法举出有价值或理论启示的证据，甚至可以依据这些证据甄别某个研究结论，但内省语料和演绎推理方法存在一定风险，研究者的理论背景、材料盲点、主观偏见都会制约内省语料的范围，很容易忽略不利于研究假设的证据。至于通过内省法自编例证、用材料迁就理论或依据理论假设寻找材料的做法更不可取。简言之，建立一种可靠的理论，需要依赖大量的第一手材料和严格的实证研究。

科学研究一般都不会否认实证研究的价值，理论探讨既要避免务虚，更要杜绝空谈，它的魅力恰恰体现在具体问题的分析和实证过程中。语言活动是经验性的，语言田野调查是典型的经验科学。语言现象错综复杂、表层结构千差万别，有许多未解之谜，人们对人类语言的深层共性、具体语言的独特性尚缺乏全面深入的了解。如果研究者都能从扎实的第一手材料和实证个案研究积累做起，不仅能为学术研究提供有价值的材料和理论建构的案例，也能避免从理论到理论的空谈。如果材料不足、事实不清，理论探讨不仅容易人云亦云，而且极有可能以偏概全。总之，缺乏可靠材料和实证个案的积累，语言理论很难经得起语言事实和时间的检验。

立足以上认识，我们强调语言研究的新手应当深入语言社区开展田野调查，通过第一手材料做实证个案研究，从不同类型的个案中总结规律，从个案积累和对比中建构理论。换言之，从田野调查设计到材料搜集和分析，是学术新手理论反思、验证假设、建构新理论的基本训练。

第二节　语言田野调查的方法论

语言研究的切入角度不同，采用的调查研究方法就会有差异。材料的获取、事实的分析、理论的创新均离不开科学的调查研究，方法的选择及进一步概括便具有了方法论意义。语言田野调查主要涉及田野文献、访谈、观察和测试、问卷调查等多种方法（详见本书第九章至第十二章），一项语言田野调查需要综合运用多种调查方法。语言田野调查的方法论主要涉及宏观与微观、共时与历时、定量与定性、主位与客位相结合的调查和研究方法，以及不同类型实证个案的类型对比方法。上述调查研究方法的有机结合，有助于打破"二元论"的局限，更好地发挥综合研究的优势。

一、宏观与微观结合

语言田野调查的宏观层面主要涉及两个方面：一是调查指导思想，即理论依据和研究目标、方法选择和新的理论建构；二是调查内容，比如语言生态环境（包括语言政策和法律法规，语言状况及其历史沿革，与语言生活相关的历史、地理、人口、民族分布特点等）、宏观语言使用与微观语言结构的关系（包括语言借用、语码夹杂、语码转换与语言接触的关系，语言使用与文字或书面语的关系等）。上述内容既是语言结构及语言生活研究的理论铺垫和背景信息，也是影响语言发展变化的客观因素。

语言田野调查的微观层面也涉及两个方面：一是与调查项目相关的具体问题，即语言材料的获取及分析过程；二是语言结构规律、语言使用特点的微观影响因素，语言结构的内部关系和语言使用的主观动因，如语言结构要素之间的相互制约、语言使用的心理认知特点以及二者的互动关系。

一项语言田野调查研究不仅涉及宏观和微观问题，还涉及宏观和微观影响因素。在宏观影响因素层面，比如研究普通话推广、普通话和汉语方言双言社区或汉语和少数民族语言双语社区的形成，既需要依据已有的理论比如语言同质化与多元化关系的学说、语言接触与语言关系的学说、语言资源和语言生态学理论及相应的语言价值观，也应当了解调查地的宏观语言生态环境，考察双言或双语社区内部语言变体的种类及其使用特点，还应当探讨语言变体之间的互动对语言结构的影响，诸如双言或双语社区内语言使用的宏观层面增加了哪些语言变体种类（如普通话和地方普通话、老派和新派汉语方言、少数民族语言和汉语相互接触形成的新变体等），它们分别有怎样的社会分布特点、有哪些影响因素。在微观影响因素层面，双言或双语社区内通用语与汉语方言或少数民族语言的接触，形成了哪些不同于单语社区的特点，出现了哪些重要的语言变异项，不同语言变体和变异项的发展趋势如何，等等。

总之，在分析同一语言社区内部成员共同的交际模式、语言使用心理和认同取向的同时，还应当揭示其内部差异。描写特定社区的语言结构特点、语言生活状况、选择典型的语言变异项目、分析同一语言社区内部不同语言变体和变异项目的功能分布，可以为相关研究提供语言使用及其社会和心理动因的解释依据；还有助于客观描述语言社区内部不同群体的语言实践、语言变体及语言变异项目之间的互动特点和规律，从而预测其发展趋势。换言之，扩大和深化不同社区之间和同一社区内部不同群体语言结构、语言生活的调查内容，不仅可以为语言使用、语言政策和语言规划、语言教育、语言传播、语言需求、语言服务研究提供丰富的材料和科学依据，还可以扩大微观研究的视野、增加研究深度（劲松，2014）。微观分析需要宏观背景的支持和相关理论的指导，宏观研究需要微观案例的支撑。只有将宏观和微观研究问题及影响因素结合起来，才能更好地阐释语言结构规律和语言生活的特点。

二、共时与历时结合

共时语言状况既是语言变化的结果，也是新变化的开端。一方面，共时语流音变可能发展为历时音变规律,比如现代汉语北京话的儿化韵主要是由语音弱化、音节合并导致的;同一语言特征的不同地域分布体现了语言历时演变的过程和不平衡性,比如中古汉语 k、kh、x 声母与齐齿呼、撮口呼相拼,有的方言保留了中古汉语的 k、kh、x 声母,有的方言变为 tɕ、tɕh、ɕ 声母,有的方言 k、kh、x 和 tɕ、tɕh、ɕ 并用;语言历时变化的结果可能同时具有共时变异的特点,比如汉语方言历史积淀的文白异读在新的语言环境中可能出现新老派的共时差异。另一方面,同一语言社区内特定语言变异项社会分布的差异,预示着语言结构的起变阶段、变化过程和发展趋势。因此,共时和历时均是相对的概念,语言研究应当将二者结合起来。

词汇扩散理论的创建者王士元(2000:188)立足于时间维度,将语言演化区分为宏观、中观和微观三种类型,其中语言变异是演化的特殊阶段即微观变化阶段,跨越的时间只有几十年。社会语言学大都不从共时和历时角度为语言变异分类,而是将它看作语言演化出现异体的阶段即变化起始阶段,认为变异阶段的时间跨度很小,甚至没有时间跨度。换言之,变异是共时状态的演化,即共时变异体现了历时演变,W. 拉波夫将其表述为"进行中的变化"(徐大明,等,1997:132)。

从语言田野调查角度看,个体不同阶段的语言能力和语言使用状况,可以体现其语言能力和语言使用的演化史。不同群体共时状态下的代际语言使用状况,可以体现其语言使用的历史差异,比如某一语言变异项普遍存在于年长一代的话语中,中间一代有所减少,年轻一代出现频率最低,如果这种变异具有语言学的统计意义,就可以证明该变异项正处于变化过程中,其变化原因是由语言使用者代际差异导致的,它还预示着该变异项可能的发展方向。简言之,通过个体不同阶段以及不同群体共时语言使用状况的调查,可以揭示语言的起变阶段和变化过程、变化动因及发展趋势。

语言变体及变异项不仅能体现语言共时差异和历时演化过程,还能作为语言使用者语言资源库及其选择和社会身份的标记。语言使用者语言资源库的形成、语言变体及相关变异项的选择,不仅受语言系统、语言使用等因素的制约,还与他们的成长环境、语言态度、语言认同、社会身份建构等社会和心理因素有关。语言变异理论把语言及语言使用与说话人的社会和心理因素结合起来,既有助于揭示语言的异质有序属性,也可以体现语言演化过程中人的主体地位,还可以体现研究者的人文关怀。语言变异理论揭示了语言的多样性,提高了人们对语言统一性和差异性、异质性和有序性、个体性和社会性关系的认识,对研究语言的社会和交际功能具有理论价值和实践意义。因此,将语言的共时变异与历时变化结合起来,调查特定语言社区内语言变体和典型语言变异项与语言使用者社会特征、心理认知特点的关联,可以揭示语言异质性结构的社会分布和发展趋势,还可以考察语言使用和语言变异与语言态度、语言认同、社会身份建构之间的互动关系。

三、定量与定性结合

语言田野调查涉及多种调查方法，其中田野文献法、观察法适合发现问题，获取面上的材料和问题线索，但很难用于一项研究的全面调查。有些调查内容比如方言岛移民口述史调查，田野文献法在其中的作用比其他调查内容中的田野文献法分量更重；调查语言景观，观察法在其中的作用比其他调查内容中的观察法分量更重。访谈法尤其是深度访谈法可以获取典型案例和调查对象的真实想法，有助于提炼定性结论，但无法获取调查群体的整体数据，难以进行量化分析。测试法可以获取小样本量的测试数据和定性结论，在间接调查法中的作用比直接调查法更加突出，但难以获取大样本量数据并推及整体结论。问卷调查法是定量研究的主要方法，通过抽取代表性样本获取能够推及语言社区整体的量化数据、概括一般性规律，但难以获取典型案例和调查对象真实想法等定性材料，从而影响研究结论的深度。

上述调查方法，有些可以归入定量分析法，有些可以归入定性研究法。一项全面的调查研究，既不可能是纯粹的定量分析，也不可能是纯粹的定性研究。定量分析主要通过特定的实验手段、结构性问卷调查方法获取研究问题的数据，通过数据的量化分析得出语言社区的总体结论，它更倾向于检验相关理论。定性研究大致等同于"民族志"方法，主要采用田野文献法、深度融入式观察法、深度访谈法，获取田野点与语言生活相关的详细资料、调查对象对相关问题的主观想法及其客观表现的定性材料，并从中提炼问题点，建构理论认识，它更倾向于理论建构。因此，语言田野调查需要发挥两种方法的优势，将其互补性作为语言田野调查的方法论。具体而言，二者虽然均可以描写现状，但定量分析更适合展示语言社区整体结构的一般特点，强调模式化与简约化的价值；定性研究更擅长揭示具体事件过程的丰富细节，突出问题复杂性和多样性的独特意义，更适合深度描写。定性研究获得的认识可以为定量研究提供所需检验的理论，定性结论若能通过定量分析的检验而被证实，其可靠程度往往更高。因此，多种调查方法结合具有取长补短、相得益彰的效果，可以获取全面、客观、深入的调查数据和案例，研究结论的信度和效度更高。

举例来说，随着社会的发展和交际的需要，不同语言的社会地位和交际功能会不断发生变化。为了更好地适应和服务社会、建构和谐的语言生活，准确把握语言族情、区情和国情，需要制定科学合理的语言政策和语言规划，适时监测各种语言变体使用的变化、语言变异的特点和发展趋势。过去，这方面的研究更多采用定性的方法，缺乏相应的数据支撑和定量分析。语言的使用和发展具有阶段性，不同阶段的共时状态具有与语言使用者社会属性相关的变异性。因此，不能只是采用定性研究方法，还需要开展必要的定量分析，而且应当将二者有机结合起来，动态监测和分析不同语言变体、语言变项的社会地位、交际功能以及语言使用者语言态度、语言认同、语言需求的特点（劲松，2017）。

传统语言调查强调定性研究，认为个体的语言材料可以代表一种语言或方言系统，因此特别重视个体样本，并对发音人有一定的要求。社会语言学认为，异质性是语言结构的本质属性，语言变异是语言多样性的重要体现，个体的语料不能代表群体的语言系统，因此，强调以特定语言社区为调查单位，在社区内抽取一定数量的说话人作为调查样本，在有效控制样本量及其代表性的基础上，揭示语言变体使用、语言变异项社会分布以及语言内部的差异性。

从语言田野调查角度看，确定研究问题、选择调查地和调查对象、提出研究假设、设计调查方案，都需要特定理论的指导和定性探索。从语言系统看，语言变化始于语言变异，语言变异始于某个或某些语言项目，并会影响相关的语言单位。从语言使用者角度看，变异起始于某个群体，逐渐扩散到全社会。语言变异的差异性、扩散机制与语言结构、语言的社会文化功能和语言使用者心理认知等因素密切相关，因此，研究语言的发展演化，需要联系语言变异和语言使用者的社会文化特征、心理认知特点，将定性证据和量化数据有机结合起来。

四、主位与客位结合

主位和客位是人类学借鉴描写语言学法位学代表人物 K.L. 派克（K. L. Pike, 1912—2000）音系分析中音素和音位概念建立的，并由此引出了人类学的两种观念和研究方法。人类学认为，主位与客位概念对研究语言之外的其他文化现象同样重要，其中文化的客位研究如同语音学中的音位分析，适用于所有文化概念，体现了从外部即研究者角度观察文化、建构理论体系的路径；主位研究如同语音学中的音素分析，在调查分析某一文化时发现其特有概念，体现了从内部即调查对象角度认识这一文化整体面貌的路径（岳天明，2005：536）①。主位立场主要采用调查对象的语言及表达习惯进行深度访谈，用调查对象的思维方式描述当地人的意义分类、观念和范畴化特点；客位立场强调立足于研究者的立场观察调查对象的行为，探讨其行为模式的特点，并进行跨文化对比［帕梯·J. 皮尔托（Petti J. Pelto）、格丽特尔·H. 皮尔托（Gretel H. Pelto），1978：25］。

语言田野调查也涉及主位与客位研究，并且要求研究者立足于不同立场观察问题、

---

① 文中将客位研究比作音素分析、主位研究比作音位分析，似颠倒了音素和音位的概念。

获取语料、建构理论。主位立场要求研究者"化生为熟",即站在当事人立场;客位立场要求研究者"化熟为生",即立足于局外人立场。两种立场的出发点和研究目的不同,研究结论自然存在差异。主位研究强调揭示研究对象的特殊性,客位研究重视揭示人类语言的共性,二者各有优势和局限。因此,兼顾主位与客位立场,并恰当把握二者的转换关系,才能更好地进行不同类型的实证个案对比分析,从共性中揭示个性,从个性中归纳共性。

要求研究者完全融入调查群体、成为真正的局内人是一种理想状态,事实上很难做到。即便能够较长时间扎根于某一田野点或坚持跟踪调查,也很难真正成为局内人。尽管如此,研究者也不应放弃主位立场,而应以积极融入的心态,准确理解调查对象所思所想和行为方式隐含的"言外之意"。正如丹尼·L. 乔金森(2015:18)所说:"人文科学涉及主观的、充满价值判断的现象,因此价值中立显得尤为重要。尽管人文科学从来不曾实现这一理想,但仍将价值中立作为自己一贯追求的有益目标。"不同族群丰富多彩的文化遗产、独特的思维方式常常凝聚在他们的语言当中,调查研究不同的语言文化和思维方式,既可以换个眼光看世界,也可以通过其他民族或陌生语言文化反观自己的语言文化(王远新,2008)。

总之,研究者既要融入田野,又要超越田野,只有经历了"化生为熟"(主位立场)和"化熟为生"(客位立场)以及主位与客位立场的转换过程,才能有效获取真实自然的语料、客观描述语言行为的真相、全面解释语言态度和语言认同以及身份建构与语言行为之间的互动关系。

五、类型对比分析

大量不同类型实证个案的积累,是建立研究范式的必要条件。具体而言,个案研究的目的并不在个案本身,而在于不同个案的类型学价值及语言结构、语言使用隐含的深层社会文化和心理认同意义。不同微观个案的积累,可以为类型对比奠定基础;微观个案隐含的宏观意义,可以为揭示语言使用及其变异的社会文化和心理认同意义提供依据。因此,深入语言社区,通过田野调查获取现实生活中鲜活的第一手语料,是一项无止境的工作;田野调查基础上实证个案的积累及不同类型个案的对比分析,是建构理论、深化认识的重要途径。

城市和农村是两大类型的语言社区。为了获取"纯粹"的语言材料,描写"正宗"的语言系统,揭示语言的同质性特点,传统语言调查常选择同质性高、与外界接触少、受其他语言影响小的农村社区作为调查点。社会语言学兴起后,城市语言调查受到更多关注。城市人口构成和语言生活复杂、语言接触频繁,语言异质性程度高、语言变异和变化速度快,且常具有引领社会语言使用的作用。两种调查思路和研究模式,各有特点和局限性。从个案类型对比角度看,不论同质性高低、调查变量多少,同类型和不同类型实证个案的积累,均具有类型对比价值。

从城市社区角度看。当代中国正处于社会转型期,城市化进程和城乡间社会流动速度加快,导致了语言结构和语言生活的显著变化以及一系列语言文化适应问题。上述变化不仅影响着语言结构、表达特点及其发展趋势,甚至影响着人们的文化价值观。因此,不同类型的城市社区以及不同群体的语言使用,都是城市语言调查需要关注的。

从农村社区角度看。现在的乡村已与以往有了很大的不同,即它已不全是熟人社会和单一的语言社区,人际交往方式也与从前不同,传统的行为规范逐渐失去了约束力。这些变化不仅改变着乡村语言系统,乡村语言生活也变得更加复杂,村民的语言态度和语言行为变得更加开放和包容。随着乡村语言生活的变迁,不同语言变体间的语码转换、不同类型农村社区的语言使用、语言变异的社会分布、村民语言态度和语言认同的差异,都是乡村语言研究关注度不够的。与之相应,乡村语言调查也不能局限于封闭社区个体发音人语言结构的静态描写,还应当调查不同社会特征发音人的语言结构系统,研究说话人语言使用、语言态度和语言认同变化与语言变异的关联,解释影响语言结构变异和语言使用变化的因素。

总之,多种类型社区语言本体调查可以全面了解语言地域分布和社会结构的特点,同类型社区不同社会特征说话人的语言结构不同质,调查其语言结构特点,有助于认识同一语言社区内部语言的异质性特点。不同类型社区如城市和农村社区、生态移民社区、牧业和农业社区、半农半牧社区、城中村、边境村落民族聚居区和杂居区等,均可以从不同角度进行类型对比分析;提炼不同类型社区语言生活的共性和差异性,有助于深化认识、丰富研究结论、概括普适程度更高的理论认识。

第三节 本章小结

语言田野调查是不断获取第一手材料、积累实证个案、进行理论反思和新理论建构的过程,是可持续语言研究的保障。理论建构不可能一蹴而就,需要在理论联系实际总原则指导下,将宏观和微观、共时和历时、定量和定性、主位和客位、不同类型个案的对比分析有机结合起来。

语言使用的宏观分析可以扩大语言结构微观研究的视野,语言结构的微观分析可以深化语言使用的宏观研究。语言发展的时间因素和空间分布具有相对性,因此,联系语言本体、语言使用与语言环境、社会分布以及语言使用者的心理认知动因,从语言使用的宏观领域深入到语言结构的微观研究,结合时间和空间因素使其成为语言共时状态与历时变化的接口,并借此观察语言的起变原因、变化过程以及影响语言使用和语言变异的因素,预测语言发展的趋势,有助于深化语言演化的认识。

准确把握语言族情、区情和国情,需要制定科学合理的语言政策和语言规划,适时监测各种语言变体使用的变化、语言变异的特点和发展趋势。过去,这方面的研究更多采用定性方法,缺乏相应的数据支撑和定量分析。语言使用的共时状态具有变异性,结合定性研究和定量分析,可以揭示语言发展的阶段性和变异性特点。

语言本体及语言使用调查研究的主位立场强调揭示研究对象的特性,客位立场重视考察人类语言的共性,主位与客位立场结合,有助于进行不同类型的实证个案对比分析,从共性中体察个性、从个性中归纳共性。因此,不论调查熟悉还是陌生的语言及语言生活,研究者都需要经历"化生为熟"和"化熟为生"的过程以及主位与客位立场的转换。

不同类型实证个案的积累是建立研究范式的必要条件,正确的认识不仅需要通过不同类型实证个案从不同角度加以验证,还需要在长期观察、实践检验和科学分析的基础上提炼总结,得出的结论才更为全面、准确和深入。

参考文献

[1] [美] 丹尼·L. 乔金森(D. L. Jorgensen). 参与观察法:关于人类研究的一种方法(*Participant Observation: A Methodology for Human Studies*)[M]. 张小山,龙筱红,译. 2版(修订本). 重庆:重庆大学出版社,2015.

[2] 劲松. 语言变异和变化研究的调查方法[G]//王远新. 语言田野调查实录(10). 北京:中央民族大学出版社,2014.

[3] 劲松. 新时期普通话发展变化调查研究的反思[G]//王远新. 语言田野调查实录(12). 北京:中央民族大学出版社,2017.

[4] [加] 罗纳德·沃德华(Ronald Wardhaugh). 社会语言学引论:第五版(*An Introduction to Sociolinguistics: Fifth Edition*)[M]. 雷红波,译. 上海:复旦大学出版社,2009.

[5] [美] 帕梯·J. 皮尔托(Pertti J. Pelto),格丽特尔·H. 皮尔托(Gretel H. Pelto). 人类学中的主位和客位研究法[J]. 胡燕子,译. 王庆仁,校. 民族译丛,1991(4).

[6] [美] 莎伦·K. 德克特(Sharon K. Deckert),卡罗琳·H. 维克斯(Caroline H. Vickers). 社会语言学导论:社会与身份(*An Introduction to Sociolinguistics: Society and Identity*)[M]. 何丽,宿宇瑾,译. 北京:中国书籍出版社,2015.

[7] [美] 王士元. 语言的探索:王士元语言学论文选译[C]. 石锋,等,译. 北京:北京语言

文化大学出版社，2000.

[8] 王远新. 论语言功能和语言价值观 [J]. 湘潭大学学报（哲学社会科学版），2008（5）.

[9] 王远新. 田野调查中的数据采集和研究文献中的数据使用问题 [G] // 王远新. 语言田野调查实录（六）. 北京：中央民族大学出版社，2011.

[10] 王远新. 语言生活调查的主要内容和方法 [J]. 民族教育研究，2019（2）.

[11] 徐大明，陶红印，谢天蔚. 当代社会语言学 [M]. 北京：中国社会科学出版社，1997.

[12] 岳天明. 浅谈民族学中的主位研究和客位研究 [A]. 伍精华，杨建新. 民族理论论集（第八次全国民族理论研讨会论文集）[C]. 北京：民族出版社，2005.

习题

1. 结合掌握的语言材料，谈谈您对语言理论建构的认识。

2. 结合实际谈谈理论的功用。

3. 语言田野调查的宏观和微观层面分别涉及哪些方面？怎样将宏观和微观研究有机结合起来？举例说明。

4. 在语言田野调查和研究过程中，怎样将共时分析和历时研究有机结合起来？举例说明。

5. 在语言田野调查和研究过程中，怎样将定量分析和定性研究有机结合起来？举例说明。

6. 在语言田野调查和研究过程中，怎样将主位和客位立场有机结合起来？怎样实现主位和客位立场的转换？

7. 为什么说实证个案的积累以及不同类型个案的对比分析，是建构理论、深化认识的重要途径？

第五章 语言本体调查方法及注意事项

第一手语言材料是描写语言结构特点、揭示语言演变规律的重要依据，也可以为语言学其他分支学科提供证据和理论支撑。田野调查是获取第一手语料的重要途径，不同类型的语言研究需要采用不同的调查方法、描写策略和分析框架，其前提是语料的真实性和全面性、描写的充分性和分析的自洽性。一项本体调查既可以面向整个语言结构，也可以只涉及其中的一部分（如音系、句法结构等），还可以考察语言变异项目。除专门研究书面语，中外语言本体研究获取第一手语言材料的方法，主要有字音、词表、词语、语法大纲、长篇语料以及综合调查等方法。

第一节 字音调查法

一、字音调查法的缘起

字音调查法是汉语方言特有的调查方法，又称"字表调查法""字本位调查法"。汉语方言研究的早期代表人物主要有高本汉、赵元任、贺登崧等。

罗杰瑞（Jerry Norman，2007）认为，高本汉主要通过调查汉语方言的词语考证字音，即主要从字音角度研究古音，重点关注音韵历史，不强调词汇和句法。

赵元任的汉语方言调查研究虽然融音韵学、描写语言学、方言地理学为一体，但重心也在字音。"在赵元任氏《现代吴语的研究》（1928）和中央研究院史语所的《湖北方言调查报告》（1948）中，可以看到高氏框架的影响"（罗杰瑞，2007）。赵元任采用字音调查法调查汉语方言，主要是考虑效率和经济实用性，因为中央研究院历史语言研究所计划由少数人在几年内完成全国方言的初步调查，用最少的时间了解全国方言概貌（赵元任，等，1948）。

20世纪20年代，赵元任带领学生赴江浙调查了33个县市的方言，其成果《现代吴语的研究》（1928）被誉为现代汉语方言学的开山之作，标志着中国现代方言学的建立,他的一系列方言调查著作①为后人提供了方言调查和描写的示范。

赵元任结合吴方言和两广(广东和广西)方言的调查经验,于1930年设计出《方言调查表格》(以下简称《表格》)。《表格》是《切韵》减缩版的同音字表,按声韵调排列。研究者采用《表格》记录一定数量的单字音后,可以描写方言音系、归纳方言音类,建构方言音系与中古汉语音系的对应关系,揭示汉语的演变规律。赵氏模式兼顾了古代书面语和历史音韵,并未照搬高本汉的历史方言学方法,也未完全恪守西方描写语言学模式。如赵元任所言(1951:62):"在全国几千方言当中要得他一个大概的观念,那么惟一的以简驭繁的方法就是拿《切韵》系统之下的单字音作起点。以后再慢慢给某种方言的语词做详细的长篇记录。"

何大安指出(1993:720,721):"赵元任之后中国方言学界采用得最多的、最主要的,是1948年出版的《湖北方言调查报告》(以下简称《湖北》)的描写模式。《湖北》模式的最大特点有三:一是以音韵为主,词汇、句法的分量极小;二是所记录的是'单字音',而不是活用中的语式;三是音韵的描写和分析以《广韵》为参考框架,超出《广韵》或中古音系以外的音韵现象,如轻声、词组间的连调变化,以及韵律上的特点(prosodic features)如音长,句调,轻重音等都极少注意到。""表面上看来,高本汉方言研究的旨趣是历史的,赵先生是描述的,但其实在相当大的程度上他们都正好呼应了传统'雅言中心观'的语言研究。高本汉是以方言去诠释雅言,赵元任是以雅言去衡量方言。"

中华人民共和国成立后,推行普通话的需要推动了全国汉语方言调查。1955年,中国科学院语言研究所修订《表格》,编成《方言调查字表》(以下简称《字表》,丁声树、李荣,科学出版社),并以此作为通用的汉语方言语音调查表②,强化了赵氏调查模式的地位。如今,汉语方言研究已有很大发展,调查方法更加多元,但赵氏模式仍是主流。

二、字音调查法的特点

汉语方言学家普遍认为,单字音是汉语音系的基本单位,是音系格局和变化模式的基础(王洪君,2008:39)。汉语方言调查的通行做法是:首先,选择合适的发音人读字表,记录相当数量的单字音后,归纳方言声韵调及其配合关系。在归纳方言音类的基

---

① 《钟祥方言记》(1939)、《中山方言》(1948)、《湖北方言调查报告》(1948,合著)、《绩溪岭北方言》(1965,合著)等。

② 1981年12月,商务印书馆出版了该字表新的修订版。修订版正表收3700多字,包括了一些音韵地位不同的重现字,还收入了《广韵》未收的后起字。

础上，建立与中古音的联系，考察语音的演变规律。然后，从语料中归纳字音的语流音变规律，如变调、轻声、儿化等，并进一步调查词汇和语法（王福堂，2007：57）。受描写语言学影响，汉语方言学认为，方言是特定地域内使用的、内部一致的结构系统，记录单点方言典型发音人的语料，既可以描写方言的共时结构，也便于方言对比。字音调查法主要有以下两个特点。

（一）依据古音系统研究现代音系

《字表》"用法"指出（中国社会科学院语言研究所，2016：Ⅴ）："这个字表主要是为记录现代汉语方言的语音用的。字的次序按切韵广韵一系韵书所代表的古音系统排列，也是为整理音系的便利，因为现代汉语方言的音系大体上说都可以从这个古音系统出发来研究。拿这个古音系统来看现代方言，许多复杂不易理解的现象大都可以得到理解。"《字表》"内容简介"指出："依广韵的声母、韵母、声调排列。用来调查方言，可以得出方言音系在古今演变上的要点。"《字表》前三页例字表收字 465 个（声调 246 个、声母 105 个、韵母 114 个），要求严式记音，用于归纳声韵调。记音时，调查者先审辨声调，确定调类及其调值后，再记录声母和韵母。正表部分收单字 3810 个，这部分可用宽式音标记录。记录全表 4000 多个字音后，按声韵调顺序排列方言同音字表。利用《字表》获得的声韵调与《切韵》对应，一般不会有缺漏。字表前三页例字表的韵母例字不一定能完整反映南方某些方言复杂的韵母系统，需要增补。可见，汉语方言调查从设计字表到归纳声韵调系统，从音变规律分析到方言对比，都离不开《切韵》音系和音韵学知识，都与历史语言学有牵连（游汝杰、邹嘉彦，2004：4—5）。

（二）依据文字考察方言语音

古汉语多是一词素一音节，写成文字就是一个汉字。汉字字音分析由来已久，较精确的注音方式始于反切。切韵系韵书采用反切法为数以万计的汉字注音，以四声分卷，各卷按诗歌押韵标准分若干韵，韵内集中所有的同音字，使多数汉字读音有迹可循。反切用字多为常用字，只需熟悉注音规则，便可大致了解被切字的读音，基本克服了读若、譬况和直音法的弊端。然而，切韵系韵书有时一韵之中包括多个韵类，加之音序排列缺少明确标准，后学难以整体把握音韵系统、区分不同音韵的异同。针对这方面的问题，中古后期的音韵学家挑选韵书代表字填入纵横交错的等韵图，以五音和清浊分声，以开合与四等分韵，能够显示各音节音韵特点和语音异同。这种编排方式有助于分析音韵系统，但受篇幅所限，只列各音节代表字，无法列举所有的同音字，一些汉字的实际读音仍需要查阅韵书（骆嘉鹏，2005）。

三、对字音调查法的评价及辩护理由

（一）正面评价：方便快捷

中古《切韵》音系为汉语方言调查提供了一种选择。王力（1982：203）认为，调查具有代表性的字，具有举一反三、闻一知十之效果，不必调查所有汉字的读音。王福堂（2007：60）认为："方言调查中用《字表》记音，主要是由汉语的特点决定的。当然，用《字表》记音还有别的好处：比如便于归纳方言语音系统，记音同时也和《切韵》音系进行了初步的历史比较，记音所得同音字表还是音系的重要组成部分。"字音调查法的另一个好处，是便于不同方言音系的对比研究。

（二）批评意见：汉字读音不等于方言读音

贺登崧较早质疑了字音调查法，他指出："现代中国的文献语言学的错误不在于依据文献做研究，而在于在方言中找出和书面汉字相对应的词。"贺登崧认为（石汝杰、岩田礼，译，2003），高本汉理论之所以在中国受到推崇，主要是因为他迎合了中国"重文轻语"的治学方式；而语言地理学的调查思路和方法难以在中国生根，"是因为对于中国学者来说，'词'所包含的语义和欧美人所理解的大相径庭，以致新的方法难以原原本本地移植过来"。高本汉和清儒本质上都以"今音"（中古音）为基础，上推"古音"（上古音）。二者的区别一是清儒的研究缺少方言材料，高本汉的研究依据了33个方言点的材料[①]；二是清儒用汉字作记音工具，高本汉采用了国际音标。

董同龢（1948：82）认为，字音调查法有两点不足：一是以现代各方言的"中古音系"为据选字，得出的音韵系统难免是演绎式而非归纳式的；二是极少有自成片段的、真实的语言记录，无法观察词汇与语法。王辅世（1994：7—8）认为，中国不是言文一致的国家，各地方言的不同只在说话方面，而不在文字方面，调查方言"最要紧的就是只记说话人的音，不可与文字纠缠在一起"。他举例说，"蟋蟀"二字在岭南和漠北的发音可能没有很大区别，但各地对蟋蟀这种昆虫有不同的称呼词汇。依照字音调查法，中国南北方言对这种昆虫都叫蟋蟀，只注意到发音的不同，这不是真正的方言。

罗杰瑞（2007）认为，方言调查一般要区分某字的文读与白读，字音调查法的缺点是把方言调查的焦点转移到汉字上，使得方言成了一批批汉字清单。"100年前，各

---

① 高本汉亲自调查研究过的方言包括山西方言9种，甘肃、陕西、河南方言各3种，北京话、南京话、上海话、福州话、广州话各1种，另有汉语借字日语、越南语读音。

方言区的老百姓多半是文盲，他们说的话里肯定没有那么个'字表'。而研究方言最让人感兴趣的是各个方言间的差异，如果我们过分注意字表上汉字的读音，那正是舍本逐末，把焦点放在各个方言间最近似处。"游汝杰（2004：56）认为，有些常用字在口语中不用或不能单用，部分口语中常用的字又写不出来，无法收入调查字表。读字表调查方音只适用于受过旧教育、识字较多的人。随着普通话的推广，很多人已不会用方言读字，很难找到合适的发音人。

（三）为字音调查法辩护的理由

1. 字音等同于词音调查，且需记录字形

字音调查法的维护者认为（王福堂，2007：60）："古代的字也就是词，字音也就是词音，字音的变化也就是词音的变化……在字不再等于词以后，汉语中的语音变化仍然与字相联系，声韵调仍然从单音节的字音中归纳，语流音变的发生也仍然以单音节的字音为基础。""如果说通过词语和语料也可以分析语音，实际上那也是要通过其中的字音。"

有人（王福堂，2007：60）一方面认为，"贺登崧的研究模式从词语调查出发，虽然是基于西方印欧语的调查研究形成的，也适用于汉语"；一方面认为，"由于不同方言的语音系统存在程度不同的差异，如果只记录词音，不用汉字表示词形的差异，归类时就可能把来源不同的词归在一起""即便是用国际音标记录，也往往要写出相应的汉字来。但在现代汉语中，字与词不完全等同，是两个不同的单位。对于与书面语差异巨大的许多汉语方言来说，直接通过调查词语来确定汉字是比较困难的，相比之下，直接记录汉字音要方便快捷得多"。其实，字音记录与汉字字形加国际音标记录，只是记音手段不同，并不矛盾。上述认识的存在，与将汉字等同于汉语的观念不无关系。汉藏语系多数语言或方言都是单音节语言，可以用词表或词语调查法，因此，单音节性是字音调查法的必要而非充分条件，汉字及其超时空性是字音调查法的根本原因。可见，"重文轻语"的观念根深蒂固。事实上，利用汉字的超时空性调查方言，难以揭示不同汉语方言的真正特点。词音调查法虽然比较麻烦，却是记录方言口语读音的必要途径。否则，依据古人的语音归类（中古音系）和现当代人拟构的古音直接调查各地方言岂不更加便捷。

2. 词音调查法外来说

有人认为（高晓虹，2011），方言地理学自20世纪初引入中国后未能很好发展，因为它是外来方法，以词音研究为主，与中国传统学术不合。据此思路，美国描写语言学是在调查描写无文字印第安语基础上建立的，被中国汉语研究者改造成书面语分析方法，用于方言调查则需要系联中古音韵；高本汉在汉语方言调查基础上的历史比较研究、赵元任等人的方言地理分类和历史比较研究均在借鉴西方方法时结合了中国学术传统。事实上，贺登崧的方言地理学也是结合了中国语言的特点，却没有流行。可见，一种方法能否流行，根本原因并不在于是否外来，而在于揭示的是口语还是书面语特点。

3. 漏记语音不是《字表》本身的问题

针对批评意见，有学者指出（王福堂，2007：61）："用《字表》调查记录方言字音，要请发音人念字时多想，尽可能不遗漏字的不同读音（如果一个字有几个读音，这种遗漏是很有可能的）。也不要请几位语言情况有差别的人一起发音，以免归纳成一个杂糅的方言音系。记录后整理时，不要把见于文献、但活的口语中已经不用的字音补充进去。补充了这种字音，会模糊方言语音的时间性，混淆共时和历时的区别。""使用《字表》记录方言时有时会有遗漏读音的情况。因为发音人在看到一个字的时候不一定马上能把它在不同词语中的读音（尤其是口语音）全部想起来，特别是如果有些词语是平常很少使用的话。因此使用《字表》记音时应当多问，并且可以使字音记录和下一阶段的词汇调查相互照应，把在词语中发现的漏记读音及时补充到《字表》中去。不过可能漏记读音并不是《字表》本身的弱点。即使使用词汇表和成篇语料，如果不能接触到有某个字的不同读音的各个词语，也同样会有漏记读音的可能。所以漏记读音主要是调查工作中的问题，不是《字表》的问题。"事实上，要求调查者"多问"、请发音人"多想"，是语言调查的共同注意事项，不宜将其作为字音调查法缺陷的辩护理由。另外，认为词汇表和成篇语料也会有漏记读音的可能，只能说明词汇表的编制不科学，成篇语料的选择不恰当。

综上所述，字音调查法是调查汉语方言、描写音系的通用方法，其本质是历史方言学方法。它有三个优点：一是关注方言历史来源及其与中古汉语的联系，即利用中古《切韵》音系，系联各地方言，依据方言与中古音对应关系考察其历史演变轨迹；二是可以在较短时间内归纳汉语方言音系，具有"多快好省"的功效；三是便于方言对比。

字音调查法及其分析模式有三方面的缺陷：第一，混淆了口语和文字的性质及二者的关系。不少方言学家认为，调查了《字表》代表字的读音就等于调查了方言语音，这实际是将汉字看作方言口语的等价物。正如 F. 索绪尔（1980：48）所言，通过书面语料认识语言，好比通过相片认识一个人。因此，全面系统调查一种方言，不能完全依赖字音调查法。第二，《字表》中的一些字在方言口语中不能单用，发音人往往通过组词方式读出；一些字采用字音调查法只能获得该方言普通话词语的方言读音，或该方言中的文读音，比如只有问"跑"的意思如何表达，才可以获得衡山方言前山话的对应词"打飞脚"及其发音（彭泽润，2017：249）。第三，操作方法方面，要求发音人的受教育程度以中学文化为宜，否则认读《字表》有困难；发音人的受教育程度太高，容易受读书音的影响。为兼顾古音音韵条目，《字表》收有一些生僻字，即使有一定文化的发音人也难以认全，加之搜集的语料是"念词表"语体，无法达到预期目的。如王辅世（1994：8）所言："因为被问的人一定是认识字的人，一个读过书的人，在说本地土话时往往很不自觉地受着文字的影响，所以即使一面问他几个字音，一面再问他几句土话，这种土话恐怕也不是真正的土话，于是调查方言的目的，便不能完全达到。"有人预测，随着普通话的推广，字音调查法的理想发音人越来越难找，将来恐怕只能采用词语调查法（高晓虹，2011：173）。

第二节 词表、词语和语法大纲调查法

词表和词语调查法是两种不同的方法。从操作程序看，二者既有共性，也有差异。二者的共性是通过调查词语归纳音位和音系；差异是前者使用事先制定的调查词表，辅以长篇语料，从词汇或语句中提取音位、归纳音系、描写结构，后者认为采用事先拟定的词表，难以获取自然语料，难以揭示语言或方言的真正特点，主张采用"指物问音"法调查词语，辅以长篇语料，以此辨别读音、确定词语、归纳音系，在了解一种语言或方言基本语音和词汇语义面貌的基础上，进一步调查描写其语法范畴和句法结构。

一、词表调查法

20世纪50年代汉语方言普查前期，丁声树编制过《方言调查词汇手册》[①]。为调查河北省境内的汉语方言，中国科学院语言研究所方言组编制了《方言调查词汇表》，在相关条目后，提供了一些方言点的参考说法[②]。

国外语言和国内少数民族语言调查大都采用词表调查法。20世纪50年代，全国少数民族语言调查采用常用词表、语法大纲和长篇语料结合的方法，大致摸清了少数民族

---

① 中国科学院语言研究所编，科学出版社1955年出版；后又在《方言》1989年第2期（91—97页）发表。
② 正式发表于《方言》1981年第3期（161—205页）；1991年，中国社会科学院语言研究所方言室资料室在此基础上修订出版《汉语方言词语调查条目表》，载《方言》2003年第1期，6—27页。

的分布及其语言面貌,出版了"中国少数民族语言简志"系列丛书(20世纪八九十年代)。截至20世纪末,民族语文工作者已积累了2000多个语言或方言点的材料,出版了130多种语言及大量方言调查描写论著,为语言比较、语言类型学和语言学其他分支的研究奠定了基础(王远新,2002:49—53)。

20世纪90年代后,汉语方言学家认识到日常口语词汇和语法调查的重要性,研究重心也从语音扩展到词汇和语法。罗杰瑞(2007)认为:"从高氏时代到现在,方言田野调查工作有长足的进步、重大的突破,特别是最近二十五年来,对于方言中俗传字的核心的探求更为注意。与此同时,对构拟切韵音系的热情大幅度地降低。"换言之,汉语方言调查更加注重方言本身,而不是系联切韵音系或构拟古音。与之相应,汉语方言学者编制了一些调查手册。比如,《汉语方言地图集调查手册》[1]《汉语方言词汇调查手册》[2]等。近年来,教育部"中国语言资源保护工程"濒危语言调查也采用了词表调查法。

词表一般依据词汇的语义和语法类别设计,比如自然环境、动物、植物、身体部位、亲属称谓、动词、形容词、副词、代词、数词等。一些抽象概念和虚词、某种语言或方言特有词语的调查,配备相应意境的图片和句子,旨在提高调查的准确度和效率。不同语言的词汇语义系统有差异,采用统一编制的调查词表,很难克服"对号入座"式的调查弊端,比如遗漏特色词汇和语义项目,甚至会出现发音人临时编造语料的现象。词表的使用者一般都会考虑所调查语言或方言的特点,在统一词表基础上进行适当的增删。即使如此,也很难通过一次性短期调查达到目的,需要持续性地补充调查,反复核查检验,才能基本保证调查的准确性和描写的充分性。

分类词表调查法可以在较短时间内获取相当数量的词汇和语义范畴,也便于参考他人利用同样词表调查的近亲语言或相近方言片区的成果,但难以判断发音人提供的词汇是否准确、语义是否全面、语用是否明确。采用分类词表,即便每个词语(包括虚词)都辅以典型例句,有时也很难保证语料的全面性和准确性,需要辅以长篇语料。长篇语料包括聊天、自述、对话、民歌、歌谣、民间故事、格言谚语、谜语等,其作用是通过上下文明晰词汇的语义和用法。

在调查方法恰当的前提下,调查者对所调查语言的文化背景了解越多,搜集的语料就会越丰富。不同语言的词汇和语义分类存在差异,只有获取相当数量不同类型的长篇语料,才能揭示语言的特殊文化范畴、认知方式及语义类别。如果调查者不能全面、深

---

[1] 北京语言大学语言研究所2002年编制,分语音、词汇、语法三卷,包含单字425个,词汇14类470条,语法65类110条,共1005个条目,可以作为方言试调查的工具。

[2] 史皓元、顾黔、石汝杰编制(中华书局,2006),包括简表450条(核心词)、详表1900条(基本词汇)、短表60条(最核心词汇),分别用于试调查、全面调查和方言地理学调查。

入了解所调查语言的风物人情和文化特点,只是利用事先设计特别是统一设计的词汇和语义调查表,就很难获得具有特殊文化意义的词汇和语义范畴,甚至想不到询问这类词汇和语义,即便想到了,也不一定能够调查到。在分类词表调查的基础上,获取不同类型的长篇语料,二者相互为用,才能较好地达到调查目的。另外,这种方法既可以搜集词汇,也能为音系归纳提供充足的语料。

二、词语调查法

20世纪40年代,董同龢调查四川华阳凉水井客家话时采用了词语调查法,因为"没有一个人会用他们的话读书",只能"先问一些事物的名称或说法,以期在简短的字句中辨出必要辨别的语音。一等到辨音有相当的把握,就立刻开始成句成段以至成篇的语言记录"。"通过综合所记的材料,给这个语言订出一套最经济而足以代表他的语音系统的音标来"。"接着就用那套音标把所有的材料改写一过",最后离析语料中的语汇(董同龢,1948:82)。简言之,董同龢从记录一定数量的词语入手,辨明音位后记录自然语料,并从中分离出词语。通过这种方法获取字音比字表调查法更加费时费力,但因语料自然,更接近方言口语,可以更好地体现口语调查的特点(王福堂,2007:59)。赵元任也曾采用这种方法调查过台山方言(《台山语料》,1951)。

1939年,李方桂从美国回国后在西南地区调查了20余种少数民族语言和方言土语;1940年指导研究生马学良、邢公畹分别调查藏缅语和侗台语。他们采用了"近取诸身、远取诸物"的"指物问音"调查法。具体而言,为确保记音的准确性,调查时不使用预先准备的词表,而是采用实指现问的方法,先问身体器官,再问屋里的东西,然后走出家门,问天时人物、鸟兽鱼虫、树木花草、谷粮果蔬等(马学良,2000:24)。

有支持字音调查法的学者认为,词语调查法无法确知调查多少词语才能较全面揭示一个方言的声韵调系统。调查少数词语不保险,调查大量词语需要花费较多时间,而字音调查法的某些弊端可以通过调查词语和语料加以避免(高晓虹,2011:172—173)。事实上,无论字音、词表还是词语调查法,一项全面的音系描写都不能只调查少数词语。汉语方言调查字表共涉及4000多个字,如果词表或词语调查法也调查4000多个常用词,仍无法整理出音系,那就不是调查方法的问题,而是选词存在严重偏差导致的。

三、语法大纲调查法

采用词表调查法获取语料时,通常会在词语之后设置典型例句,调查发音人的各种表述方式。这样做既可以观察语音在语流中的发音特点，也可以大致了解一种语言或方言的语法特点。这种方法的优点是方便快捷，缺陷是难以覆盖各类语法项目，特别是特殊的语法范畴和句法结构。因此，需要制订专项语法调查大纲。

语法大纲应当包含语法范畴（形态和词类）、句法结构（词法和句法）、句类和句式、常式和变式句型、语义和语用等方面的内容，例证选择要能体现所调查语言或方言的特点。

以往关于汉语方言调查的语法大纲多以普通话语法特点为依据，结合已知的方言特点，提取能够体现词法和句法特点的例句。一些少数民族语言的语法调查，也大多仿此方式。这种方法的优点是能较快获取调查对象语法状况的语料，便于语言或方言间的比较；局限性是难以避免翻译或造句语料，遗漏语法特点。统一的语法调查大纲可以作为初识一种语言或方言的指南，调查操作时应当灵活使用，结合调查对象的语法特点增补删减。即便如此，仍会遗漏一些语法项目。因此，应当在语法调查大纲的基础上，全面搜集不同类型的长篇话语材料，在自然语料基础上提取所调查语言或方言的语法特点。

无论词表中的例句调查，还是专项语法大纲调查，都需要避免翻译语料。自然话语材料与翻译语料或编造语料有很大差异。以句式调查为例，即便事先设计出周全的句法调查大纲，也难免遗漏特殊句式，甚至可能得到"造句"语料。导致造句语料的原因主要有二：一是有些发音人会受语言交际顺应原则影响，提供调查者容易理解的编造语料，或调查者"需要"的语料；二是既懂母语又懂调查者语言的双语或双言人担心调查者听不懂，有意识地转换成调查者语言的表达形式，即采用翻译法提供非自然语料。如果调查者会调查对象的语言，通过与调查对象的互动、讲清调查目的，可以在一定程度上打消调查对象的顾虑，大致保证调查对象按要求提供真实自然的语料。如果不得不采用翻译调查法，要寻找真正领会调查意图、认真负责的翻译者合作，并尽可能搜集不同发音人的语料相互验证。

"中国语言资源保护工程"濒危语言调查有事先设计的100个常用句子，要求发音人为每个句子提供一种常用的表达形式。塔塔尔语的调查表明，每个句子都有不同句式，主发音人与辅助发音人的句子也会存在句式差异。针对这种情况，我们记录了主发音人和辅助发音人每个句子的不同说法和表达形式，二者相互参照，能够大体准确反映塔塔尔语的句式特点。需要注意的是，不能简单地认为发音人认可的，就是真实自然的、最具代表性的语料。我们的做法是，先记录100个句子的不同表达形式，几个月后再请同一发音人重复这些句子，观察两次记录的语料是否存在差异。考虑到不同发音人的语言表达个性，记录并核对主发音人的语料后，需要请不同发音人检验和判断。这样既可以获取更多的句式，又能够在相互参照的基础上判断常用句式。即便如此，有时仍无法保证语料的真实性和代表性。这时，获取不同类型的长篇语料，是克服翻译或编造语料产生的弊端、体现描写充分性的有效途径。

即使专项语法大纲，也可能遗漏不常见的语法范畴和句法结构，需要辅以长篇语料。不同语言项目的使用频率和范围不同，有些在某类长篇语料中一再出现，有些却很少甚至不出现，而后者极可能是特色语法项目。因此，需要尽可能扩大语料搜集范围，获取不同领域、话题和体裁的长篇语料。如果条件允许，最好能够跟踪调查，比对不同类型和时段的语料。

第三节　综合调查法

研究目的不同，需要使用不同的调查方法。保证语言本体调查的准确性、全面性以及描写的充分性，需要综合采用不同的调查方法，即综合调查法。

保护濒危语言的目的是抢救和记录即将消失的语言，为后人保留语言文化品种，为学者提供研究材料，使濒危语言发挥"博物馆"的功能，达到保护非物质文化遗产的目的。调查濒危语言不能局限于描写语言学或社会语言学的调查方法，需要综合采用多种方法。

中国塔塔尔语是境外鞑靼语受国内维吾尔语和哈萨克语影响形成的具有混合语特征的少数民族语言，一度处于极度濒危状态。近些年，随着中俄关系改善及中国开放力度的加大，不少塔塔尔族赴喀山市等地探亲，或送子女去喀山市的不同大学读书，并在日常交往、族群聚会时努力创设塔塔尔语使用环境，使得塔塔尔语逐渐复苏、濒危程度降低。由于多数塔塔尔族掌握维吾尔语或哈萨克语，或同时掌握这两种语言，在塔塔尔语复苏过程中，他们很快能悟出几种语言的对应规律，并将上述两种语言形式转换为塔塔尔语形式，在各类语料中都能看到这种转换的痕迹。

为全面调查塔塔尔语，我们不仅调查过不同地区塔塔尔族语言掌握和使用状况以及相关的语言态度，还采用"指物问音"法调查了常用词语，采用访谈录音法搜集了多位老人的日常谈话语料。2016年，塔塔尔语被列入"中国语言资源保护工程"濒危语言调查项目。我们依据前期记录的词语以及录音话语材料补充词汇，并填入词汇调查表。正式录音录像时，前期录音的主发音人却推翻了自己先前提供的很多词语和语法形式，重新提供了"纯塔塔尔语"形式。按词表记录词汇时，发音人想起包含某个词语的诗歌片段，我们记录核对无误后存档。当录制塔塔尔族诗歌和民歌语料时，发音人提供的语料与前期语料有一定差异。如果遵循社会语言学的"表现原则"记音，应当记录说话人的实际语言表现，但以濒危语言保护为目的调查，就不能完全恪守社会语言学的记音原则。总之，整理音系时，应当依据塔塔尔语发音形式确定音位，受其他语言影响的发音形式虽然在自然语境中更常出现，考虑到濒危语言调查的目的，可以将其作为变体形式。即使以主发音人的语料作为描写依据，也要参考或对比其他发音人的语料。这样，既能够保证语料的可靠性，也可以全面、客观展示中国塔塔尔语的特点。

第四节　调查注意事项

一、调查点和调查对象的选择

语言调查目的不同，调查点和发音人的选择会有差异。描写语言学和传统汉语方言学持同质有序语言观，通常在某一语言或方言腹地（多为偏僻农村）选择调查点。理想发音人一般是土生土长、无外出经历的中老年男性、母语单语人，有丰富的当地文化和母语知识，有一定文化但程度不能太高，发音清晰，乐于配合等。这一派学者认为，符合上述条件的发音人提供的语料比较"纯粹"，能代表所在地区语言或方言的音系，至少是老派音系。这种选择存在两方面的局限：

第一，语言接触是影响语言发展的重要因素。城市人口的多样性决定了语言接触的复杂性，城市方言常常是语言变异的源头。随着国家通用语言推广和学校教育普及力度加强、网络和媒体影响加大，双语或双言人比例大幅增加，农村传统的单一语言社区及其语言生活发生了显著变化，普遍出现了新老派差异。随着城镇化速度加快、人口流动规模加大、交通和通信更为便捷，不同人群的接触日趋频繁、交往途径更加多样，越来越多的农村人开始把虚拟空间作为交际平台，语言接触密度和深度不断加强，语言变异范围更广、速度更快，传统意义上的"纯粹方言"已很难寻觅甚至不复存在，寻找传统意义的理想发音人困难重重。即便是同类型的发音人，不同时间段的调查也需要考虑调查地语言生活和语言本体的变化。王辅世20世纪40年代的宣化方言调查，主要涉及虫鸟名称，以青少年男性作为发音人，"因为他们日常和虫、鸟接近"（王辅世，1994）。随着时代的发展，这类发音人的语言能力和语言使用环境有了很大变化，有了更多的娱乐方式，对农村风物已有陌生感（黄晓东，2005）。

第二，封闭地区的语言或方言系统存在内部差异。受说话人社会特征影响，语言内部存在性别、代际、语言背景等差异，传统理想发音人的语料难以覆盖一种语言系统的全部特点。如果说偏僻的单语或单方言社区尚可采用传统调查方法，在双语或双言社区寻找传统意义的发音人就比较困难。母语单语人的语言系统或许更为"纯粹"，但双语或双言人的语言系统更具现代社区的代表性，且能预示语言的发展趋势。

社会语言学持异质有序语言观，认为不同社区存在语言变体和变异项及语言使用的差异，即使同一社区不同社会特征人群的语言变体和变异项及语言使用也有差异。因此，应当在特定范围内选择不同类型的语言社区作为调查点，并从中选择不同社会特征如不同年龄、性别、语言背景的语言使用者作为语料提供者。根据研究需要，依据不同类型发音人的语料描写语言结构。在此基础上，确定语言变异项，分析语言变异特点及变异项对语言结构的影响。具体而言，如果是整理音系，通常选择老派发音人为主发音人，并始终以主发音人的语料为主，其他社会特征发音人的语料作为补充和验证。对比分析辅助发音人与主发音人语料的异同，可以确定语音变异项。比如，某一发音形式存在老派和新派、男性和女性、单语单言人和双语双言人等差异，如果这些差异具有语言学统计意义，便可以确认为语言变异项。换言之，在参照老派发音人音系的基础上，兼顾新派或不同社会特征发音人的语料，可以完善音系描写；调查语言变异项及其使用的社会分布，可以揭示语言或方言使用的内部差异及其影响因素，预测语言或方言的发展趋势。

如果说描写语言学和传统方言学音系描写的主要目的是说明研究对象"是什么"，有怎样的结构特点，社会语言学则关注语言或方言内部的异质性，聚焦语言变异项目，结合说话人的社会特征，分析其使用特点、社会差异和发展趋势，将"是什么"的描写推进到"为什么"的解释层面。二者在调查地、调查对象的选择和描写分析方面具有互补性。

二、调查工具的运用

不同调查目的需要采用不同的调查工具，调查工具的选择会影响调查结论。罗杰瑞（2007）指出："我并不是反对同音字表，只是觉得用这个方法很难捕捉到该方言的真正独特之处，我个人常用同音字表，尤其是刚开始做田野调查那几年。但是在调查闽方言的时候，越来越觉得用这个方法不容易探求到闽方言的历史根柢，最后不得不放弃以汉字为主的同音字表，另外编了一份词汇表，主要的是有关日常生活中的事物和活动的词汇。"[1]

---

[1] 罗杰瑞所说日常生活中的事物和活动词汇即"俗传词语"，主要包括自然现象、日常使用的器皿和用具、人体器官、身体活动和感觉、果蔬草木、虫鱼鸟兽、养鸡喂猪、种地盖房和当地地名等。

海口市秀英区长流镇的土语比较特殊，不同研究者采用不同调查工具得出了不同结论。张惠英（2006）采用字音调查法，选择1932年出生的中学教师作为发音人，认为前人"把长流土话归属为临高话，很值得斟酌……从长流土话的音系看，其归属需要讨论。是否可以说，是一种古老的海南本土方言"？由于识汉字、读汉文书，我国一些少数民族语言特别是南方少数民族语言及汉语方言区的人很早就形成了汉字读音系统。采用字音法调查读书人，当地语言变体可以归入汉语方言。2007年，辛世彪采用分类词汇表调查表明，秀英区长流镇居民的口语属侗台语族临高语，与当地汉语方言相去甚远。临高语内部虽然存在方言差异，读书音却大体一致，识汉字的临高人可以用这种读书音读汉文报纸。辛世彪调查长流方言并比较了临高语12个方言点的材料后认为，长流话属临高语东部方言（辛世彪，2008）。

受调查目的和时间限制，早期汉语方言调查特别是方言普查采用统一高效的字表调查法，应该是恰当的选择。即使今日，《字表》仍然可以作为方言调查特别是老派方言音系调查的入门工具。当方言调查达到一定程度或取得一定成果后，特别是在方言变异更普遍、变化更多样的当代，应当综合运用多种调查方法和工具，比如通用字表和词表、专项调查表（轻声、儿化、文白异读、分音合音词调查表等）；也可以在使用字表、词表及其他调查工具的基础上，根据需要重新编制不同类型的调查表格；或者采用"实指现问""指物问音"的词语调查法。即便归纳老派音系，也不必拘泥于字表调查法。针对汉语方言的调查，高晓虹认为（2011：174）："只有全面调查每一种汉语方言，搜集尽可能多的词语、语料，才能满足研究的需要。所以，很多研究者除了调查字音外，还调查大量的词语、语料。像这样以字音调查为起点，以词语、语料调查为终点，可以充分发挥两种调查方法的长处，比完全放弃字音调查法更为合理。"

总之，无论采用何种类型的调查方法，都需要长篇语料的支撑。字音法主要调查单字音、归纳老派音系；词表法尤其是"实指现问""指物问音"的词语调查法能够获取更加真实自然的语料；变异调查法可以完善传统音系描写，有助于揭示语言变异项目的社会差异及其发展趋势；长篇语料既能够用于验证、补充和完善各类调查法获取的语料，也可以用于归纳音系、描写词汇和语义特点及语法结构。

三、同音字表的整理

依据《切韵》音系制作的字表，无法涵盖汉语方言所有的同音字。为了核对记音、整理音系，完成《字表》正表记音后，需要按方言音韵系统重新排列，制成同音字表。同音字表以韵母为纲，按韵母表排序，每个韵母填入一张空白表格，纵列横行分别是声母和声调，然后对号入座；韵母下的声母依声母表排列，声母下排列声调。这样，每个字音在同音字表中占一个位置，一字多音各占一个位置。方言同音字不一定集中在《字表》的某一页或某几页上，同一页的字也不一定同属一个或某几个韵母，需要仔细查找，确保不漏一字一音。即使有经验的调查者，记音和编制同音字表时也难免出错。因此，编制同音字表后，需要请发音人重读每组同音字，如有错误，应当立即改正，并修改原始记音。附有同音字表的方言调查报告便于他人核对，可信度较高。读者在核查资料时，如认为某字的本字可疑，可以查看同音字表中更可靠的字。无论采用什么方式核对同音字，都是汉语方言调查的必备功课。有些语音的音值差异非常细微，母语人却认为它们是不同的语音单位，有些则相反。因此，是否同音，不同方言使用者的语音感知有差别，区分标准也不完全一样。就此而言，母语人是判断语音差异的权威。

四、调查时机的把握

以整理音系为目的的调查，选定主发音人后不能轻易更换，否则，可能因不同个体发音差异增加音系整理的困难，甚至可能导致音系的混乱。一旦选定主发音人，应当在最短时间内完成调查，这对极度濒危语言的调查尤为重要。

极度濒危语言一般指保存在个别老年人记忆中的语言，一旦找到理想发音人，就应当抓紧时间获取尽可能多的语料。台湾南岛语专家李壬癸介绍过他的调查经历：1976年春季调查赛夏语时，只有台湾新竹五峰乡一位朱姓老先生的语言中还保留闪音 l，他两次搜集了数百个词汇和若干文本资料；第三次调查时，发音人已过世，无法补充新材料。1978年8月调查邹语时，李壬癸在久美找到一位吉姓老先生，他的语言里保留了 r 音，调查了3天搜集到约800个词语；再次调查时，发音人健康状况欠佳，已无法配合调查。赛夏语的闪音来自古南岛语的*l 和*R（李壬癸，1978）、邹语的 r 音来自古南岛语的*l（李壬癸，1979），这两种语言现象都是重建古南岛语的重要依据，在赛夏语和邹语其他方言中均已消失或改变（李壬癸，2007：84—85）。"中国语言资源保护工程"濒危语言调查也遇到过类似情形，有的项目未调查完，主发音人因故无法配合调查；有些调查刚结束，主发音人就去世了，不得不另觅他人核对语料。

通常情况下，语言变异调查花费的时间比较多，不仅需要采用不同调查方法获取语言生活方面的基本数据，还需要针对语言变异项做问卷调查。首先，语言变异涉及不同变异项目及相关问题，其中有些调查涉及的项目和内容还比较多，如某地方言文白异读的使用状况及社会差异和语言态度调查；其次，问卷样本量要能够推及语言社区的总体，需要均衡不同社会变量的调查样本，因此，工作量很大。就以往的调查经验看，过年前后是语言生活和语言变异调查的最佳时机，外出务工、读书的人大都返乡，便于寻找不同社会特征的调查对象。其他时间段包括农闲时节，村里多数中青年都会外出务工,很难均衡不同社会特征的调查样本。

五、发音人语料的处理

如实记录发音人的语料、充分尊重发音人对发音形式的认定,是语言本体调查者的共识,但不意味着可以不加判断地完全接受发音人的发音形式。针对不同发音人的语料不一致、同一发音人的语料存在差异等现象,调查者应当多方对比后,做出客观描述及合理解释。

采用字表调查法调查汉语方言,有时会遇到这样的情形:受日常语言习惯影响,选定的发言人偶尔或时常将所要调查的字念成文读音,或一遍发成白读音,一遍发成文读音,或者在白读音和文读音之间游移。对这类现象,调查者应当将这类字标记出来,找其他的老派发音人核对。这样做,还可以为文白异读专项调查提供线索和证据。

语言或方言调查最好能一次性完成初步的记音,整理完调查材料后再进行针对性补充调查。然而,受特定因素的制约,即便有经验的调查者也很难一次完成调查任务,需要多次调查。在这种情况下,最好不要更换发音人。因特殊情况不得不更换发音人,一定要从头调查,而且需要认真比对两个或多个发音人的语料。否则,可能导致音系整理的困难。

费孝通(1980:159)在总结20世纪50年代民族识别经验时指出:"另外还有一种人,藏族称他们'扎',他们的语言据说是格曼语加藏语,尚未经语言学者的鉴定,有可能是格曼语的底子杂有藏语。"孙宏开(1983)指出,不同村寨的扎话使用者彼此可以交流,其中达巴村、巴嘎村和塔玛村的扎话基本相同,松古村、拉丁村和米奇村的扎话基本相同;前三村和后三村的扎话略有差异。当地藏族听不懂扎话,格曼僜人能听懂扎话的三分之一。孙宏开比较了扎话、格曼语和藏语后认为,扎话不是独立的语言,而是被藏语同化并保留格曼语底层的僜藏混合语。

2016年,"中国语言资源保护工程"课题组依据统一编制的3000词表调查扎话,主发音人是松古村村委会主任。2017年第二次调查时,村委会主任因职务变动、距调查点较远等缘故无法配合调查,调查组不得不将主发音人更换为同村另外一位条件基本相同的扎话使用者。两次调查结果显示,两位发音人提供的语料存在明显的差异。经与2017年的发音人再三核实,发现2016年记录的语料存在很大问题,如词汇表中的有些词没有扎话对应词,为尽快完成记音任务,发音人要么提供藏语词,要么根据扎话的构词法编造词语。

强调发音人是判定语言形式的权威,前提是建立在双方真诚合作的基础上。调查者首先应当以严肃认真、真诚合作的态度赢得发音人的信任和支持,然后请发音人负责任地提供语料,提供词语的不同语言形式及其使用情景,如果没有与调查词表中相对应的词,不能生编硬造。有时发音人受当地优势语言变体的影响而不自知,调查者应及时提醒、适当引导,并多方核对确认。只有这样,才能确保语料的准确性。

六、特色词语的筛选和调查

特色词语指一种语言或方言中比较特殊的词语，汉语方言特色词语指与其他片区方言及普通话语音、词形和语义都不相同的词语。调查某一方言小片的特色词语，首先需要层层筛选，确定特色词语；然后调查特色词语的社会使用及说话人的语言态度，预测其发展趋势。筛选特色词语，确定调查词项，一般需要经历五个步骤：第一步是对比需要调查的方言小片和普通话，剔除二者的共有词语。第二步是对比调查点方言和邻近方言，剔除共有词语。这两步可以利用前人的调查研究成果。第三步，在方言小片内选择几位老派发音人核对和补充，也可以借助前人调查的长篇语料进一步补充，初步形成对方言小片特色词语及其使用的认识，制成方言特色词语调查表。第四步，在调查点中选择不同性别的老中青三代发音人做试调查，进一步核查、补充和修订特色词语调查表，考察特色词语知晓、使用、常用的社会差异。第五步是剔除无明显社会差异以及不同社会特征调查对象知晓率均非常低的特色词语，按照"级别越低、特色越鲜明"的标准，对特色词语进行分级，并制成正式调查问卷。完成上述步骤，才能基本保证调查词项是所调查方言小片的特色词语。

有些词语看似亲属语言间的共有词语，但受语言接触等因素影响，有可能是某种语言的特色词语。比如塔塔尔语具有与亲属语言相同或相近的指代系统以及近指和远指、特指和非特指形式，但其指代系统更加复杂，甚至指代同一对象会使用不同指代词或指代形式。这是因为本族固有词语除受跨境同种语言的影响外，还受到维吾尔语和哈萨克语的影响。因此，调查者不仅应当全面记录指代词的各种表达形式，还需要结合其搭配特点以及在长篇语料中的表现形式，并在与相关语言比较的基础上，确认各指代词的组合和使用特点。只是按照事先设置的词表和大纲调查，难以全面记录和描述塔塔尔语的各类指代词及其变体形式，无法准确揭示其指代系统的特点。

七、长篇语料的获取

长篇语料既是音系描写的重要材料，也是词语分类、语义和语法分析的重要依据。搜集和整理长篇语料虽有预定目标，但为了获取真实自然的语料、体现描写的充分性，应当综合运用多种调查方法获取不同领域、话题和体裁的长篇语料。

不同领域、话题和体裁的长篇语料具有不同用途。比如，请不同社会特征发音人讲述自己的经历和家庭情况，语料中的动词第一人称形式居多，出现的词语也多与发音人的日常生活和工作经历有关。民间故事语料中的动词可能多为进行时，因为故事语体常强调"现场感"。发音人讲述民族特色饮食，与饮食文化相关的词语就会比较丰富；讲述风俗习惯、民族节日等话题，就可以搜集到更多体现民族文化特色的词语。

同一主题的长篇语料由不同发音人讲述，用词造句、表达风格也会有差别，可以获取更多的词汇、语义和语法材料。不同社会特征发音人的家庭状况、生活环境和经历不同，语库存储和语言能力存在差异，因此，搜集长篇语料需要兼顾不同社会特征和经历的发音人。调查塔塔尔语时，有些发音人从小生活在牧区，与哈萨克族接触较多，其语言中的畜牧业词语比较丰富，且一定程度上受到了哈萨克语的影响；有些发音人家族有经商传统，其语言中关于商品贸易类的词语比较丰富，且一定程度上受到了维吾尔语的影响；有些发音人有在俄罗斯喀山市等地居住或留学经历，其语言中会出现更多的鞑靼语发音形式和俄语借词。

谈话语料具有特殊价值，谈话双方的互动，可以体现不同的角色关系，可以补充自述材料中缺乏的语法形式、语用特点和表达风格方面的语料（李壬癸，2007：84—85）。总之，为全面搜集不同类型的语料，应当调查不同社会特征和经历的发音人关于不同领域、话题及体裁的长篇语料。

第五节 本章小结

语言本体调查有字音、词表、词语、语法大纲、长篇语料以及综合调查等方法，不同研究目的需要采用不同的调查方法，不同调查方法有各自的功用。语言本体调查应当选择恰当的调查点及合适的发音合作人，科学使用调查方法和调查工具，把握调查时机，慎重对待发音人提供的语料，层层筛选、细致询问特色词语，并根据不同的研究目的采用不同调查策略，尽可能获取不同领域、话题、体裁和社会特征发音人的长篇语料，才能保证语料的准确性和全面性以及描写的充分性。

参考文献

[1] 北京大学汉语语言学研究中心《语言学论丛》编委会. 语言学论丛（第三十六辑）[G]. 北京：商务印书馆，2007.

[2] 丁志斌. 语言调查词表研究 [D]. 上海师范大学博士学位论文，2012.

[3] 董同龢. 华阳凉水井客家话记音 [G] //中央研究院历史语言研究所集刊（第十九本）. 上海：商务印书馆，1948.

[4] 费孝通. 关于我国民族的识别问题 [J]. 中国社会科学, 1980 (1).
[5] 高晓虹. 汉语调查方法的思考 [G] //北京大学汉语语言学研究中心《语言学论丛》编委会. 语言学论丛（第四十三辑）. 北京：商务印书馆, 2011.
[6] 何大安. 从中国学术传统论汉语方言研究的过去、现在和未来 [G] //中央研究院历史语言研究所集刊（六十三本第四分）, 1993.
[7] [比利时] 贺登崧（Willem Grootaers）. 汉语方言地理学 [M]. 石汝杰, 岩田礼, 译. 上海：上海教育出版社, 2003.
[8] 黄晓东. 语言地理学的一个样板：《宣化方言地图》评介 [J]. 求实, 2005 (11).
[9] 李壬癸. 台湾南岛语言的田野调查 [G] //北京大学汉语语言学研究中心《语言学论丛》编委会. 语言学论丛（第三十六辑）. 北京：商务印书馆, 2007.
[10] [美] 罗杰瑞（Jerry Norman）. 汉语方言田野调查与音韵学 [J]. 北京大学学报（哲学社会科学版）, 2007 (2).
[11] 骆嘉鹏. 汉字同音字表的新做法：以台湾闽南语字音表为例 [A]. 第38届国际汉藏语学术研究会 [C]. 厦门大学, 2005.
[12] 马学良. 马学良学述 [M]. 瞿霭堂, 劲松, 整理. 杭州：浙江人民出版社, 2000.
[13] 彭泽润. 地理语言学和衡山南岳方言地理研究 [M]. 北京：商务印书馆, 2017.
[14] 孙宏开. 六江流域的民族语言及其系属分类 [J]. 民族学报, 1983 (3).
[15] [瑞士] F. 索绪尔（Ferdinand de Saussure）. 普通语言学教程 [M]. 高名凯, 译. 北京：商务印书馆, 1980.
[16] 王福堂. 汉语方言调查和方言语音 [G] //北京大学汉语语言学研究中心《语言学论丛》编委会. 语言学论丛（第三十六辑）. 北京：商务印书馆, 2007.
[17] 王辅世. 宣化方言地图 [M]. 东京：日本国立亚非语言文化研究所, 1994.
[18] 王洪君. 汉语非线性音系学（增订版）[M]. 北京：北京大学出版社, 2008.
[19] 王力. 中国语言学史 [M]. 太原：山西人民出版社, 1981.
[20] 王远新. 中国民族语言学：理论与实践 [M]. 北京：民族出版社, 2002.
[21] 王远新. 混合语的特征及濒危语言的维系：新疆少数民族交融过程中塔塔尔语的例证[J]. 民族语文, 2020 (4).
[22] 辛世彪. 海口临高语长流方言 [J]. 民族语文, 2008 (2).
[23] 游汝杰, 邹嘉彦. 社会语言学教程 [M]. 上海：复旦大学出版社, 2004.
[24] 游汝杰. 汉语方言学教程 [M]. 上海：上海教育出版社, 2004.
[25] 张惠英. 海南方言的分区（稿）[J]. 方言, 2006 (1).
[26] 赵元任. 现代吴语的研究 [M]. 北京：清华学校研究院, 1928；北京：商务印书馆, 2011.
[27] 赵元任, 等. 湖北方言调查报告 [G] //中央研究院历史语言研究所专刊, 1948.
[28] 赵元任. 台山语料. 序论 [G] //中央研究院历史语言研究所傅所长纪念特刊, 1951.
[29] 赵元任. 北京口语语法 [M]. 李荣, 编译. 北京：开明书店, 1952.
[30] 中国社会科学院语言研究所. 方言调查字表 [M]. 北京：商务印书馆, 2016.

附录一 文白异读专项调查问卷

河北省清西陵地区西陵话（北京官话方言岛）文白异读专项调查表①

姓名		性别		年龄		联系方式	
住址							
出生地							
文化程度：	A. 小学及以下		B. 初中		C. 高中		D. 大专及以上
您的家庭中有无族际通婚成员？			A. 有（请注明： ）			B. 无	
您的家族中有无族际通婚成员？			A. 有（请注明： ）			B. 无	

序号	单字	例词	例句	读音	其他常用说法	备注
1	剥	剥削	旧社会的地主剥削农民。			
		剥皮	吃香蕉得剥皮。			
		剥蒜	把蒜剥了吃。			
2	薄	单薄	这件衣服太单薄（了）。			
		薄饼/薄脆	去买个薄饼吃。			
3	虹	彩虹	彩虹有七种颜色。			
		出虹	下雨后出虹了。			
4	落	降落/树叶落	飞机降落了。			
			秋天了，风一吹树叶儿就往下落。			
		落枕/落下	我昨天没睡好，落枕了。			
			仔细检查检查，别落下东西。			
5	雀	麻雀	树上有很多麻雀。			
		家雀	院子里有很多家雀。 老天饿不死瞎家雀。			
6	色	景色	清西陵的景色很好。			
		颜色/掉色	深色的衣服洗了会掉色。			

---

① 本表由笔者指导的中央民族大学语言学及应用语言学专业社会语言学方向2020级硕士研究生曾雪雨设计，笔者修订。

续表

7	熟	熟悉	这个人我熟悉，我俩是熟人，熟得很。			
		熟了	饭煮熟了。 麦子儿成熟了？			
8	摸	抚摸	她抚摸着女儿的脸庞。			
		摸一下	他摸了一下头。			
9	学	上学	孩子出去上学了。 跟着好人学好样。			
		学习	好好学习才能考上好大学。 学习是学生的头等大事。			
		学一学/学学	你也学一学做饭（学学做饭）。			
10	弱	瘦弱	他是个瘦弱的老头儿。			
		身体弱	她打小儿就身子弱。			
11	觉	觉悟	党员的觉悟应该更高。			
		感觉	生病的感觉很不好。			
		觉得	我觉得还行。			
12	尾	尾	蒸鹿尾儿是满族名菜。			
		尾巴	夹着尾巴做人。 老虎尾巴摸不得。 狗尾巴是立着的，狼尾巴是耷拉着的。			
		一尾鱼	昨天去钓了一尾鱼。			
13	跃	跳跃	他一跃能跳很高。			
		大跃进	这是"大跃进"时候的事儿。			
14	乐	乐器	你会乐器吗？			
		音乐	我喜欢听音乐。			
15	乐	快乐	与人分享是一件快乐的事情。			
		乐呵儿	他整天乐呵儿的。 我们平时不用"乐呵儿"这种说法。			
16	责	责任	每种职业都有自己的责任。			
		责怪	不是他的错，你不要责怪他。			

续表

17	册	一册	给小孩儿买一本练习册吧。 小学生每学期都发好几册书。			
18	蝶	蝴蝶	园子里有各色各样的蝴蝶。			
19	伯	伯父	你有伯父吗？ 当地话"伯父"这个词怎么说？			
		大伯	当地话"大伯"怎么说？			
20	迫	被迫	我被迫取消了车票。			
		迫降	飞机迫降在石家庄。			
21	叔	叔叔	叔叔，您做什么的？			
		三叔	我三叔也在那里工作。			
22	笔	笔/钢笔	他的笔没水了。 现在用钢笔的越来越少了。			
		笔直	他站得笔直。			
23	避	躲避	他为了躲避债务，外出打工了。			
		避雨	到屋檐下避避雨。 车棚可以避雨。			
24	俗	俗气	她穿得太俗气了。			
		习俗	我们这儿还有些满族的习俗。			
25	耕	耕地	机器比牛耕地耕得快。			
		春耕	三月底春耕就开始了。			
26	括	包括	这份名单包括了村里所有人。			
		括号/括弧	用括号（括弧）括起来。			
27	扩	扩大	清西陵的影响力越来越大。 他家院子往外扩了（扩了扩）。			
28	客	客人/客	家里来客人了（来客了）。			
		做客	他来我们家做客。			
29	含	含糊	他的回答很含糊，没听懂。			
		含着	小孩儿嘴里含着一颗糖。			
30	或	或许	事情或许就像你说的那样。			
		或者	你去或者他去，都行。			

续表

31	扬	扬土	春天扬土太多了。			
		扬州	扬州炒饭很好吃。			
32	闰	闰年/闰月	去年是闰年,闰几月?			
		闰二月				
33	俊	俊俏	小伙子模样很俊俏。			
		长得俊	小姑娘长得俊。			
34	阔	开阔	山坡上视野很开阔。			
		阔/阔绰	那个老板出手很阔绰。			
35	绰	宽绰	我手头不是很宽绰。			
		绰号	他给我起了个绰号。			
36	崖	悬崖	悬崖边很危险,别去。			
		崖头（子）	对面山上的崖头（子）很高。			
37	约	节约	我们要节约用电。			
		约定	我们约好了三点去。			
38	岳	岳父	他岳父挺好的。			
		岳飞	岳飞的故事家喻户晓。			
39	福	福气	孩子有出息,爸妈就有福气。			
		享福	孩子成家了,我们也该享福了。			
		祝福	过年过节要送祝福。			
40	国	中国	中国是个负责任的国家。			
		国家				
41	节	过节	今年去哪儿过节?			
		节日	春节是我国的传统节日。			
42	媳	媳妇	你媳妇是哪儿人?			
43	嫩	嫩	肉炒得真嫩。			
44	乱	乱	家里的东西别乱放。 别把我的东西弄乱了。			
45	谁	谁	谁让你来的?			

续表

46	脓	脓包	我头上起了个脓包。			
47	更	三更半夜	三更半夜了还不睡。			
		自力更生	自力更生是咱们的好传统。			
48	给	给予	父母给予我们生命。			
		给	把这本书给他。			
49	虐	虐	不能虐待动物。			
50	肉	羊肉/牛肉	您爱吃牛肉还是羊肉？			
51	颈	脖颈/颈子	我脖颈疼，像是得了颈椎病。咱们管"脖子"叫什么？			
52	堡	马家堡	"马家堡"是北京的一个地名。			
53	巷	巷子	好酒不怕巷子深。咱们说"胡同"还是说"巷子"？			
		巷道	矿井里有很多巷道。			
54	蔓	藤蔓	院墙上爬满了藤蔓。			
55	去	去	你今天去赶集吗？			
56	血	流血	我把手划破了，流血了。			
		血战	台儿庄战役是一场血战。			
		鸭血	我爱吃煮鸭血。			
57	壳	甲壳虫	叶子上有只甲壳虫。			
		鸡蛋壳	鸡蛋壳能当肥料。			
		贝壳	沙滩上有很多贝壳。			
58	吓	吓人	这个故事太吓人了。			
		吓着	我被你吓着了。			

附录二　汉语方言变异调查问卷

陕西省蒲城县胶辽官话方言岛方言变异调查问卷①

调查时间：＿＿＿＿年＿＿月＿＿日　　问卷编号：＿＿＿＿＿

第一部分　基本信息

A1. 姓名：　　　　　　A2. 职业：　　　　　　A3. 联系方式：
A4. 性别：1. 男　2. 女　　A5. 年龄：
A6. 受教育程度：1. 未上过学　2. 小学　3. 初中　4. 高中（含职高、中专）　5. 大专及以上
A7. 出生地：＿＿＿＿＿＿＿＿＿＿＿＿＿＿＿＿＿＿＿＿＿＿＿填至村/社区
　　现居地：＿＿＿＿＿＿＿＿＿＿＿＿＿＿＿＿＿＿＿＿＿＿＿填至村/社区
A8. 您家族哪代人从山东昌邑迁居至蒲城县：＿＿＿＿＿＿＿＿＿＿＿＿（注明时间）
A9. 您父亲是否在蒲城出生：1. 是　2. 否
　　您母亲是否在蒲城出生：1. 是　2. 否
　　您配偶是否在蒲城出生：1. 是　2. 否　3. 无此情况
　　您子女是否在蒲城出生：1. 是　2. 否　3. 无此情况
A10. 您家庭成员中有无与陕西当地人通婚者：1. 有（请注明＿＿＿＿＿＿＿）　2. 无
A11. 您对山东昌邑移民与陕西当地人结婚的态度
　　1. 应当提倡　　2. 应当尊重　　3. 可以接受　　4. 不合心意（请注明＿＿＿＿＿＿＿）
　　5. 无法回答
A12. 假如您与陕西当地人结婚，您的态度
　　1. 愿意　　　2. 无所谓　　　3. 不愿意（＿＿＿＿＿＿＿）
　　4. 其他想法（＿＿＿＿＿＿＿）　　5. 无法回答

第二部分　语言能力和使用

B1. 您能用什么语言或方言与人交流（可多选）
　　1. 蒲城山东话（岛方言）　　　2. 陕西蒲城话
　　3. 普通话　　　　　　　　　　4. 其他（请注明＿＿＿＿＿＿＿）

---

① 本问卷由笔者指导的中央民族大学语言学及应用语言学专业社会语言学方向 2020 级博士研究生赵婷婷设计，笔者修订。

B2. 您的蒲城山东话（岛方言）程度
(1) 听
    1. 完全能听懂（95%—100%）
    2. 大部分能听懂（85%—94%）
    3. 基本能听懂（40%—84%）
    4. 能听懂日常用语（10%—39%）
    5. 基本听不懂（1%—9%）
    6. 完全听不懂

(2) 说
    1. 能熟练交谈，没有障碍（95%—100%）
    2. 能熟练交谈，个别时候有障碍（85%—94%）
    3. 基本能交谈（40%—84%）
    4. 会说日常用语（10%—39%）
    5. 基本不会说（1%—9%）
    6. 完全不会说

B3. 您的陕西蒲城话程度
(1) 听
    1. 完全能听懂（95%—100%）
    2. 大部分能听懂（85%—94%）
    3. 基本能听懂（40%—84%）
    4. 能听懂日常用语（10%—39%）
    5. 基本听不懂（1%—9%）
    6. 完全听不懂

(2) 说
    1. 能熟练交谈，没有障碍（95%—100%）
    2. 能熟练交谈，个别时候有障碍（85%—94%）
    3. 基本能交谈（40%—84%）
    4. 会说日常用语（10%—39%）
    5. 基本不会说（1%—9%）
    6. 完全不会说

B4. 您的普通话程度
(1) 听
    1. 完全能听懂（95%—100%）
    2. 大部分能听懂（85%—94%）
    3. 基本能听懂（40%—84%）
    4. 能听懂日常用语（10%—39%）

第五章 语言本体调查方法及注意事项

  5. 基本听不懂（1%—9%）
  6. 完全听不懂
（2）说
  1. 能熟练交谈，没有障碍（95%—100%）
  2. 能熟练交谈，个别时候有障碍（85%—94%）
  3. 基本能交谈（40%—84%）
  4. 会说日常用语（10%—39%）
  5. 基本不会说（1%—9%）
  6. 完全不会说
B5. 您最先学会的语言和方言（可多选）
  1. 蒲城山东话   2. 陕西蒲城话
  3. 普通话   4. 其他（请注明＿＿＿＿）
B6. 小时候，您爷爷跟您讲什么语言或方言（可多选）
  1. 蒲城山东话 2. 陕西蒲城话 3. 普通话
  4. 其他（请注明＿＿＿＿）5. 无此情况
B7. 小时候，您嬷嬷（奶奶）跟您讲什么语言或方言（可多选）
  1. 蒲城山东话 2. 陕西蒲城话 3. 普通话
  4. 其他（请注明＿＿＿＿）5. 无此情况
B8. 小时候，您父亲跟您讲什么语言或方言（可多选）
  1. 蒲城山东话 2. 陕西蒲城话 3. 普通话
  4. 其他（请注明＿＿＿＿）5. 无此情况
B9. 小时候，您母亲跟您讲什么语言或方言（可多选）
  1. 蒲城山东话 2. 陕西蒲城话 3. 普通话
  4. 其他（请注明＿＿＿＿）5. 无此情况
B10. 现在您跟您爷爷讲什么语言或方言（可多选）
  1. 蒲城山东话 2. 陕西蒲城话 3. 普通话
  4. 其他（请注明＿＿＿＿）5. 无此情况
B11. 现在您跟您嬷嬷（奶奶）讲什么语言或方言（可多选）
  1. 蒲城山东话 2. 陕西蒲城话 3. 普通话
  4. 其他（请注明＿＿＿＿）5. 无此情况
B12. 现在您跟您父亲讲什么语言或方言（可多选）
  1. 蒲城山东话 2. 陕西蒲城话 3. 普通话
  4. 其他（请注明＿＿＿＿）5. 无此情况
B13. 现在您跟您母亲讲什么语言或方言（可多选）
  1. 蒲城山东话 2. 陕西蒲城话 3. 普通话
  4. 其他（请注明＿＿＿＿）5. 无此情况

B14. 现在您跟您配偶讲什么语言或方言（可多选）
    1. 蒲城山东话　　　　2. 陕西蒲城话　　　　3. 普通话
    4. 其他（请注明_____）5. 无此情况

B15. 现在您跟您后代讲什么语言或方言（可多选）
    1. 蒲城山东话　　　　2. 陕西蒲城话　　　　3. 普通话
    4. 其他（请注明_____）5. 无此情况

B16. 您与世代居住在当地的蒲城人交谈使用什么语言或方言（可多选）
    1. 蒲城山东话　　　　2. 陕西蒲城话
    3. 普通话　　　　　　4. 其他（请注明_____）

B17. 您与当地昌邑移民后代使用什么语言或方言（可多选）
    1. 蒲城山东话　　　　2. 陕西蒲城话
    3. 普通话　　　　　　4. 其他（请注明_____）

B18. 您去当地乡镇政府部门办事使用什么语言或方言（可多选）
    1. 蒲城山东话　　　　2. 陕西蒲城话　　　　3. 普通话
    4. 其他（请注明_____）5. 无此情况

B19. 您去当地集贸市场买东西使用什么语言或方言（可多选）
    1. 蒲城山东话　　　　2. 陕西蒲城话　　　　3. 普通话
    4. 其他（请注明_____）5. 无此情况

第三部分　语言态度

C1. 根据您的感觉，请根据好听（悦耳动听）程度给下列语言或方言打分（越好听的分值越高）

语言	5	4	3	2	1
蒲城山东话					
陕西蒲城话					
普通话					

C2. 根据您的感觉，请根据亲切程度给下列语言或方言打分（越亲切的分值越高）

语言	5	4	3	2	1
蒲城山东话					
陕西蒲城话					
普通话					

C3. 根据您的感觉，请根据日常生活的实用程度给下列语言或方言打分（越实用的分值越高）

语言	5	4	3	2	1
蒲城山东话					
陕西蒲城话					
普通话					

C4. 根据您的感觉，请根据社会影响程度给下列语言或方言打分（社会影响程度越高的分值越高）

语言	5	4	3	2	1
蒲城山东话					
陕西蒲城话					
普通话					

C5. 您希望后代掌握哪几种语言或方言（可多选）
   1. 蒲城山东话　　　　　2. 陕西蒲城话
   3. 普通话　　　　　　　4. 其他（请注明＿＿＿＿）

C6. 您的山东昌邑话程度与老一辈人相比如何？
   1. 不如老一辈说得好
   2. 比老一辈说得好
   3. 和老一辈差不多
   4. 和老一辈不太一样
   5. 无法回答

第四部分　语言变异

D1 词汇变项

D1.1 表达"用手扯开东西"时，您一般用哪种说法（可多选）
   1. 把包装袋儿**撕**［ʂʅ²¹³］开。　　2. 把包装袋儿**扯**［tʂʰa⁵³］开。
   3. 把包装袋儿**捌**［lɛ²¹³］开。　　4. 其他说法（＿＿＿＿＿＿）

D1.2 表达"东西丢失"时，您一般用哪种说法（可多选）
   1. 钥匙叫孩子（娃）**掉**［tiɔ³¹］了。　2. 钥匙叫孩子（娃）**丢**［tiou²¹³］了。
   3. 钥匙叫孩子（娃）**遗**［i²⁴］了。　　4. 孩子（娃）把钥匙**掉**［tiɔ³¹］了。
   5. 孩子（娃）把钥匙**丢**［tiou²¹³］了。6. 孩子（娃）把钥匙**遗**［i²⁴］了。

7. 其他说法（_____）

D2 语法变项

D2.1 下面的句子，您一般用哪种说法（可多选）
1. 你把东西别［pɛ⁵³］掉了。　　　　2. 你别［pɛ⁵³］把东西掉了。
3. 你把东西别［pɛ⁵³］遗了。　　　　4. 你别［pɛ⁵³］把东西遗了。
5. 你把东西别［pɛ⁵³］丢了。　　　　6. 你别［pɛ⁵³］把东西丢了。
7. 其他说法（_____）

D2.2 下面的句子，您一般用哪种说法（可多选）
1. 我把你冇［mu³¹］认得。　　　　2. 我冇［mu³¹］把你认得。
3. 我冇［mu³¹］认得你。　　　　　4. 其他说法（_____）

D2.3 下面的句子，您一般用哪种说法（可多选）
1. 他把我不当回事儿。　　　　　　2. 他不把我当回事儿。
3. 他把我冇［mu³¹］当回事儿。　　4. 他冇［mu³¹］把我当回事儿。
5. 其他说法（_____）

D2.4 下面的句子，您一般用哪种说法（可多选）
1. 这个主意美得很！　　　　　　　2. 这个主意好得很！
3. 这个主意美得太！　　　　　　　4. 这个主意美得太太！
5. 这个主意好得太！　　　　　　　6. 这个主意好得太太！
7. 这个主意成得好！　　　　　　　8. 其他说法（_____）

D2.5 下面的句子，您一般用哪种说法（可多选）
1. 咱这些人的生日最大不大起他的。　2. 咱这些人的生日最大大不起他的。
3. 咱这些人的生日最大不大过他的。　4. 咱这些人的生日最大大不过他的。
5. 咱这些人的生日最大冇［mu³¹］比他大的。
6. 其他说法（_____）

D2.6 表达今年麦子的收成不如去年时，您一般用哪种说法（可多选）
1. 今年的麦子不胜去年（头年）。　　2. 今年的麦子不攀去年（头年）。
3. 今年的麦子不如去年（头年）。　　4. 今年的麦子撵不上去年（头年）。
5. 今年的麦子赶不上去年（头年）。　6. 其他说法（_____）

D2.7 表达自己不如张三高时，您一般用哪种说法
1. 我不胜张三高。　　2. 我不攀张三高。　　3. 我不如张三高。
4. 我撵不上张三高。　5. 我赶不上张三高。　6. 我没有张三高。
7. 其他说法（_____）

第五章 语言本体调查方法及注意事项

D3 语音变项（请用蒲城山东话读以下例词和例句）

D3.1.1 声母

例词	读音	例句	读音	例词	读音	例句	读音
饥**饿**		你**饿**不**饿**，吃点东西不吃。		**杯**子		玻璃**杯**容易碎。	
讹诈		他不好上做生意，经常**讹**人。		老**伴**		我俩作**伴**来的。	
高**矮**		那个桌子溜**矮矮**儿。		**避**开		他老是**避**着我。	
挨边		俺村和［xɑŋ⁵⁵］他那个村**挨**着。		水**波**		这些是**波**浪线。	
我们		**我**们吃知了，他们不吃。		**规**定		一个地方有一个**规**矩。	
鹅肉		我们这里也养**鹅**。		**跪**坐		过年要给老人下**跪**磕头。	
碍事		他老是**碍**手**碍**脚的。		**柜**子		我前日买了个大衣**柜**。	

D3.1.2 声母

例词	读音	例句	读音	例词	读音	例句	读音
作**践**		他经常作**践**自己。		**绕**路		他说话从来不**绕**弯子。	
推**荐**		我们推**荐**他当代表。		**乳**奶		孩子（娃）的**乳**牙都长齐了。	
逐**渐**		天气**渐渐**热起来了。		**揉**弄		他把眼睛都**揉**红了。	
饯行		我们给你**饯**行。		软**弱**		孩子（娃）身体**弱**，老生病。	
贱皮子		好货不**贱**卖，**贱**卖无好货。		**嚷**叫		他遇点儿事就到处**嚷嚷**。	
				自**然**		人个都用天**然**气取暖。	

D3.2 韵母

例词	读音	例句	读音	例词	读音	例句	读音
毛**乱**		屋子里头**乱**糟糟的。		**努**力		大家再**努**把力。	
峦丘		这一带山**峦**多得很。		**录**像		手机也能**录**音。	
孪生		他俩是**孪**生兄弟。		冲**突**		他在学校成绩**突**出。	
鸡**卵**		村里有的路铺的是鹅**卵**石。		胀**肚**		孩子（娃）经常**肚**子疼。	
恋念		现在年轻人早早就谈**恋**爱了。		**祖**宗		俺**祖**先是从昌邑来的。	
劣等		这些是**劣**质水泥。		发**怒**		你可不敢激**怒**他。	

D3.3 声调（调值）

例词	读音	例句	读音	例词	读音	例句	读音
扩大		扩充门面。		设计		衣裳设计得好看。	
失败		俺们都会失败。		认识		他识字识得多。	
横幅		墙上挂了幅画。		福气		她是个有福的人。	
成绩		他学习成绩突出。		交给		俺把钥匙给你。	
火烛		俺买了根蜡烛。		各自		各自都有各自的好。	

习题

1. 简述汉语方言字音调查法的特点。
2. 简述字音调查法的优点和不足。
3. 为什么说词表和词语调查法是两种不同的调查方法？
4. 词表调查法有哪些特点？
5. 词语调查法有哪些特点？
6. 语法大纲调查法有哪些特点？
7. 举例说明综合调查法的特点。
8. 简述描写语言学和传统汉语方言学选择调查点和调查对象的特点和局限性。
9. 社会语言学选择调查点和调查方法有怎样的特点？
10. 举例说明调查工具选择对调查结论的影响。
11. 汉语方言调查为什么要整理同音字表？
12. 应当怎样对待发音人提供的语言材料？
13. 简述筛选方言特色词的主要步骤。
14. 获取长篇话语材料需要注意哪些问题？
15. 结合学习和调查实际，指出附录一"河北省清西陵地区西陵话（北京官话方言岛）文白异读专项调查表"的特点和不足。
16. 结合学习和调查实际，指出附录二"陕西省蒲城县胶辽官话方言岛方言变异调查问卷"的特点和不足。
17. 结合熟悉的语言或方言，设计一份语言本体专项调查词表或问卷。
18. 结合熟悉的语言或方言，设计一份语言变异调查词表或问卷。

第六章 语言生活调查的主要内容和方法

语言生活主要指语言文字在不同类型社区、不同社会群体日常生活和特定行业或领域中的使用，不同群体对语言文字本身及其使用的语言态度、使用需求、发展期望以及与语言使用者身份建构相关的语言认同。

欧美语言学界很少将"语言生活"作为特定术语，通常用"语言状况""语言调查""语言生态"等指称相关的调查研究；日本的语言生活调查研究起步较早，后来成为其社会语言学的研究重点之一。我国学者早期多用"语言使用状况""语言国情"等指称这类研究。20世纪80年代末，随着相关领域调查研究的不断拓展和深化，语言生活概念逐渐被我国学者所采用（陈章太，1989），并有逐渐扩展其概念外延的趋势（李宇明，2016）。近20多年来，我国语言政策和规划、普通话和汉语方言、少数民族语言、外语和二语教学等领域不断涌现出语言生活的调查报告及研究个案。以"语言生活"为关键词，中国知网中文数据总库显示，2000—2020年期间收录的论文总数318篇，其中学术期刊论文165篇，学位论文108篇，学术辑刊论文22篇，特色期刊论文16篇，会议论文7篇。扩大搜索范围，相关成果的数量更多。可以说，语言生活调查研究已经发展成为我国语言学的一个特色研究领域。

语言生活调查主要涉及社区、行业或领域（包括特殊领域）以及群体（包括特殊群体）三个相互关联的维度。不同维度的调查研究都应当聚焦并服务于语言文字使用的主体——普通民众以及不同行业或领域的工作者，这是语言生活调查应有的语言价值观。社区调查的基本单位是语言社区（包括虚拟语言社区），主要目的是描述不同类型社区居民日常生活领域的语言文字使用状况、语言态度、语言认同等问题；行业或领域调查的基本单位是不同行业、部门或机构，主要涉及教育、行政、司法、传媒、文化、宗教和一些特殊领域的语言文字使用状况，以及相关群体的语言态度、语言认同等问题；群体调查的对象是不同类型的群体，如公务人员、教师、学生、外企员工、进城务工者等，主要调查其语言文字使用、语言态度、语言认同等问题。有时，群体与社区、行业或领域的调查对象重合，但调查目的不同，调查切入角度、调查对象的侧重也不同。

根据调查目的，语言生活调查既可以是多维度的综合调查，也可以是单维度的专题调查。无论何种维度，调查点和调查对象的选择都应当以问题为导向，即在提出有价值研究问题的基础上，选择具有代表性的调查点和调查对象，通过相关调查数据和不同类型个案的对比分析，建构理论认识。比如，随着我国改革开放的深化、城镇化进程和人口流动速度的加快，一些群体如生态保护形成的各类移民、人口流动形成的进城务工群体等，普遍面临着语言文化适应和身份建构问题。以此为问题导向，可以选择不同类型移民社区作为调查点、不同类型进城务工者作为调查群体。本章主要从社区、行业或领域以及群体三个维度，综合论述语言生活调查的主要内容、调查方法和注意事项。

第一节　日常生活领域的综合调查

日常生活领域综合调查的对象主要是普通民众，他们都有固定的居住社区和特定的语言社区，其语言（包括文字，下同）使用首先体现在日常生活领域。因此，语言社区是日常生活领域调查的基本单位，调查内容包括特定社区内不同群体的语言文字习得、习得环境和途径，语言文字能力，在不同场合、针对不同话题与不同交际对象的语言文字使用状况，语言文字需求及相关的语言态度、语言认同等。

一、语言社区维度

语言社区调查首先应当考虑调查规模及调查点的选择。调查目的不同，调查规模和调查点的选择就会有差别。

就调查规模而言，可以将行政村、乡镇以及县旗区范围的调查看作小规模调查，地州盟市范围的调查看作中等规模调查，省市自治区乃至全国范围的调查看作大规模调查。立足于问卷调查，无论何种规模，都应当以语言社区为基本调查单位，以代表性和可操作性作为选点依据。

不同语言社区的语言使用存在差异，研究者需要依据调查目的选择相应的语言社区作为调查点。立足于社区入户问卷调查，调查点的选择可以有不同角度，比如民族分布、语言使用、居住形式、生产方式等。

依据民族分布特点，语言社区可以分为民族聚居区、杂居区和散居区；依据语言使用类型，可以分为单语或单方言区、民汉双语或多语区、普通话和汉语方言双言或多言区，以及特殊语言或方言区（如混合语或混合方言区、语言或方言边缘区、语言岛或方言岛）等。依据居住形式，可以分为城镇社区（新城区、老城区、开发区、城中村

第六章　语言生活调查的主要内容和方法

等)、农村社区。依据生产方式，可以分为纯农业区或纯牧业区、半农半牧区、移民社区等。不同角度既可以单独考虑，也可以综合考虑，而且可以依据调查目的和调查地的实际情况适当变通。

(一) 小规模调查的选点

以蒙古族语言生活调查为例。根据民族分布特点，应当主要选择蒙古族聚居区（蒙古族人口占多数、蒙古语是优势语的地区）和多民族杂居区（蒙古族占一定比例且有蒙古族社区和蒙古语使用环境的地区）作为调查地，从中选择不同类型的代表性调查点。蒙古族散居区是否作为入户问卷调查点，视调查目的而定。如果全面调查蒙古族语言生活，散居区可以不作为社区入户的问卷调查点，但需要从中选择典型调查点进行实地观察、做结构性访谈；如果重点调查散居或杂居地区蒙古族语言生活，则需要将其作为社区入户问卷调查点。根据语言使用特点，可以从蒙古语单语区、蒙汉双语区、蒙汉及其他少数民族语言多语区中选择调查点。根据居住形式和生产方式，城镇地区可以选择蒙古族人口较多的老城区、新城区、开发区、城中村、城镇移民安置点等作为入户问卷调查点；农牧区应当选择牧业区、农业区和半农半牧区的乡镇（苏木）或行政村（嘎查）作为入户问卷调查点。如果是某一专项的个案研究，也可以只选择一个典型的社区比如行政村或城市社区作为调查点。

(二) 中等规模调查的选点

以内蒙古自治区蒙古族人口居第二位的赤峰市为例。赤峰市被城区和农业区分割为西北部、北部和南部三个区域，蒙古族人口共82万人。北部和西北部五旗约30万人使用蒙古语；巴林左旗蒙古族人口最多，因地处农业区和矿区，只有几个蒙古族聚居的苏木保留了蒙古语；克什克腾旗蒙古族人口不多，但相对聚居，且以牧业生产为主，较好地保留了蒙古语；翁牛特旗蒙古族聚居于旗内东北部牧区，保留了蒙古语；阿鲁科尔沁旗和巴林右旗也较好地保留了蒙古语。南部地区40万蒙古族人口中，只有一两万人保留蒙古语，其中松山区是蒙古族人口大区，但近10万蒙古族人口已转用汉语；蒙古族人口最多的喀喇沁旗，只有一个村庄的200余人和其他几个村庄的部分老年人保留和使用蒙古语，其余10多万人已转用汉语；敖汉旗3万多蒙古族人口中，只有最北部的敖润苏莫苏木有近5000人使用蒙古语；宁城县有近1万人使用蒙古语，且是南部旗县中唯一保留蒙古语授课学校的地区（百度贴吧，2018）。如果全面调查赤峰市蒙古族的语言生活，就需要在上述有蒙古族分布和蒙古语使用区中选择不同类型的调查点。局部保留蒙古语的地区如个别牧业苏木和极少数农业或半农半牧村庄，既可以作为普遍调查的选点，也可以作为考察蒙古语保留原因的专项调查点。

(三) 大规模调查的选点

以内蒙古自治区蒙古族语言生活调查为例。依据调查目的、内蒙古的区域特点和民族分布状况，应当从东部、西部和中部的全部 12 个盟市中选择调查点。包头市（汉族占 94.31%，蒙古族占 3.21%）、呼和浩特市（汉族占 87.16%，蒙古族占 9.98%）蒙古族人口较少，且很少有蒙古族聚居的语言社区，可以不作为社区入户调查的选点城市。包头市有蒙汉双语教学的蒙古族完全中学，可以将其作为双语教育专项调查的选点；呼和浩特市作为自治区首府，不仅有不同学段的蒙汉双语学校，而且使用蒙古语文的出版、传媒、文化等机构齐全，应当作为行业或领域调查的重点。立足于社区入户问卷调查，假设选择赤峰市作为东部蒙古族调查地，至少应当分别选择一个农业旗县和一个牧业旗县，比如在赤峰市南部的宁城县选择农业调查点，在北部的阿鲁科尔沁旗选择牧业调查点。根据聚居程度，可以将蒙古族占当地总人口 50%—90% 的地区视为聚居区（牧区的蒙古族比例可能更高）、20%—50% 的地区视为杂居区、20% 以下的地区视为散居区。有些地区蒙古族人口比例较高，但已整体转用汉语，不必从中选择社区调查点，如赤峰市松山区。一些社区只有少数老年人保留蒙古语，已出现代际传承的断层，这类社区可以作为蒙古族语言兼用和转用或蒙古族语言文化保护的专题调查点。

如果调查全国范围的蒙古族语言生活，应当综合考虑有蒙古族人口分布的八个省区（内蒙古、辽宁、吉林、黑龙江、新疆、甘肃、青海、河北），并依据各省区民族分布的特点选择调查点。东三省、青海、新疆和甘肃的蒙古族生活在民族杂居区，其主要分布特点是大杂居、小聚居；河北省的蒙古族社区基本属于语言文化孤岛类型。根据整体调查需要，综合考虑人口、生产方式、居住类型、蒙古语方言分布及其使用特点，上述省区都需要选择不同类型的社区作为入户调查点。八个省区之外的北京市未形成蒙古族聚居社区，可以只做专题调查，如出版和传媒领域的蒙古语文使用调查。

(四) 选点注意事项

代表性调查点的选择与调查目的有关。每个地区都有特殊性，因此，需要根据各调查地的特点区别对待，并可以适当变通。关于调查点的选择及注意事项，见本书第七章。总体而言，选择调查点应当具有学术敏感性和宏观视野，并且以问题为导向，同时兼顾以下方面：(1) 民族分布状况；(2) 社区类型（语言使用、居住类型、生产方式等）；(3) 地理环境；(4) 周边语言文化环境。

需要注意的是，选择调查点应当以行政单位或基层群众性自治组织比如城镇社区、乡镇行政村为依据，而不应以自然单位比如居民小区、自然村为依据。城镇居民小区是自然单位，其基层群众性自治组织是居民委员会（或社区居委会），一个居民委员会可能由若干居民小区构成，比较大的小区可能独立构成居民委员会；居民委员会的上级主管单位是街道办事处，一个街道办事处由若干居民委员会构成。农牧区的基层群众性自治组织是村民委员会（即行政村或嘎查），自然村是自然单位，一个村民委员会一般由多个自然村或村民小组构成，比较大的自然村可能独立构成行政村；村民委员会的上级主管单位是乡镇（苏木），一个乡镇（苏木）由多个村民委员会构成。因此，城镇应当以街道办事处或居民委员会为调查单位，农牧区应当以乡镇（苏木）或行政村为调查单位。

虚拟社区指网络语言社区，其语言生活的调查除了在特定虚拟社区内进行一定时段的跟踪观察外，还需要将其语言使用特点、语言变异项、语言态度、语言认同等作为调查问题，在实体语言社区及不同群体中进行访谈和问卷调查，目的是描述虚拟社区语言生活的特点，对比它与实体社区语言生活的共性和差异性，揭示两类社区语言生活的互动关系和相互影响。

二、群体维度

日常生活领域的调查主要以社区为单位，采用实地观察、访谈和问卷调查等方法进行调查。实地观察的内容主要分两类：一类是观察调查点的地理位置，周边语言文化环境，住户的布局，语言景观特别是社区居委会或村委会的各类公示栏、宣传栏、标语等；另一类是户访过程中观察调查对象家庭的语言媒体设备及家庭成员的语言交际情况。访谈的内容也分两类：一类是入户前访谈社区居委会或村委会干部及当地文化精英，目的是进一步了解调查点的基本情况、核实人口等数据、确定户访对象和问卷抽样方案；另一类是户访和问卷调查过程中对调查对象的一般性访谈和深度访谈，访谈内容应围绕语言生活的调查主题进行。问卷调查的抽样需要按调查地户籍人口的总体特点抽取样本，而且应当采用入户一对一访谈式问卷调查法。根据调查样本的需要，每户只能选取一名问卷调查对象。比如调查蒙古族语言生活，应当以户口在调查地的蒙古族家庭（包括族际通婚家庭）作为户访和问卷调查对象。调查特殊社区不一定以居民户口作为抽样依据，比如调查河南省镇平县石佛寺镇维吾尔族聚居的天下玉源社区。天下玉源社区内维吾尔族居民的户口均在新疆，为便于管理和服务，镇平县将长期居住在石佛寺镇做玉石和餐饮生意的维吾尔族及其家属统一安置在天下玉源社区（王远新，2020）。

（一）样本数量

入户调查样本量视调查点居民的社会属性、语言使用的同质性高低而定。调查点的居民社会属性和语言使用状况越复杂，样本的同质性就越低，反之亦然。为保证样本社会变量的代表性和均衡性，同质性越低的社区，抽取的样本量应该越大；同质性高的社区，样本量可以少一些。比如蒙古族高度聚居的纯牧业村，牧民的社会属性和语言使用类型均比较单一，抽取的样本量可以比民族杂居村、城市多民族杂居社区少。也就是说，社会属性和语言使用类型较单一的社区，样本量可以相对少一些。即便同质性很高的调查点，样本量也应当在30个以上；随着调查点同质性的降低，就要适当增加样本量。社会变量主要涉及民族成分、性别、职业、年龄和语言背景等。民族聚居社区的民族成分较单一，性别和语言背景涉及男性和女性、单语人和双语人（或多语人），年龄涉及老中青三代，每个分层有10个以上样本，就可以大致推及社区语言生活的总体特点。同质性较高的调查点，即便将样本量扩大一倍，调查结论也应该是一样的。民族杂居村和城镇民族杂居社区居民的民族成分、职业类别、语言背景比较复杂，调查对象的同质性比民族聚居的农牧社区要低。为均衡不同社会特征的调查对象，应当增加样本量，一个调查点一般应不少于50个样本。比如民族成分和职业类别各有5个分层，每个分层至少保证10个样本，就可以大体保证不同类型样本的代表性。考虑到二次数据分析，不同类型的调查点均可以根据社会分层的实际适当增加样本量。总之，样本要能推及社区成员社会特征分布的总体。换言之，只有不同社会变量均衡分布的样本，才是具有代表性、能够推及社区总体的样本。

这是就某一调查点即某一特定语言社区的样本量而言的，一项综合性或专项调查，一般都要选择若干不同类型的代表性社区或群体。这样，总样本量就会随着调查点即代表性调查社区的增加而增加。调查规模越大，总样本量也就越大。

应当注意的是，社区入户调查必须以户为单位，在户访的基础上，根据调查点样本量的需求，从每户中选取一位合适的成员作为问卷调查对象，即一户只能抽取一个样本、做一份问卷。否则，问卷设置的问题和选项中的很多答案都会重复，问卷的信息量会大大降低。样本的抽取除考虑社会变量的均衡，还要考虑调查对象是否愿意或有能力配合调查。

（二）样本构成

1. 兼顾不同年龄段

立足于社会语言学社区入户问卷调查，15岁以下的人语言能力和语言认知尚未定型或成熟，年龄太大又难以配合完成问卷调查。因此，调查样本一般应当控制在15—69岁，并且可以分为老中青三个年龄分组，如15—34岁为青年组、35—54岁为中年组、55—69岁为老年组。可以根据调查项目和调查地实际，适当调整调查对象的年龄结构。如果调查点某一社会特征的调查对象较少，如青年组或老年组人口少，个别十三四岁、70岁左右的人也可以作为调查对象，并将其归入相应的年龄组。因为差一两岁，语言能力不会有明显的差异和变化。又如调查点长期外出务工的中年男性较多，可以根据实际相应地减少中年男性样本。如果是行业或领域的专项问卷调查，比如公务人员语言生活调查，年龄组的划分应当符合这一群体的总体特征，即可以将20—35岁、36—50岁、51—65岁分别归入青年、中年和老年组，也可以根据专项调查群体的实际做适当调整。无论综合性还是专项问卷调查，为了便于对比分析，同一类型不同调查点调查对象年龄组的划分应当统一。总之，年龄组的划分和调整，应当以符合调查点人口结构的总体特点为原则。

2. 兼顾不同受教育程度

受教育程度可以分为高等、中等和初等三个组，分组应当以调查地受教育程度的总体水平为依据。农牧区调查对象的受教育程度普遍较低，可以将未上过学和小学文化程度归入初等组、初中文化程度归入中等组、高中及以上文化程度归入高等组；城镇社区调查对象受教育程度较高，可以分为小学及以下、中学（初中、高中、中专和技校）、大专及以上文化程度三个组。如果是教师或公务人员专项调查，则可以分为中学、大专、本科及以上文化程度三个组。需要注意的是，同类调查项目，不同类型社区、不同行业或领域调查对象的年龄应当遵循统一的分组原则。

3. 兼顾不同职业

农牧区调查点一般不需要进行职业分类，村干部一般也是农村户口（下派或挂职干部除外），可以与农牧民归为同类调查对象。城镇调查点则需要进行职业分类，一般参考人力资源和社会保障部等部门联合编制的《中华人民共和国职业分类大典》（中国劳动社会保障出版社，2015年修订）中的职业分类标准，但需要根据调查地实际以及与语言生活调查的相关度做适当删减和归并。需要说明的是，如果是普遍性调查，农牧区和城镇社区的调查样本可以包括教师和学生；如果某一类型的调查中设有教师和学生专项调查，则不需要包括这两类群体。

4. 兼顾通婚家庭

调查民族杂居区的语言生活，需要考虑族际通婚家庭；调查边境民族地区的语言生活，不仅需要考虑族际通婚家庭，也应当兼顾跨国通婚家庭。族际通婚家庭和跨国通婚家庭的样本量，应当根据社区内通婚户数的比例确定。比如，调查点有10%的通婚家庭，通婚家庭的样本量也应当占总样本量的10%。

三、部门维度

除上述调查维度和注意事项，日常生活领域的调查还应当结合部门或机构访谈。正式调查前，应当走访调查地语言文字管理部门、民族宗教部门、教育部门、文史办、媒体管理部门和传媒机构，了解民族人口及分布、语言使用、学校教育和媒体语言使用的基本状况，还应当走访拟定调查点所属的街道办事处、居委会或乡镇、村委会，进一步搜集并核查调查点的信息和抽样方案，并请相关单位的人员协助调查，以便获得事半功倍的调查效果。

第二节 专门领域的调查

日常生活领域之外的行业或领域语言生活的专项调查同样涉及社区、群体和部门三个维度。专门领域的调查对象既包括与语言文字使用相关的部门、机构及其工作人员，也包括这些领域的管理和服务对象——普通民众。调查内容主要包括相关行业领域语言文字使用及其相关政策、法律法规的制定和落实，不同部门（党政机关、人大、政协、企事业单位等）、机构（官方或民间组织、群团组织等）及相关人员的语言文字使用状况和语言态度、语言认同等。调查方法涉及各类田野调查法，其中访谈法应当以结构和半结构访谈（深度访谈）为主。问卷调查既可以是部门或机构工作人员的独立专项调查，如公务人员普通话掌握、使用及语言态度调查，媒体语言文字使用状况调查，教师或学生语言文字使用和语言教育调查等；也可以作为语言生活整体调查的组成部分，即特定领域和群体的调查，并与社区入户问卷调查数据进行对比和印证。依据调查目的和需要，既可以调查一个部门或机构，也可以综合调查不同部门或机构。

一、行政和司法领域调查

（一）部门维度

狭义的行政部门指政府各职能部门及其下属机构，广义的包括各类公务系统如政府、党委、人大、政协、党群组织等，既包括公务员，也包括企事业编制人员。狭义的司法部门指法院和检察院，广义的包括公安局、检察院、法院、司法局及其下属机构

(派出所、人民法庭、司法所、公证处等)。行政和司法部门属政策制定和执行部门，负有上情下达、下情上传的职责。这些部门或机构既是语言文字使用主体普通民众的服务部门、相关领域的管理部门，也是对上级负责的职能部门。从语言生活调查角度看，行政、司法领域及其公务人员是语言政策、规划及相关法律法规制定和执行的服务方、管理方，普通民众则是被服务方和被管理方。

部门调查主要采用专题访谈法，包括两方面的内容：一是从相关部门或机构获取数据和文献资料，比如语言政策相关的法规、以通知等形式下发的文件、公开发布的政务文献，与语言文字相关的工作总结，调查地的基本信息（如地区概况、民族人口、社区分布、语言文字状况及其历史沿革）等；二是针对研究问题深度访谈相关部门或机构负责人和工作人员的语言使用状况及相关的语言态度。

访谈分一般性访谈和深度访谈两类。一般性访谈主要采用结构访谈法，包括与调查问题相关的重点和热点问题，民众普遍关注及政府部门亟待解决的问题。遇到与研究者实地观察或问卷调查数据不一致甚至相反的情况，需要针对这类问题展开全面深入的访谈。深度访谈即半结构访谈，主要涉及受访者负责或熟悉的与语言文字使用、宣传、服务等相关工作的问题。研究者既要获取部门或机构职责范围内的信息，即从公务角度了解语言生活的相关问题；也要了解访谈对象的语言态度和语言行为。此外，调查地的文化精英也应当作为深度访谈对象。一般而言，县级以上政府机构都设有史志办，政协部门设有地方文史资料办公室，一些地方还设有与语言文化相关的民间机构，如"非物质文化遗产"协会、民族文化学会等。这类机构的成员多是当地的文化精英或退休干部，熟悉当地的历史和现状。

受工作性质等因素制约，行政和司法部门调查的最大困难是"门难进"，加之公务人员工作繁忙、无暇配合，调查难度随之增加。因此，调查前取得对方的信任十分重要。研究者最好先找业务主管或对口部门，请他们出面协调，这比自己带着本单位介绍信直接去调查单位更有用。比如调查少数民族地区语言生活或双语教学问题，调查地民族宗教事务局或教育局及其下属单位语言文字工作办公室应是首选协调单位。汉族地区的语言文字工作办公室多设在教育局，民族地区的少数民族语言文字工作办公室多设在民族宗教事务局，有些省市自治区单独设立语言文字工作委员会或少数民族语言文字工作委员会。如能由党委或政府办公室、党委宣传部或统战部出面协调，更有助于相关单位配合调查。在做好协调和沟通的基础上，最好先做一般性访谈，并索要相关数据和文献资料，然后针对具体问题做深度访谈。

（二）群体维度

问卷调查法是行政和司法领域群体维度的调查方法之一，调查对象不仅涉及公务人员,也涉及公务人员的服务和管理对象普通民众。公务人员的问卷调查应当包括调查对象的客观信息(如个人、家庭以及工作信息等)、工作用语用文及相关的语言态度(如对行政和司法领域语言文字使用政策、规定、现状的评价及需求和期望等)。普通民众调查可以在日常生活领域的调查问卷中设置相应问题和选项,考察他们与行政和司法领域公务部门及其工作人员的语言互动,以及相关的语言态度、语言文字需求和期望等;也可以设计普通民众对公务人员语言使用、语言服务的评价和需求等专项问卷。公务人员(施事方)和普通民众(受事方)的调查数据、访谈材料相互印证,有助于揭示语言文字使用存在的问题及影响因素,并深化研究结论。

公务人员问卷调查的样本量一般应不少于 40 个。比如调查某县蒙古族公务人员的语言生活,乡镇以上在编公务人员和驻村干部都应列为调查对象,因为后者的编制、驻村前后的日常工作都与普通公务人员无本质差别。居委会和村委会干部不属于国家公务人员编制,不能作为公务人员问卷调查对象,只能作为语言社区入户问卷调查对象。如果专题调查民族杂居区某一民族的公务人员,而该民族的公务人员数量较少,可以适当减少问卷样本,但一般应不少于 30 个。公务人员的年龄及其分组应当与社区入户调查问卷的样本有差别,即不宜设定为 15—69 岁,而应是 20—65 岁,然后根据调查群体的实际分为青年组、中年组和老年组。也可以根据不同调查地的实际做适当调整,但同类调查应当按统一标准划分年龄组,以保证样本具有不同年龄组的代表性和不同调查项目的可比性。

无论部门专题访谈还是公务人员问卷调查,只要场合和调查对象合适,就可以因地制宜开展调查,不必局限于办公地点。

(三) 语言社区维度

语言社区的调查对象主要是行政和司法部门的服务及管理对象,即普通民众。语言社区的选择,原则上与日常生活领域的调查相同,但需要尽量避开公务人员比较集中的小区,如一些地方的"公务员小区",而应当选择普通居民社区。如果实在无法避开,应当选择非公务人员作为调查对象。

二、传媒和文化领域调查

传媒和文化领域的调查对象主要包括三类:一是与传媒和文化事业相关的政府管理部门、党委系统的宣传和外宣部门等;二是与传媒和文化事业相关的企事业单位,如广播电台、电视台、报社、出版社、杂志社、网络中心或各类官方和私营媒体等;三是传媒受众即普通民众。

传媒和文化管理部门属相关政策、法律法规的制定和执行部门，其工作人员一部分属公务员，一部分属企事业编制的公务人员。可以在普通公务人员的访谈和问卷调查中包括这部分调查对象，但重点应当放在与传媒和文化政策、法律法规制定，语言文字使用及管理工作等方面；也可以专项调查这类群体。与传媒和文化领域相关的企事业单位是语言文化产品的提供方，对其工作人员的访谈和问卷调查也可以包含在公务人员调查中，但应当侧重其业务工作，特别是语言文字和相关文化产品的服务方面。不同类型社区的普通民众是传媒和文化政策、法律法规的受惠方以及语言文字服务和文化产品的受众，可以在入户访谈和问卷调查中涉及这部分内容，即在访谈提纲和调查问卷中设置相应的题目。服务和管理方与政策受惠方、语言文化产品提供方与受众的调查资料和数据相互印证，可以全面了解调查地传媒和文化领域语言文字的使用状况、语言文化产品及其服务效果，不同群体接触语言文化产品的状况、评价和需求，媒体和语言文化产品对当地语言文字使用和发展的影响、媒体和文化发展存在的问题及影响因素等。

文化领域的调查还涉及文化管理部门、民间机构等组织的与语言文字相关的活动，调查内容主要包括当地文化事业和文化活动的语言文字使用状况、参与者的语言态度和语言文化认同等，调查方式与行政和司法领域相同。

三、教育领域调查

教育是系统工程，是全社会的事业，涉及千家万户和众多部门，因此，教育领域调查涉及的范围比较广。

（一）部门维度

教育部门和相关机构语言生活调查主要采用专题访谈法，且有纵向和横向两个角度。纵向调查主要指部门和机构的垂直访谈，如省市自治区级至县区旗级教育主管部门和相关机构。访谈内容主要涉及与教育相关的法律法规制定和执行等问题，以及与教育相关的田野文献，包括工作指导、部门总结、典型材料和相关数据等。横向调查主要指调查地教育部门和相关机构的访谈。比如，调查某县双语教育和教学问题，首先要访谈县教育主管部门，以及与教育相关的民族宗教、语言文字工作、少数民族语言文字使用（翻译机构和传媒单位）等部门，其次要访谈政策执行部门和相关群体，如不同级别或类型的教育机构和学校，教师、学生及学生家长等。

不同部门的职能属性和工作侧重点不同，各自的关注点有区别。相关单位及其工作人员看待双语教育和教学的立场与角度不同，对某些问题的看法和行为也会有差异。一般而言，教育主管部门多强调国家意识和教育制度的国家设计、国家通用语言文字教学及教学效果，更加关注学校和学生的普遍竞争力；少数民族语言文字管理、工作和使用部门多强调少数民族语言文化的特点，更加关注学校、学生及民众的少数民族语言文字使用和地方文化的传承。因此，兼顾访谈部门的结构性和层次性，有助于全面了解不同部门和群体的态度与行为，以及二者之间的复杂关系，更准确地揭示相关领域语言文字政策和法律法规、语言文字使用和发展、语言文字教育和教学等状况、存在的问题及影响因素。

（二）群体维度

教育领域的调查，可以通过各级教育主管部门领导、学校管理层人员、教师、学生及其家长的访谈和问卷调查，获取相关的数据和材料。

访谈方面。不同群体有各自的需求和期望，对同一问题会有不同看法。比如教育主管部门与学生家长因立场和态度、需求和期望有差别，看问题的角度不同，对某些问题的看法也会有差异。因此，兼顾访谈部门的层次性、访谈对象的多样性和代表性，采用结构访谈法做全面深入的调查，才能从不同侧面了解不同部门、不同群体的态度和行为及其复杂关系。在此基础上，研究者针对不同立场、态度和行为做出恰当分类，揭示存在的问题，考察影响语言文字学习、双语教育和教学的主观与客观以及宏观与微观因素，提出的对策建议才会有针对性。这是保证访谈全面性、客观性和真实性的重要环节，也是落实访谈提纲的必要途径。访谈内容既要包括一般性的材料和数据，也要挖掘典型个案，并发现新的线索和研究问题。

问卷调查方面。教育主管部门工作人员、教师和学生以及学生家长都应当作为调查群体。如果教育主管部门的工作人员数量有限，可以将其包含在公务人员问卷调查样本中。教师群体较庞大，不仅是调查地重要的语言使用群体，也是教育和教学的主要实施者，因此，应当将教师列入专项问卷调查群体。调查样本的选择，既可以是调查区域内（如全县范围）不同类型学校的教师，也可以是某所学校（最好是十二年一贯制学校）的教师。如果是语言生活的全面调查，学校调查点的选择应当考虑当地语言或方言的分布特点，还需要与社区调查结合起来。社区调查点选择城镇和农牧社区，也需要选择相应的学校作为调查点，调查对象应当包括学校各级领导和各科任课教师。比如调查学校双语教学模式及其教学效果，不能只以汉语文或少数民族语文教师为调查对象。课程设置具有系统性，语文教学及教学效果会影响各类课程甚至课外活动，因此，需要考察不同科目授课教师、学校各级领导对教学模式与教学效果的评价以及相关的需求和期望。学生家长对学生择校、教学模式选择以及学习成效有直接的影响，因此，也应当将其作为问卷调查对象。

学生问卷调查应以高中生作为调查对象，一是他们经历了不同学段的学习，对语言教育或双语教学有切身的感受；二是他们的认知和理解能力能够保证问卷调查的顺利实施。初中生和小学生的调查，应当主要采用听课观察、访谈等方法。

(三) 语言社区维度

调查语言教育和教学问题，除教师和学生专项问卷调查，还应调查学生家长的语言生活。一般而言，在社区入户问卷中设置几个相关题目以及相应的选项，目的是了解学生家长对子女所在学校语言教育和教学的评价、需求和期望，以及对子女择校的看法和选择、对学校教育和相关教学模式的评价和期望、对子女未来的规划、对语言教育政策的看法和建议等。不同类型社区户访和问卷中与学校教育及教学模式、教学效果相关的调查内容，可以作为家长对相关问题的反馈。这些数据和资料还可以在一定程度上说明影响学校语言文字教学以及学生学习效果的社会因素，如社区和家庭的语言使用环境，以及家长态度对子女语言文字学习、学习成效的影响等。选择社区调查点时，由于已有教师和高中生的专项问卷调查，因此，应当尽量避免选择教师比较集中的社区，比如有些地区的教师公寓、"教师之家"；调查对象也应当避开教师和高中生。

第三节 特殊领域和群体的调查

特殊领域语言生活的调查既可以包含在社区语言生活的综合性调查中，也可以做专项调查，比如宗教领域语言文字使用以及相关的语言态度、语言认同调查。有些调查内容比如语言景观调查，既可以包含在广义行政司法领域的调查中，也可以做专项调查。特殊群体如宗教从业者、自媒体从业者或其他新兴群体，他们与一般领域或行业从业群体的语言文字使用、语言态度和语言认同会有一定差异；外企员工语言使用和语言态度、进城务工者或各类新兴移民社区居民的语言文化适应、留学归国人员的语言文化认同等，均可以归入特殊群体的专项调查。一些新兴的语言生活内容也可以归入特殊领域或群体的调查，如虚拟空间或网络语言生活、新媒体语言生活调查等；网络语言、新词新语、字母词、中学生流行语等语言项目的调查，也可以包含在新兴语言生活的调查之中。

一、特殊领域调查

宗教领域调查可以选择特定场合（寺院、清真寺等）做实地观察和访谈，也可以做专项问卷调查，同时还需要结合部门和社区调查。比如，宗教管理部门的文献搜集和专题访谈、社区入户访谈和问卷调查中设置与宗教领域语言文字使用及相关的语言态度和语言认同问题，一些地区还需要专题调查宗教教育机构的宗教教育和教学问题，目的是了解宗教从业者和信仰者的语言文字学习途径、语言文字能力、语言文字使用、语言态度和语言认同等问题。上述调查数据和材料相结合，可以较全面地描述调查地宗教和宗教教育领域语言生活的特点。

语言景观指特定区域即公共空间和场所的语言文字使用（尚国文、赵守辉，2014），我国习惯称作社会用语或社会用字。调查内容主要涉及机关牌匾、商业招牌、路牌、指示牌、公益广告及各类服务窗口（包括电子显示屏）、宣传栏或公示栏、横幅等的语言文字使用，还可以包括机关信笺、公文题头、各类媒体的标识和标题等。语言景观调查既可以作为行政司法领域调查的组成部分，即作为公共语言服务的内容，以此观察行政司法领域语言生活的特点；也可以作为特殊领域的专项调查即作为语言生活的一种形态，观察公共空间和场所语言文字的使用状况、特点和规律，描述语言文字的表层信息功能，揭示其蕴含的政策取向、受众态度和需求等深层意义。

语言景观调查主要采用实地观察法（搜集影像和图片材料等）、专题访谈法（访谈管理和执法部门、语言景观制作方，如语言文字工作委员会或办公室、工商局、城管局以及牌匾制作公司，搜集相关文献资料和数据，了解工作人员的语言文字态度），还可以做专项问卷调查。语言景观调查既需要全面观察，获取牌匾、标识、广告等的语言文字使用数据和典型例证，也需要选择代表性街道或商业中心、旅游景点等做局部的数据分析，以"解剖麻雀"的方式验证整体观察的结论。关于语言景观的评价、需求和建议等，既可以选择代表性群体作专项调查，也可以在社区入户调查、领域或行业专项调查的访谈提纲和问卷中设置专门问题做普遍性调查。具体而言，依据观察、访谈获取的资料和数据，发现的问题和形成的初步认识，设计专项访谈提纲和调查问卷，重点调查语言景观设计的理念和动机、受众的感受和态度、需求和期望等。这样，可以将研究者对"公共场景物化"的观察与"群体主观态度"的调查数据结合起来，丰富调查内容、深化认识。文献资料、访谈观点、影像图片和问卷数据分析相结合，能够较全面反映调查地语言景观的现状及其信息功能和象征意义，以及不同群体对政府语言服务的满意度和需求，揭示存在的问题，分析影响因素，提出对策建议。

二、特殊群体调查

特殊群体如外企员工语言使用和语言态度调查,既可以将某个外企单位看作独立的语言社区,以管理者和员工为调查对象,采用实地观察、专题访谈和问卷调查法做全面调查,如能以实习生身份或其他身份参与观察,调查效果更佳;也可以将不同类型的外企单位作为对比调查点。进城务工者的语言文化适应、留学归国人员的语言文化认同、中学生流行语、特定网络群体的网络语言使用特点等,均可以归入特殊群体的专项调查。网络语言调查应当以经常接触网络的群体为调查对象,并按其社会特征分为不同群体,观察他们网络语言使用及相关语言态度、语言认同的共性和差异。

第四节 进一步说明的两个问题

一、濒危语言调查

有些语言已处于极度濒危状态,不用于交际,只存在于个别老年人的记忆中。这类语言常常是语言保护的重点,研究者记录和描写语言材料,将这类语言作为文化品种永久保存下来。从语言功能调查角度看,通过文献梳理、实地观察和访谈,就可以了解濒危语言的使用状况,是否有必要做入户问卷调查?我们认为,为更全面了解濒危语言使用的历史、现状及走向(比如是继续走向濒危直至消亡,还是通过不同形式继续保留甚至逐渐恢复)、揭示影响其发展的因素(比如语言环境、本族人的语言态度和语言行为、对当地语言文化政策和保护措施的看法及建议等),有必要做入户问卷调查,并采用综合调查法,将社区入户问卷调查、本族和其他民族不同群体的专项访谈结合起来。访谈提纲、调查问卷设置的问题和选项,应当与语言活力较强的民族语言生活调查有所区别。比如,不必包括调查对象本族语的能力,针对不同交际话题、交际对象和使用场合的本族语使用问题,而应当将不同社区、领域和群体语言使用者的语言态度及态度比较作为调查重点,描述和分析影响语言发展的外部环境及内在因素。具体而言,以当地政府为保护濒危语言制定的政策和采取的措施、本族人为保护本族语做出的努力、其他民族的态度等,作为访谈提纲和问卷设置的问题及评价指标。比如,当地政府和民间组织采取的措施(设立非物质文化传承机构、培养非物质文化传承人、举办语言学习培训班等),专家学者或当地文化精英编写的语言词典、记录的语言材料等。问卷调查数据可以从整体上反映濒危语言在当地人心目中的地位、保护的必要性、保护措施是否得当或有效等信息。将问卷调查结论与访谈法、观察法获得的材料和案例相结合,可以揭示影响濒危语言发展的因素。换言之,以态度为主的问卷调查数据,可以与深度访谈、实地观察获取的材料相互印证、相互补充,从而深化对语言濒危过程、原因及其发展趋势的认识。

二、高同质性社区语言生活调查

调查语言或方言本体,常在语言或方言腹地选择偏僻的社区作为调查点。因为这类地区民族成分的同质性高,与外界接触少,受其他语言或方言的影响不大。调查语言生活,民族杂居区的民族成分和语言使用状况比较复杂,调查内容、变量和可供对比的维度较多,结论也比较丰富。因此,民族杂居区比单一民族聚居区更能吸引语言生活研究者的目光。

民族杂居区语言生活调查有两个侧重点:一是全面调查杂居区内不同民族的语言生活状况;二是以杂居区内某一民族的成员为调查对象。后者又有两种调查方案:一种是在某一民族大规模调查中选择民族杂居区内的这一民族成员作为调查对象,调查数据和结论服务于大规模调查;另一种是小范围、小规模专项调查,这类调查以多民族地区内的某一民族为调查重点,也可以扩大调查范围。因为杂居区内不同民族的分布环境和语言使用会相互影响,其语言使用与单一民族聚居区内同一民族的语言使用有明显差异。全面关注杂居区不同民族的语言使用状况,并从不同角度加以对比,可以更好地揭示民族杂居区内某一民族语言生活的特点,而且可以与聚居区同一民族语言生活的特点作对比。

本族语活力较强的单一民族聚居区,语言使用的同质性很高,即便有少量的其他民族成员,他们也会以聚居地主体民族语言为交际语。与之相应,调查内容、变量和可供对比的角度也比较简单。研究者只需要做试调查,甚至通过文献资料和个别访谈就可以大体了解当地的语言生活状况。既然如此,为什么还要花费力气去实地做全面系统的调查?调查这类地区的语言生活有多大意义?对此,可以从科学实证和认识积累两方面加以解释:

第一,科学实证的需要。采用科学调查方法、经过实地调查获取的数据以及在此基础上得出的结论,与非随机即主观性观察和访谈获得的认识或通过间接途径获取的信息有本质差别。前者具有实证性,可信度高;后者的结论或认识即便是对的,因为不具实证性,他人无法验证,可信度不高。就此而言,任何可靠的结论,都必须有科学实证的支持。

第二，积累认识的需要。学术研究需要逐步积累，正确的认识需要通过不同类型的个案对比或从不同角度加以验证，并在长期观察、实践检验和科学研究的基础上提炼总结。缺乏不同类型个案的积累和对比，只是凭借感性经验、表面现象的推测或少数调查个案，难以得出全面、准确和深入的认识。

弥补调查点同质性高、调查结论简单化缺陷的途径主要有两条：

首先，增加选点数量和类型。增加同类型和不同类型的对比个案，可以扩大调查范围和样本量、增加对比项目，并以此观察同类型内部和不同类型之间的差异。从同类型的个案对比看，同质性较高的不同调查点，地理位置、生态环境、交通条件、经济发展程度、周边社会人文环境等因素，都会影响调查对象的语言能力、语言使用和语言态度，从而影响不同调查点的语言生活状况及其发展趋势。从不同类型的个案对比看，如生态移民社区、牧业聚居社区、农业聚居社区、半农半牧社区、城市社区、城中村等，均可以从不同角度作对比分析，从而提炼不同类型调查点语言生活的共性和差异性。总之，增加对比个案，有助于深化认识、丰富研究结论、概括更高层次的理论观点。

其次，增加访谈广度和深度。访谈广度指访谈人数和访谈对象的类型；访谈深度指在一般访谈的基础上，扩展和深化既定的访谈内容及相关问题。同质性高低是相对的，同质性高的调查点，其内部也会存在差异，通过深入细致的访谈可以发现有对比价值的问题。这样，既能够挖掘细节、发现新问题、获得更加全面的材料，又可以弥补问卷调查数据和结论表面化的不足，深化相关研究。

第五节 本章小结

语言生活的田野调查涉及社区、领域或行业、群体三个维度，三个维度各有侧重，相互关联，既可以做综合性调查，也可以做专项调查。比如社区或特殊群体调查往往离不开行政、司法、传媒、教育、文化等领域的调查；又如教育专项调查应当结合行政、司法、传媒等领域的调查，这些领域会涉及双语或专业人才问题，这就需要调查双语教育政策、教学模式、人才培养等情况，分析上述领域双语或专业人才培养的影响因素，提出具有针对性、可操作性的对策建议。

本章重点论述了不同类型社区、相关领域或行业及不同群体语言生活调查的主要内容和方法，认为无论何种类型的语言生活调查，都应当以问题为导向，即便同一项调查也应当综合使用不同的调查方法。比如学校语言教育和教学调查,除采用实地观察、访谈和问卷调查法,还可以作为志愿者在所调查的学校任教一个学期或一个学年。调查外企员工的语言使用和语言态度,如果能以实习生或其他身份在外企工作一段时间,进行参与式观察,不仅可以获取大量的真实材料和数据,感悟也更为深刻。语言生活调查既要遵循特定的原则,也可以根据研究目的和实际情况灵活运用或适当调整调查方法。此外,本章还就濒危语言调查和高同质性社区语言生活调查问题做了进一步说明,阐述了研究价值以及调查注意事项。

总之,不同维度的语言生活调查,既要有宏观视野,又要有全面精细的设计,还要恰当运用各种调查方法。只有这样,才能获取真实可靠的数据和典型案例,准确揭示调查地语言生活的特点和规律,并在相关调查数据和不同类型个案及对比分析的基础上,建构理论认识。

参考文献

[1] 百度贴吧. 图说内蒙古赤峰市蒙古族分布以及蒙古语言保留区 [EB/OL]. [2018—11—01]. https://tieba.baidu.com/p/2876976351red_tag=0736045313.

[2] 陈章太. 论语言生活的双语制 [J]. 普通话, 1989 (1).

[3] 李宇明. 语言生活与语言生活研究 [J]. 语言战略研究, 2016 (5).

[4] 尚国文, 赵守辉. 语言景观研究的视角、理论与方法 [J]. 外语教学与研究, 2014 (2).

[5] 王远新. 语言田野调查点的选择及相关问题 [G] //王远新. 语言田野调查实录(四). 北京: 中央民族大学出版社, 2017.

[6] 王远新. 维吾尔族在豫经商务工者语言生活及语言文化适应调查 [J]. 民族教育研究, 2020 (5).

附录 生态移民社区语言生活调查问卷

贵州省兴义市麻山生态移民社区语言生活调查问卷

调查时间:_____年_____月_____日;问卷编号:_____
姓名:_____;联系方式:_____;现居住地:_____

A. 基本情况

A1. 性别:1. 男 2. 女
A2. 民族成分:_____
A3. 年龄:_____
A4. 出生地:_____【填写到街道、居委会或乡镇、村委会】
A5. 原居住地:_____【未搬迁者填"本地",并在 A6_____ 处打×】

A6. 您什么时候迁入或来到本地：_____年

A7. 您在哪些地方（除出生地和现居住地）居住过一年以上，请注明时间、地点和外出目的：_____

A8. 受教育程度【含在读和肄业】
   1. 没上过学　　　　　　2. 小学　　　　　　3. 初中
   4. 高中（含中专、技校）　5. 大专　　　　　　6. 本科及以上

A9. 您现在做什么工作【离退休人员按原职业选择】
   1. 务农（含不在业和家庭妇女）2. 教师　　　　　3. 学生
   4. 服务业（含个体业主）　　5. 其他（请注明_____）

A10. 您更喜欢原来的居住地还是现在的居住地
   1. 原来的（请注明_____）
   2. 现在的（请注明_____）
   3. 没有明显差别（差不多）
   4. 各有好坏（请注明_____）
   5. 无法回答
   6. 无此情况

A11. 您搬迁后有哪些困难或不适应【可多选】
   1. 收入变少（请注明_____）
   2. 不适应自然环境（请注明_____）
   3. 文化环境变化太大（请注明_____）
   4. 语言环境变化太大（请注明_____）
   5. 不适应新的生产方式（请注明_____）
   6. 很难找到新的工作（请注明_____）
   7. 没有困难
   8. 其他（请注明_____）
   9. 无法回答
   10. 无此情况

A12. 搬迁后，您觉得语言使用方面有什么明显变化【可多选】
   1. 没有明显变化
   2. 说本族语的机会少了
   3. 说普通话的机会多了
   4. 说汉语方言的机会多了（请注明_____）
   5. 其他（请注明_____）
   6. 无法回答
   7. 无此情况

B. 家庭基本情况

B1. 您家庭成员的民族成分【未婚者不问后两项】

  爷爷_____族   奶奶_____族

  爸爸_____族   妈妈_____族

  配偶_____族   子女_____族

B2. 在您的家庭成员中，有没有与其他民族结婚的【所有调查对象回答】

  1. 有（请注明成员和通婚民族类别_____） 2. 没有

B3. 在您的家族成员中，有没有与其他民族结婚的【所有调查对象回答】

  1. 有（请注明成员和通婚民族类别_____） 2. 没有

B4. 假如您本人与其他民族成员结婚，您的态度怎样【所有调查对象回答】

  1. 愿意（请注明原因_____）

  2. 无所谓

  3. 不愿意（请注明原因_____）

  4. 无法回答

B5. 无论您家庭或家族成员中有没有与其他民族通婚的人，您对不同民族通婚的态度怎样

  1. 应当提倡   2. 应当尊重

  3. 可以接受   4. 不合心意

  5. 其他想法（请注明_____） 6. 无法回答

C. 语言掌握和使用

C1. 您小时候（上学前或五周岁前）最先或同时学会的是什么语言或方言【可多选】

  1. 本民族语言   2. 普通话

  3. 汉语方言（请注明_____） 4. 其他语言（请注明_____）

C2. 您上小学时，老师用什么语言或方言讲课【可多选】

  1. 少数民族语言（请注明_____）

  2. 普通话（请注明____年级到____年级）

  3. 汉语方言（请注明_____）

  4. 其他语言（请注明_____）

  5. 无此情况

C3. 您现在能用哪些语言或方言与人交谈【可多选】

  1. 本民族语言   2. 普通话

  3. 汉语方言（请注明_____） 4. 其他语言（请注明_____）

C4. 小时候，您父亲（或男性抚养人）跟您交谈使用什么语言或方言【可多选】

  1. 本民族语言   2. 普通话

  3. 汉语方言（请注明_____） 4. 其他语言（请注明_____）

C5. 小时候，您母亲（或女性抚养人）跟您交谈使用什么语言或方言【可多选】

  1. 本民族语言   2. 普通话

3. 汉语方言（请注明_____） 4. 其他语言（请注明_____）

C6. 现在您跟您父亲交谈使用什么语言或方言【可多选】
　　1. 本民族语言　　　　　　　　2. 普通话
　　3. 汉语方言（请注明_____） 4. 其他语言（请注明_____）
　　5. 无此情况

C7. 现在您跟您母亲交谈使用什么语言或方言【可多选】
　　1. 本民族语言　　　　　　　　2. 普通话
　　3. 汉语方言（请注明_____） 4. 其他语言（请注明_____）
　　5. 无此情况

C8. 您跟同辈（配偶、兄弟姐妹等）交谈使用什么语言或方言【可多选】
　　1. 本民族语言　　　　　　　　2. 普通话
　　3. 汉语方言（请注明_____） 4. 其他语言（请注明_____）

C9. 您跟后代交谈使用什么语言或方言【可多选】
　　1. 本民族语言　　　　　　　　2. 普通话
　　3. 汉语方言（请注明_____） 4. 其他语言（请注明_____）
　　5. 无此情况

C10. 您跟本民族邻居或熟人交谈使用什么语言或方言【可多选】
　　1. 本民族语言　　　　　　　　2. 普通话
　　3. 汉语方言（请注明_____） 4. 其他语言（请注明_____）

C11. 您跟其他民族邻居或熟人交谈使用什么语言或方言【可多选】
　　1. 本民族语言　　　　　　　　2. 普通话
　　3. 汉语方言（请注明_____） 4. 其他语言（请注明_____）
　　5. 无此情况

C12. 您跟亲人或朋友谈论国家大事使用什么语言或方言【可多选】
　　1. 本民族语言　　　　　　　　2. 普通话
　　3. 汉语方言（请注明_____） 4. 其他语言（请注明_____）
　　5. 无此情况

C13. 在本地，您跟陌生人交谈使用什么语言或方言【可多选】
　　1. 本民族语言　　　　　　　　2. 普通话
　　3. 汉语方言（请注明_____） 4. 其他语言（请注明_____）
　　5. 无此情况

C14. 您在本地集贸市场买东西使用什么语言或方言【可多选】
　　1. 本民族语言　　　　　　　　2. 普通话
　　3. 汉语方言（请注明_____） 4. 其他语言（请注明_____）
　　5. 无此情况

C15. 您去本地政府部门办事使用什么语言或方言【可多选】
　　1. 本民族语言　　　　　　　　　2. 普通话
　　3. 汉语方言（请注明_____）　4. 其他语言（请注明_____）
　　5. 无此情况

C16. 在民族节日活动中，您跟本族人交谈使用什么语言或方言【可多选】
　　1. 本民族语言　　　　　　　　　2. 普通话
　　3. 汉语方言（请注明_____）　4. 其他语言（请注明_____）
　　5. 无此情况

C17. 在民族节日活动中，您跟其他民族的人交谈使用什么语言或方言【可多选】
　　1. 本民族语言　　　　　　　　　2. 普通话
　　3. 汉语方言（请注明_____）　4. 其他语言（请注明_____）
　　5. 无此情况

C18. 您的本族语程度怎样
　　（1）听
　　1. 完全能听懂（95%—100%）
　　2. 大部分能听懂（85%—94%）
　　3. 基本能听懂（40%—84%）
　　4. 能听懂日常用语（10%—39%）
　　5. 基本听不懂（1%—9%）
　　6. 完全听不懂

　　（2）说
　　1. 能熟练交谈，没有障碍（95%—100%）
　　2. 能熟练交谈，个别时候有障碍（85%—94%）
　　3. 基本能交谈（40%—84%）
　　4. 会说日常用语（10%—39%）
　　5. 基本不会说（1%—9%）
　　6. 完全不会说

C19. 您的普通话程度怎样
　　（1）听
　　1. 完全能听懂（95%—100%）
　　2. 大部分能听懂（85%—94%）
　　3. 基本能听懂（40%—84%）
　　4. 能听懂日常用语（10%—39%）
　　5. 基本听不懂（1%—9%）
　　6. 完全听不懂

(2) 说

1. 能熟练交谈，没有障碍（95%—100%）
2. 能熟练交谈，个别时候有障碍（85%—94%）
3. 基本能交谈（40%—84%）
4. 会说日常用语（10%—39%）
5. 基本不会说（1%—9%）
6. 完全不会说

C20. 您的本地汉语方言程度怎样

(1) 听

1. 完全能听懂（95%—100%）
2. 大部分能听懂（85%—94%）
3. 基本能听懂（40%—84%）
4. 能听懂日常用语（10%—39%）
5. 基本听不懂（1%—9%）
6. 完全听不懂

(2) 说

1. 能熟练交谈，没有障碍（95%—100%）
2. 能熟练交谈，个别时候有障碍（85%—94%）
3. 基本能交谈（40%—84%）
4. 会说日常用语（10%—39%）
5. 基本不会说（1%—9%）
6. 完全不会说

C21. 您的汉文程度怎样

(1) 读

1. 能读书看报
2. 能看懂家信或简单文章
3. 只能看懂便条或手机短信
4. 基本看不懂
5. 完全看不懂

(2) 写

1. 能写文章
2. 能写家信或简单文章
3. 只能写便条或手机短信
4. 基本不会写
5. 完全不会写

C22. 您的本族文字程度怎样
　　（1）读
　　　1. 能读书看报
　　　2. 能看懂家信或简单文章
　　　3. 只能看懂便条或手机短信
　　　4. 基本看不懂
　　　5. 完全看不懂
　　（2）写
　　　1. 能写文章
　　　2. 能写家信或简单文章
　　　3. 只能写便条或手机短信
　　　4. 基本不会写
　　　5. 完全不会写

C23. 您平时书写使用什么文字【可多选】
　　　1. 本民族文字　　　　　　　　　2. 汉文
　　　3. 其他文字（请注明_____）　4. 无此情况

C24. 您用电脑书写使用什么文字【可多选】
　　　1. 本民族文字　　　　　　　　　2. 汉文
　　　3. 其他文字（请注明_____）　4. 无此情况

C25. 您发手机短信或微信使用什么文字【可多选】
　　　1. 本民族文字（请注明_____）2. 汉文
　　　3. 其他文字（请注明_____）　4. 无此情况

D. 媒体接触

D1. 您常看什么语言或方言的电视节目【可多选】
　　　1. 少数民族语言（请注明_____）　2. 普通话
　　　3. 汉语方言（请注明_____）　4. 其他语言（请注明_____）
　　　5. 无此情况

D2. 您常收听什么语言或方言的广播节目【可多选】
　　　1. 少数民族语言（请注明_____）　2. 普通话
　　　3. 汉语方言（请注明_____）　4. 其他语言（请注明_____）
　　　5. 无此情况

D3. 您认为民族语广播贴近少数民族生活实际吗
　　　1. 很贴近　　2. 比较贴近　　3. 不够贴近　　4. 无法回答　　5. 无此情况

D4. 您收听民族语广播的主要目的是【可多选】
　　　1. 了解时事新闻　2. 学习科学文化知识　3. 传承本民族文化　4. 休闲娱乐
　　　5. 无特别目的　　6. 其他（请注明_____）　　7. 无此情况

D5. **您认为本地民族语广播存在哪些问题【可多选】**
　　1. 时效性差　　　　2. 内容不够丰富　　3. 节目重复率高　　4. 广告多
　　5. 不贴近生活实际　6. 信号不好（覆盖率低）　7. 其他（请注明_____）
　　8. 没有问题　　　　9. 无法回答　　　　10. 无此情况

D6. **您常看什么语言或方言的网络视频【可多选】**
　　1. 少数民族语言（请注明_____）　2. 普通话
　　3. 汉语方言（请注明_____）　　4. 其他语言（请注明_____）
　　5. 无此情况

D7. **您上网通常看什么文字的网页【可多选】**
　　1. 少数民族文字（请注明_____）　2. 汉文
　　3. 其他文字（请注明_____）　　4. 无此情况

E. 语言文字学习途径、动机和态度

E1. **您是怎样学会本民族语言的【可多选】**
　　1. 家人影响自然学会
　　2. 在学校学习（请注明_____）
　　3. 在培训班学习（请注明_____）
　　4. 媒体影响（看电视电影或听广播）
　　5. 在社会交往中学会
　　6. 其他方式（请注明_____）
　　7. 无此情况

E2. **您是怎样学会其他少数民族语言（请注明_____）的【可多选】**
　　1. 家人影响自然学会
　　2. 在学校学习（请注明_____）
　　3. 在培训班学习（请注明_____）
　　4. 媒体影响（看电视电影或听广播）
　　5. 在社会交往中学会
　　6. 其他方式（请注明_____）
　　7. 无此情况

E3. **您是怎样学会本民族文字的【可多选】**
　　1. 家人教会
　　2. 在学校学习（请注明_____）
　　3. 在培训班学习（请注明_____）
　　4. 媒体影响（看电视电影或听广播）
　　5. 其他方式（请注明_____）
　　6. 无此情况

E4. 您是怎样学会普通话的【可多选】
　　1. 家人影响自然学会
　　2. 在学校学习（请注明＿＿＿＿＿＿）
　　3. 在培训班学习（请注明＿＿＿＿＿＿）
　　4. 媒体影响（看电视电影或听广播）
　　5. 在社会交往中学会
　　6. 其他方式（请注明＿＿＿＿＿＿）
　　7. 无此情况

E5. 您是怎样学会汉文的【可多选】
　　1. 家人教会
　　2. 在学校学习（请注明＿＿＿＿＿＿）
　　3. 在培训班学习（请注明＿＿＿＿＿＿）
　　4. 媒体影响（看电视电影或听广播）
　　5. 其他方式（请注明＿＿＿＿＿＿）
　　6. 无此情况

E6. 您是怎样学会汉语方言（请注明＿＿＿＿）的【可多选】
　　1. 家人影响自然学会
　　2. 在学校学习（请注明＿＿＿＿＿＿）
　　3. 在培训班学习（请注明＿＿＿＿＿＿）
　　4. 媒体影响（看电视电影或听广播）
　　5. 在社会交往中学会
　　6. 其他方式（请注明＿＿＿＿＿＿）
　　7. 无此情况

E7. 您认为学习本民族语言有用吗
　　1. 很有用
　　2. 对一部分人或在一定范围内有用（请注明＿＿＿＿＿＿）
　　3. 没有用
　　4. 无法回答（请注明原因＿＿＿＿＿＿）

E8. 您认为学习本民族文字有用吗
　　1. 很有用
　　2. 对一部分人或在一定范围内有用（请注明＿＿＿＿＿＿）
　　3. 没有用
　　4. 无法回答（请注明原因＿＿＿＿＿＿）

E9. 您认为学习普通话有用吗
　　1. 很有用
　　2. 对一部分人或在一定范围内有用（请注明＿＿＿＿＿＿）

第六章 语言生活调查的主要内容和方法

3. 没有用

4. 无法回答（请注明原因_____）

E10. 您认为学习汉文有用吗

  1. 很有用

  2. 对一部分人或在一定范围内有用（请注明_____）

  3. 没有用

  4. 无法回答（请注明原因_____）

E11. 您认为学习汉语方言（请注明_____）有用吗

  1. 很有用

  2. 对一部分人或在一定范围内有用（请注明_____）

  3. 没有用

  4. 无法回答（请注明原因_____）

E12. 您认为学习英语有用吗【所有调查对象均回答】

  1. 很有用

  2. 对一部分人或在一定范围内有用（请注明_____）

  3. 没有用

  4. 无法回答（请注明原因_____）

E13. 您认为学习英文有用吗【所有调查对象均回答】

  1. 很有用

  2. 对一部分人或在一定范围内有用（请注明_____）

  3. 没有用

  4. 无法回答（请注明原因_____）

E14. 您是否赞成广播和电视节目使用汉语方言

  1. 赞成 2. 不赞成 3. 无所谓 4. 无法回答（请注明原因_____）

E15. 您觉得说普通话遇到的主要问题是什么【可多选】

  1. 周围的人不说

  2. 受汉语方言影响不好改口音

  3. 受少数民族语言影响不好改口音

  4. 说方言比说普通话更容易与本地人沟通

  5. 说少数民族语言比说普通话更容易与本地人沟通

  6. 说普通话怕本地人笑话

  7. 其他原因（请注明_____）

  8. 没有任何问题

  9. 无此情况

E16. 您参加过本地举办的汉语（国家通用语）培训班吗

  1. 参加过（请注明_____）   2. 没参加过

E17. 您参加汉语（国家通用语）培训班的效果怎样

    1. 非常好　　　2. 比较好　　　3. 一般　　　4. 没什么效果

    5. 无法回答（请注明_____）　　6. 无此情况

E18. 您觉得在本地有必要开办汉语（国家通用语）培训班吗

    1. 有必要　　　2. 没必要　　　3. 无法回答（请注明_____）

E19. 您学习普通话的目的是什么【可多选】

    1. 从小自然学会

    2. 工作或外出需要

    3. 普通话是全国通用语

    4. 说普通话能与更多的人沟通

    5. 学好普通话有前途

    6. 个人兴趣

    7. 学校或单位要求

    8. 其他目的（请说明_____）

    9. 无法回答（请注明原因_____）

    10. 无此情况

E20. 您学习本民族语言的目的是什么【可多选】

    1. 从小自然学会

    2. 便于与本民族沟通

    3. 有助于传承本民族文化

    4. 个人兴趣

    5. 其他目的（请注明_____）

    6. 无法回答（请注明原因_____）

    7. 无此情况

E21. 您觉得什么语言或方言对您本人比较重要【可多选】

    1. 本民族语言　　　　　　　　　2. 普通话

    3. 汉语方言（请注明_____）　　4. 其他语言（请注明_____）

    5. 无法回答（请注明原因_____）

E22. 您希望本民族语言有怎样的发展前景

    1. 有很大发展

    2. 在一定范围内发展

    3. 任其自然发展

    4. 不久将来不再使用

    5. 无法回答（请注明原因_____）

E23. 您希望本民族文字有怎样的发展前景

    1. 有很大发展

2. 在一定范围内发展

3. 任其自然发展

4. 不久将来不再使用

5. 无法回答（请注明原因_____）

E24. 您希望普通话有怎样的发展前景

1. 有很大发展

2. 在一定范围内发展

3. 任其自然发展

4. 不久将来不再使用

5. 无法回答（请注明原因_____）

E25. 您希望汉文有怎样的发展前景

1. 有很大发展

2. 在一定范围内发展

3. 任其自然发展

4. 不久将来不再使用

5. 无法回答（请注明原因_____）

E26. 您希望汉语方言（请注明_____）有怎样的发展前景

1. 有很大发展

2. 在一定范围内发展

3. 任其自然发展

4. 不久将来不再使用

5. 无法回答（请注明原因_____）

E27. 您希望英语有怎样的发展前景

1. 有很大发展

2. 在一定范围内发展

3. 任其自然发展

4. 不久将来不再使用

5. 无法回答（请注明原因_____）

E28. 您希望英文有怎样的发展前景

1. 有很大发展

2. 在一定范围内发展

3. 任其自然发展

4. 不久将来不再使用

5. 无法回答（请注明原因_____）

E29. 您希望后代上小学前最好学会什么语言或方言【可多选，所有调查对象回答】

1. 本民族语言　　　　　　　　2. 普通话

3. 汉语方言（请注明＿＿＿＿＿＿）   4. 其他语言（请注明＿＿＿＿＿＿）
5. 无法回答（请注明原因＿＿＿＿＿＿）

E30. 您希望后代上什么语言授课的幼儿园【可多选，所有调查对象回答】
1. 本民族语言   2. 普通话
3. 汉语方言（请注明＿＿＿＿＿＿）   4. 其他语言（请注明＿＿＿＿＿＿）
5. 无法回答（请注明原因＿＿＿＿＿＿）

E31. 您认为本地政府部门服务窗口需要配备专职少数民族语言翻译吗
1. 有必要   2. 没有必要
3. 无所谓   4. 无法回答（请注明原因＿＿＿＿＿）

E32. 您认为本地法院有必要配备专职少数民族语言翻译吗
1. 有必要   2. 没有必要
3. 无所谓   4. 无法回答（请注明原因＿＿＿＿＿）

E33. 您认为本地公务机关牌匾有必要使用少数民族文字吗
1. 有必要   2. 没有必要
3. 无所谓   4. 无法回答（请注明原因＿＿＿＿＿）

E34. 如有机会，您愿意学习本民族语言吗
1. 愿意   2. 不愿意
3. 无所谓   4. 无法回答（请注明原因＿＿＿＿＿）

E35. 您认为本地少数民族非物质文化遗产项目传承情况如何
1. 很好   2. 比较好   3. 一般   4. 不够好   5. 无法回答

调查员签名：＿＿＿＿＿＿

习题

1. 语言生活调查可以从哪三个角度切入？为什么？
2. 小规模社区语言生活调查的样本量以多少为宜，为什么？
3. 尝试设计一份针对某地语言景观的调查方案。
4. 简述高同质性社区语言生活调查的必要性。
5. 简述深化高同质性调查点调查结论的主要途径。
6. 总结本章附录调查问卷的特点和不足。
7. 针对某类特殊语言社区，尝试设计一份语言生活的调查问卷。

第七章　语言生活调查点的选择及相关问题

语言生活调查以语言社区为单位，而调查某类社区的语言生活必然涉及调查点的选择。田野调查点指研究者实施一系列调查活动如观察、访谈、问卷调查等所选择的社区，它是在研究者确定了调查内容及调查地、制定好访谈大纲和调查问卷，甚至已做过试调查之后，为选择适当的观察场所、访谈对象、获取代表性调查样本所确定的调查点。确定调查点后，需要考虑如何顺利进入调查社区、怎样快速有效地开展调查等问题。本章主要阐述这三方面的问题。

第一节　选择调查点需要兼顾的因素

就语言生活的田野调查而言，选择调查点需要遵循操作性原则，包括代表性（调查点应当具有某种类型社区的代表性）、可行性（实施不同调查方法的可行性）、方便性（实施调查的便利性）等具体原则。为了更好遵循以上原则，调查点的选择需要兼顾民族分布、社区类型、地理环境、周边语言文化环境等因素。民族分布、语言使用状况复杂地区的调查，需要统筹兼顾以上各种因素。

一、兼顾民族分布状况

我国是多民族国家，汉族分布在全国各地，少数民族分布的基本特点是大杂居小聚居，因此，语言生活调查点的选择应当兼顾民族分布状况。以甘肃省肃南裕固族自治县（简称肃南县）语言生活调查为例（王远新，1998a，1998b，1999），汉族、裕固族和藏族是肃南县的三个主要民族，另有蒙古族等六个少数民族。汉族占全县总人口的47.84%，裕固族占24.85%，藏族占23.64%，其他六个少数民族合计占3.70%。肃南县三个主要民族交叉分布，其中汉族分布在全县各区乡，主要使用汉语方言（属兰银官话）；裕固族和藏族都有较为聚居的区乡，其中裕固族分别使用属于突厥语族的西部

裕固语和属于蒙古语族的东部裕固语,藏族使用藏语安多方言。三个主要民族的分布和语言使用状况可以分为三种类型:

(1) 单一少数民族为主的聚居区。在这类地区,本族语得以保留,是较典型的"民—汉"双语区,即少数民族主要使用本族语,兼用当地汉语。明花区明海乡、莲花乡是典型的西部裕固语和汉语双语区;康乐区杨哥乡(现康乐镇杨哥村)、红石窝乡(现康乐镇红石窝乡)是典型的东部裕固语和汉语双语区;皇城区泱翔乡(现皇城镇泱翔藏族乡)、祁丰区祁青乡和祁文乡(现祁丰藏族乡)是典型的藏语和汉语双语区;康乐区(现康乐镇)白银蒙古族乡东牛毛村、西牛毛村是典型的蒙古语和汉语双语区。

(2) 使用东部裕固语和西部裕固语的裕固族聚居区。在这类地区,裕固族人口虽占多数,但因内部使用两种差别较大、无法通话的裕固语,且有相当数量的裕固族兼通对方的语言,加之裕固族普遍兼通汉语,因此,形成了两种裕固语和汉语的多语区,如国营大岔牧场、大河区韭菜沟乡、皇城区马营乡。

(3) 主要使用汉语方言的多民族杂居区。在这类地区,民族成分复杂,族际通婚家庭较普遍,不同民族间因无共同的少数民族语言作为族际交际语,只能选择当地汉语。久而久之,少数民族中的多数人转用汉语,并形成了汉语单语区,如红弯寺镇、皇城区铧尖乡(肃州区铧尖镇)、马蹄区大泉沟乡(现马蹄藏族乡大泉村)。

总之,肃南县不同民族的语言使用状况与民族分布类型有明显的对应关系。因此,只有在充分考虑民族分布类型的基础上选择调查点,才能全面了解肃南县境内语言使用的总体面貌及各民族的语言使用特点,从而揭示语言关系的特点及其发展趋势。

二、兼顾社区类型

调查侧重点不同,需要选择不同类型的社区。下面从民族聚居区和杂居区两个维度,说明兼顾社区类型的必要性。

(一) 民族聚居区

民族聚居区指某一少数民族占绝对多数的地区,以青海省藏族聚居区同德县藏族语言生活调查为例(王远新,2009)。同德县是以藏族为主的牧业县,牧业人口占全县总人口的88.70%,辖两镇三乡:南部秀麻乡、河北乡是纯牧区,中部尕巴松多镇是牧区、唐谷镇是农牧区结合地,紧邻黄河和巴曲河的巴沟乡以经营农业为主、兼营畜牧业。藏族分布在全县各乡镇,占总人口的89.75%,其中秀麻乡、河北乡、唐谷镇是纯藏区;汉族主要分布在城关、巴沟乡和省牧场,占总人口的9.28%;其他六个少数民族合计占总人口的 0.97%。为保证调查点的代表性及调查实施的可行性，我们 2007 年的调查选取了尕巴松多镇、唐谷镇、巴沟乡不同类型的社区作为田野调查点，主要依据如下：

（1）三个调查点分别具有不同代表性。从经济类型看，尕巴松多镇是全县经济文化中心，唐谷镇是牧区，巴沟乡是农业为主、畜牧业为辅的农牧结合地。同时，唐谷镇是藏族聚居地，尕巴松多镇、巴沟乡是以藏族为主的藏汉杂居区。

（2）三个调查点的交通均比较便利，双语人口较多，入户访谈和问卷调查的语言障碍较小。

（3）三个调查点的经济发展形态大体可代表同德县城镇化发展的总体趋势，获取的数据和结论有较长期的代表性。

秀麻和河北两乡未作为调查点有三方面的原因：一是它们均为藏族牧业乡，经济形态单一，牧民只使用藏语，语言使用状况的同质性很高；二是地域面积大，人口稀少，牧民居住极为分散，且路途遥远，交通极为不便；三是已选择了交通较便利的唐谷镇作为藏族牧区的调查点，调查结论可以体现藏族牧区语言生活的特点。总之，三类调查地的选择既考虑了民族人口分布，也兼顾了社区类型（城镇乡村类型和经济发展类型），调查结果可以体现同德县藏族语言生活的总体状况及发展趋势。

（二）民族杂居区

在民族地区，民族分布的总体特点是城镇多为民族杂居区，农牧区多为民族聚居区。调查县城民族杂居区的语言生活，应当考虑老居民区和新居民区、中心社区和边缘社区、机关单位社区和普通居民社区、单一民族聚居社区和多民族杂居社区等因素。如果不同社区类型存在交叉，可以根据调查需要适当取舍。为了动态观察城镇化进程，有效预测城镇社区语言生活的发展趋势，有必要选择县城郊区社区和"城中村"作为调查点。以青海省循化撒拉族自治县（简称循化县）县城积石镇语言生活调查为例（王远新，2010）。循化县是我国唯一的撒拉族自治县，主要有撒拉、藏、回、汉四个民族。在县城积石镇，汉族主要分布在东街城隍庙一带，回族主要聚居在西街城关清真大寺周围，藏族和撒拉族除散居城关各社区外，主要分布在县城周边地区。

积石镇的语言生活状况与民族分布特点呈高度的一致性，四大民族分为三大语言社区：汉族和回族聚居区属当地汉语方言（兼有中原官话和兰银官话特点）社区，撒拉族聚居区属撒拉语社区，藏族聚居区属藏语安多方言社区，当地汉语方言是多民族杂居区及不同民族间的共同交际语。

为了全面把握积石镇各民族的语言生活状况，在调查点的选择方面，我们 2006 年 7 月的调查既考虑了城镇中心社区，也兼顾了城乡接合部；既考虑了民族杂居社区，也兼顾了民族聚居社区。具体而言，在积石镇中心区抽取两个社区、城乡接合部抽取一个行政村作为入户调查点。两个中心社区均为民族杂居区，其中幼儿园巷是老社区代表，县教育局集资的商品住宅区是新社区代表；城乡接合部选择了与县城中心区隔黄河相望的加入村。2005年，县委、县政府决定成立"河北经济开发区"，加入村是开发区的"桥头堡"，成为县城的重要组成部分。加入村分四个村民小组：村西两个，清真寺附近至村西尽头是撒拉族、回族聚居地，俗称"上加入"；村东两个，喇嘛寺和喇嘛塔附近至村东尽头是藏族、汉族聚居地，俗称"下加入"。黄河大桥把上加入和下加入一分为二：桥西是上加入，桥东是下加入。

调查结果表明，以上三个社区的调查数据，既能体现积石镇四个主要民族语言生活的总体面貌，又可以体现不同民族语言使用的特点及发展趋势。

三、兼顾地理环境

在我国少数民族地区特别是西南少数民族地区，地理环境等因素可能使民族分布及相关的语言使用状况呈现出不同的特点。以昆明市禄劝彝族苗族自治县（简称禄劝县）语言生活调查为例（王远新，1999）。禄劝县地处滇中高原，地形极为复杂，交通十分不便。境内最高点乌蒙山主峰马鬃岭海拔4247米，最低点普渡河与金沙江汇合处的小河口海拔746米，相对高差达3501米。因地势差异悬殊，境内呈寒、温、热兼具的立体性气候特点。从植被的垂直分布看，金沙江、普渡河河谷至海拔1600米左右的地区，分布着亚热带和温带植物；海拔1601—2500米地区分布着温带植物；海拔2501米以上地区分布着寒带植物。在这个地势复杂的山区县里，主要少数民族彝族、苗族、傈僳族的分布特点、语言生活状况与地势、气候及生态分布呈明显的一致性，即大体呈立体分布状态。

从民族分布总体特点看，苗族村寨所处的地理位置最高，那里气候寒冷，自然条件差，且交通非常不便，信息十分闭塞，村民与周边民族接触较少，本族内部的联系紧密。与之相应，高寒山区苗族以本族语为唯一或主要交际语，中老年妇女、学龄前儿童基本是苗语单语人，即这里大体是苗语单语区。

傈僳族多分布在金沙江、普渡河沿岸高山地带，以及海拔较高的高寒山区，且聚族而居，本族语不仅完好保留，而且是族内唯一或主要交际语，部分中老年妇女、学龄前儿童不会汉语。另有一部分傈僳族分布在自然条件稍好的半山区，他们或与彝族、汉族杂居，或与之毗邻，彼此之间的接触较之苗族与其他民族的接触更加频繁，加之傈僳语和彝语比较接近，傈僳族中兼通彝语和汉语的人数明显多于苗族，即这里大致是傈僳语和彝语双语区。

彝族分布在全县各乡镇，高寒山区、金沙江、普渡河、掌鸠河沿岸的山区、半山区、坝区及河谷地带均有分布，其中多数人居住在海拔1800—2500米的温凉坝区和山区。多数村寨由彝族单一民族构成，或以彝族为主。由于分布广，与其他民族尤其是汉族接触频繁，民族杂居村落也比苗族和傈僳族多，因此，彝族中兼通汉语的人较多，即这里大体是彝汉双语区。

总之，禄劝县三个主要少数民族本族语的保留以及兼用汉语的人数和程度，与其所处的地理环境有明显的对应关系：分布在高寒山区的单一民族聚居村落，本族语保留最完好、使用最普遍，兼通汉语的人数最少。随着海拔的降低，兼通汉语或其他少数民族语言的双语或多语人不断增多。

立足于以上情况，选择调查点需要充分考虑各民族所处的地理环境等因素，否则，很难对禄劝县语言生活的特点和发展趋势做出全面、客观、准确的判断。

四、兼顾周边语言文化环境

周边语言文化环境是影响调查地语言生活不容忽略的因素，以广西龙胜各族自治县（简称龙胜县）语言生活调查为例（王远新，1999）。20世纪50年代以来，龙胜县境内壮、侗、苗、瑶四个世居少数民族没有较大规模的人口迁徙，只有境内小规模的人口移居；四个民族的人口总数虽然增加了一倍，但均以自然增长为主。换言之，龙胜县境内主要民族成分没有改变，四个少数民族人口数量相差不大，比例也没有明显变化。

从全县范围看，龙胜县属多民族杂居区；从境内不同区域的民族分布看，呈杂居中聚居、聚居中杂居的交叉分布状态。复杂的民族分布特点，决定了境内少数民族语言使用的复杂性：各民族的语言使用特点不同，不同民族间交往的语言使用特点有别；即使同一民族内部，不同区域和支系的语言使用特点也不尽相同。小规模聚居，使得各民族语言、方言土语得以保留；大范围杂居，使得不同民族彼此兼通对方的语言。在四个少数民族语言中，没有一种能够成为全县范围内的优势语，也就很难以某种少数民族语言作为不同民族的族际交际语。于是，兼用汉语西南官话是境内各民族的必然选择。

从四个世居少数民族的分布看，不同民族均有相对聚居的片区，且与周边的语言文化环境有密切关系。

侗族主要聚居在县境北部的平等乡、乐江乡，与广西三江侗族自治县、湖南通道侗族自治县（简称通道县）连成一片，形成了侗族语言文化圈。

壮族主要聚居在县境南部以及西部的和平乡、瓢里镇、龙胜镇，这里位于广西壮族居住地的最北端，其南部是大片的壮族语言文化区，即龙胜县是壮族语言文化圈的北缘地带。

瑶族主要聚居在县境东部福平包山麓四周，以及北部和南部的泗水乡、和平乡、三门镇，一部分散居在各乡镇的半山地带。除较聚居的片区外，瑶族村寨多散布在其他民族尤其是壮族和汉族聚居的村寨之间，各村寨相距或近或远，但从较大范围看，它们断断续续地连在一条线上，即分布在一个较大的瑶族语言文化区内。也就是说，从更大范围的民族分布看，占全县总人口第四位的瑶族，其整体分布仍比较集中。

苗族主要聚居在县境东北部的马堤乡和伟江乡，与湖南城步苗族自治县（简称城步县）毗邻，处在苗族语言文化圈的包围之中。

如果局限于龙胜境内各民族分布，虽然可以了解其语言生活的状况和特点，但要进一步解释少数民族语言保留和发展的原因，就需要扩大观察范围。因为县境不同少数民族与周边相关民族存在密切联系，并在很大程度上受其所处的语言文化圈影响。在这种情况下，调查点的选择既应当考虑县境民族分布的特点，也需要兼顾周边语言文化环境。

五、统筹兼顾不同因素

上述影响语言生活的各种因素可能同时发挥作用，因此，调查点的选择应当统筹兼顾这些因素。以我们2005年8月的湖南省城步县各民族语言生活调查为例（王远新，2008a，2008b，2009a，2009b）。截至2004年底，城步县境内有11个民族，苗族占全县总人口的53.98%，汉族占42.36%，其他人口较多的少数民族主要是侗族和瑶族。城步县辖五镇五乡，不同乡镇、不同民族语言生活状况不同，同一乡镇、同一民族内部的语言生活状况也有很大差别。

城步县各民族的分布特点是大杂居小聚居，语言使用的总体状况是，各乡镇主要通用汉语方言（一些乡镇使用儒林话，属湘方言；一些乡镇使用西南官话），中部和东北部少数民族因居住地与湖南武冈、新宁、绥宁等汉族聚居县毗邻，已转用汉语；南部和西北部少数民族因较聚居且与湖南通道县、广西龙胜县等少数民族聚居县接壤，多保留本族语。

为了解少数民族的语言生活状况，除县城儒林镇外，我们还选择了南部、西北部保留少数民族语言的四个乡镇作为调查地。

根据民族分布（聚居和杂居）、少数民族语言分布（不同民族语言、同一民族语言不同方言片区）、语言使用（单语、双语、多语）、社区类型（城区、郊区、农村）等状况，我们采用分层抽样的方式，抽取了不同类型的代表性调查点：首先在全县范围内抽取五个乡镇作为第一层抽样点；然后在五个乡镇中进行第二层抽样。

（1）儒林镇。儒林镇是城步县政府所在地，是典型的苗汉杂居区，苗族人口略少

第七章　语言生活调查点的选择及相关问题　　　　　　　　　　　　　　　　·133·

于汉族。我们抽取了东海和城南两个社区作为入户调查点，前者是县城中心区，后者属城乡接合部。东海社区居民以当地汉语方言儒林话为主要交际语，虽有近八成居民掌握地方普通话、近三成居民掌握苗语，① 但地方普通话和苗语的使用十分有限。城南社区苗族和汉族均以儒林话为主要交际语，苗族基本不会苗语；有六成居民掌握地方普通话，但很少用于日常交际。总体而言，儒林镇基本是儒林话单语社区。

东海社区辖 18 个小组，我们抽取了第五和第十八组作为调查点。第五组分布在县政府大院附近，居民多为"上班族"，除少数土生土长的居民外，多数来自县内各地；第十八组分布在体育场附近的甘龙井和大龙井一带，以土生土长的居民为主。

城南社区辖 19 个小组，我们抽取了第九组和第十五组作为调查点，前者是非农业组，主要从事竹器加工；后者是农业组。

（2）五团镇。五团镇位于城步县最南端，北临南山牧场，东接汀坪乡，南与广西龙胜县和资源县接壤。五团镇是典型的苗族为主，苗、汉、侗等民族大杂居小聚居的多民族地区，五团苗语是"人话"的典型代表点。五团镇政府所在地辖第一和第二两个居委会，前者是苗汉杂居社区，后者是以苗族为主的社区。我们抽取了第一居委会以及与广西龙胜县交界的独树村作为调查点，前者是苗族为主的多民族杂居区，也是城镇社区代表点；后者是苗族聚居区，也是农村毗邻省区界行政村的代表点。

第一居委会居民均掌握苗语和儒林话，是典型的苗汉双语社区。不论何种交际场合，苗族及汉族老住户或通婚户主要使用苗语，其次是儒林话。因与广西桂林市龙胜县毗邻，部分居民掌握桂林话（属西南官话）、八成以上的人掌握地方普通话，但桂林话和地方普通话的使用对象和场合有限。

独树村以苗族为主，村民均掌握苗语和儒林话，各种交际场合主要使用苗语，其次是儒林话。多数人掌握地方普通话、部分人掌握桂林话，但使用场合和对象有限。总体而言，第一居委会和独树村是典型的苗语为主、儒林话为辅的双语社区。

（3）丹口镇。丹口镇所辖 30 个行政村均有苗族分布，有些是纯苗族村，有些是苗族为主的多民族杂居村，有些则是苗族和汉族为主的村寨。丹口镇以苗族为主，使用苗

---

① 苗族是城步县的主体民族，分青衣苗、红苗和花苗三支，其中绝大多数是青衣苗。青衣苗族分别使用两种苗话：一种是汉化程度较高的苗话，主要为长安营乡岩寨管理区上排、下排、长兴三村苗族使用；另一种苗话主要为五团镇、汀坪乡、丹口镇羊石管理区、兰蓉乡、白毛坪乡等地苗族使用。后一种苗语内部又有差异，且各地对苗话的称呼也不同，比如五团、蓬洞、白毛坪等地苗族称"人话"，羊石等地苗族称"平话"。"人话"和"平话"虽有差别，但基本可以通话。关于城步青衣苗族的语言，学界有不同看法。有人认为是古汉语方言的遗存，其使用者是被少数民族同化的汉族；有人认为青衣苗族的语言早期可能是一种苗语，现已基本汉化，但保留了一些苗语成分，是保留了苗语底层成分的特殊汉语方言变体，既不能归入传统的南方汉语方言，也不能归入汉语平话或湘南土话，实际是一种少数民族汉语（李蓝，2004）。本项研究主要调查城步县语言生活，不涉及语言结构，因此暂用"苗语"指称这种语言的不同变体。

语"平话"的人口较集中。我们抽取了苗族为主体的羊石村和苗汉杂居的下团村作为调查点。

羊石村是城步县典型的保留本族语的"苗族大寨",所有人均掌握苗语;绝大多数人掌握儒林话,基本不会儒林话的是近年来从非湘方言区嫁来的女性;多数人掌握地方普通话,但它并未成为村民的日常交际语。该村是典型的以苗语"平话"为主要交际语的双语社区。

下团村虽以苗族为主,但苗族基本不会苗语,只有部分人能不同程度地听懂苗语。所有人掌握儒林话,村民在各种交际场合主要使用儒林话。多数人掌握地方普通话,但它基本未进入交际领域,即该村是儒林话单语社区。

(4) 长安营乡(现长安营镇)。长安营乡位于城步县西南边陲,是城步县侗族聚居程度最高且保留侗语的地区。长安营乡所辖14个行政村均有苗族、侗族,多数村寨有汉族。我们抽取了侗族聚居的大寨村和苗族、汉族、侗族杂居的长安营村作为调查点。

大寨村是典型的以侗族为主且保留侗语的村寨,村民大都是多语、多方言人,其中多数人掌握侗语,儒林话和长安营话(属西南官话)是不同民族多数成员间的族际交际语,即该村是典型的多语、多方言社区。

长安营村(旧名横岭峒长安坪)是清乾隆六年(公元1741年)设置的军事重地,清宣统二年(公元1910年)裁撤。关于长安营话,文献记载和人们的传说各不相同。有人认为是标准的"京话",有人称作"军话"。据我们的实地调查,它与西南官话接近。长安营村是典型的多民族杂居村,侗族和苗族人口最多,但侗语和苗语却几乎未被保留下来,会侗语和苗语的基本是女性,且是从保留本族语的侗寨或苗寨嫁到长安营村的。绝大多数村民掌握多种语言或方言,但只有长安营话最通用。多数人掌握地方普通话,超过半数的人掌握儒林话,但前者并不是村民的交际语,后者是村民在特定场合、针对特定交际对象的交际语。简言之,该村是以长安营话为主要交际语、以儒林话为有限辅助交际语的社区。

(5) 白毛坪乡。白毛坪乡以苗族为主、多民族杂居,有些村寨是"纯苗族村",使用苗语"人话"变体。我们抽取了苗族聚居的腊屋村和多民族杂居的白毛坪村作为调查点。

腊屋村是当地人公认的"纯苗族村",村民主要使用苗语,其次是儒林话。超过半数的人掌握地方普通话,但它基本未被用于交际。从年青一代的语言使用看,已呈现儒林话比苗语使用更为普遍的趋势。

白毛坪村村民均掌握儒林话,超过半数的人掌握地方普通话,但它未进入交际场合。近八成的人掌握苗语,但其使用功能已出现明显的弱化,即只局限在部分纯苗族家庭和40岁以上苗族村民之间使用。该村过去是典型的苗汉双语社区,现在已向汉语单语社区过渡。

第七章　语言生活调查点的选择及相关问题

由于分层抽样统筹兼顾了各种相关因素，选择的调查点以及获取的数据就可以体现不同民族语言、同一民族语言不同方言的使用特点，[①] 并可以据此推及城步县各民族语言使用的类型和总体特点。调查结果表明，城步县各民族语言使用状况可以分为以下三种类型：

一是少数民族语言"保持型"双语社区，即在保持本民族语的同时，兼用当地汉语方言的社区。比如五团镇独树村和丹口镇羊石村是苗语为主、儒林话为辅的双语社区；长安营乡大寨村是侗语为主、儒林话为辅的双语社区；五团镇第一居委会是苗语为主、儒林话为辅的双语社区。

二是"过渡型"语言社区，具体又可分为两种类型：（1）以少数民族语言为主、汉语方言为辅的双语社区，过渡为汉语方言为主、少数民族语言为辅的双语社区。比如，白毛坪乡腊屋村由苗语为主、儒林话为辅的双语社区，过渡为儒林话为主、苗语为辅的双语社区。（2）少数民族语言和当地汉语方言双语社区，向汉语方言单语社区过渡。比如，白毛坪乡白毛坪村原为苗语和儒林话双语社区，现正向儒林话单语社区过渡。

三是少数民族语言"丧失型"社区，具体又可分为两种类型：（1）少数民族语言丧失或基本丧失、主要通行当地汉语方言。比如，儒林镇东海社区和城南社区、丹口镇下团村的少数民族已转用或基本转用儒林话。（2）丧失少数民族语言，以一种汉语方言为主、另一种汉语方言为辅的双方言社区。比如，长安营乡长安营村是以西南官话长安营话为主、湘方言儒林话为辅的双方言社区。

第二节　顺利进入田野点的路径

顺利进入田野点是正式调查的第一步，但并非所有的调查都具备天时地利人和的条件，这就需要研究者选择顺利进入田野点的路径。从进入田野点的途径看，主要有"由上而下""由下而上""由点及面"三种路径。

[①] 瑶族多分布在与广西龙胜各族自治县毗邻的深山区，其语言使用情况较复杂，因时间、交通等条件制约，2005 年 8 月的调查未涉及瑶族语言生活。

一、由上而下

政府部门组织的调查一般都采取"由上而下"的途径，专家学者的调查如果能得到政府部门的支持和配合，也多采取这种途径，但具体做法与政府部门的调查不尽相同。

2007 年，我们和某基金会组成的青海省同德县藏族语言生活和藏汉双语教育调研组因得到了青海省教育厅的大力支持，基本采取了"由上而下"的调查路径。调研组到达西宁市后，省教育厅为我们组织了专题座谈会，参会人员除省教育厅主管基础教育的领导，还有教育厅基教处、五省区藏语教材编译协作委员会、省教材编译处、青海省少数民族语言文字工作办公室、青海师范大学、黄南藏族自治州教育局、玉树藏族自治州教育局、果洛藏族自治州教育局等单位的领导。座谈的主要目的是了解青海省双语教育政策、双语教学现状以及面临的挑战、未来的工作思路和定位等。座谈会之后，教育厅还安排基教处处长陪同我们赴同德县实地调查。到达同德县后，县教育局安排了由教育局领导、县藏族语言文字工作委员会办公室等部门领导参加的座谈会，并在座谈会之后与课题组协商了调查地点，确定了抽样方案和具体调查时间。

实地调查结束返回西宁市后，我们先向省教育厅汇报了调研结果，并先后在青海师范大学民族师范学院、青海民族学院（现青海民族大学）藏学院专题访谈了藏语及藏汉双语教学和师资等问题；赴海南藏族自治州与州教育局、州民族中学①的主管领导、教师进行了专题座谈。由于这次调研得到省教育厅的大力支持，达到了预期目的。

需要说明的是，采用"由上而下"的调查路径需要注意以下两点：一是不能按照政府部门的惯常调查思路，即主要停留在开座谈会、听取相关部门书面或口头汇报的层面，即使实地考察，也多是在指定单位"走马观花"；二是不能完全相信某些部门提供的书面材料和数据，特别是那些报喜不报忧的汇报材料，而应当通过多种途径加以验证。

二、由下而上

受某些因素的影响，在调查地政府部门工作人员和普通民众看来，有些调查主题甚至调查本身比较敏感。在这种情况下，采取"由上而下"途径，很难得到相关部门的支持，即便同意调查，也会指定他们认为合适的调查点，甚至指定调查对象。如果直接

---

① 该校为省州两级小学校长和教师培训基地，承担青海省六个州及海东地区小学校长和教师的继续教育任务。

深入基层，基层单位会要求出示上级主管部门的介绍信，而事实上很难获得这样的介绍信。

多年来，我们关于民族地区语言生活和双语教育的调查大都采取了"由下而上、从外围到核心、由点及面"的调查方式，逐层开展不同类型的调查。具体做法是，通过熟人介绍，与调查点的接洽人建立联系，携带研究者单位的介绍信直接进入调查地。进入社区或村落后，先通过接洽人和知情人进一步了解、核实调查点的基本情况。入户访谈和问卷调查时，不以敏感话题为调查切入点，而是采用间接调查方式，在访谈提纲和调查问卷中设置学生家长对后代择校情况及其发展规划的看法。比如，从调查对象后代就读学校或班级类型、学习成效、面临的困难等问题入手，进而了解调查地的语言生活状况，以及调查对象对当地双语教育政策措施、学校双语教学效果等问题的看法。在做问卷的同时，做一些专题深度访谈，访谈对象包括学生家长、社区或村干部、教师、学生等。待完成基层社区或村落的调研后，再以调研汇报的名义逐层访谈上级主管部门及其工作人员。

三、由点及面

"由点及面"是指选择代表性至少是具有领域或行业代表性的调查点和调查对象，通过"点"的调查推断"面"的总体。2011年，我们赴新疆调查语言生活和双语教育状况，受特殊因素的制约，很难采用"由上而下"和"由下而上"的调查方式，只能选择"由点及面"的调查方式。具体做法是，在征得自治区国税局主管教育的领导同意后，在新疆税务干部学校定期举办的全疆各地州、县市不同民族国税干部培训班中选择调查对象进行深度访谈和问卷调查。我们分别调查了两个班的培训学员：一个是科级干部班，学员以汉族为主，基本是各地国税局主管业务的副局长；一个是普通国税干部班，学员以少数民族为主。学员白天课程安排得很满，我们便利用晚自习完成了对66名来自全疆不同地区、不同民族国税干部的一对一访谈式问卷调查和一定数量的深度访谈，达到了预期目的，甚至比单独调查自治区国税局或某个地州、县市国税系统更具代表性。

"由点及面"的调查要善于利用各种条件、把握好调查机会。以我们2007年青海省同德县藏族语言生活和双语教育特别是双语教师问卷调查、深度访谈为例。同德县共有五个乡镇，我们选择了农区、半农半牧区、县镇三个不同代表性乡镇的社区、行政村作为居民和村民语言生活入户调查点，并选择相关学校作为双语教育调查点。语言生活调查未选择秀麻和河北两个乡的原因一如前文所述，问题是调查双语教育、做教师问卷调查和深度访谈却不能缺少这两个乡。当获知两乡全体小学教师（中学设在县城）和校领导在县城集中培训的信息后,我们便利用这个难得的机会,对这两个乡的教师和校领导进行了专题访谈和一对一访谈式问卷调查,不仅省时、省力、省经费,而且达到了预期目的。再以我们2008年对新疆乌鲁木齐县牧区哈萨克族语言关系的调查为例。夏季,哈萨克族牧民大都分散在夏牧场放牧,入户调查难度很大。于是,我们利用了牧民送子女到乌鲁木齐市哈萨克民族中学(后改为第36中学)入学报到注册的机会。新生报到注册是每个家庭的大事,通常都是全家出动送孩子,这为调查对象的选择提供了便利。抓住这样的机会,我们以学生家长为一对一访谈式问卷调查对象,达到了预期目的,节省了调查时间和经费。

第三节 克服语言交流的障碍

顺利进入田野点并与调查对象进行有效沟通并不容易。调查一种语言或方言,调查者最好能掌握这种语言或方言,至少能用这种语言或方言日常寒暄或进行一般性的提问。事实上,无论调查新的语言或方言,还是调查某一社区或某个民族的语言生活,调查者常常不具备这样的语言能力。于是,怎样克服语言交流和有效沟通的障碍,便成为顺利实施语言田野调查的重中之重。

一、试调查阶段

一般语言生活的试调查(又称预调查)主要有两个目的:一是进一步熟悉调查问题,发现新问题或新线索;二是熟悉问话方式以及与调查对象的互动方式。关于语言生活中的语言变异试调查,如果调查汉语方言,调查者需要与普通话、调查者熟悉的方言做必要的对比,目的是了解调查地方言与它们之间的共性和典型差异;如果调查少数民族语言或方言,调查者应当与亲属语言或方言做必要的比较,了解它们之间的共性和典型差异,特别是相关语言或方言的语音对应规律、同源词等。这样做,既可以全面把握所调查语言或方言的特点,又可以为选择恰当的变异项提供依据。

设计好调查词表、访谈提纲和调查问卷后,需要做必要的试调查。如果多人参与调查,试调查阶段需要对参与者或调查员进行培训,下面从培训调查员和"实地练兵"两方面论述。

（一）培训调查员

培训调查员是保证调查信度和效度、访谈深度、观察准确度的保证，即便语言学专业的学生，调查之前也需要针对调查问题和调查方法进行专门的培训。

对问卷调查、结构式访谈而言，培训的目的不仅是提高调查员的问卷调查技巧和访谈能力，更重要的是统一认识、规范操作流程，以保证调查问题和选项的同质性。因为一定规模的问卷调查和结构式访谈，调查员对问卷问题和选项、访谈问题点及访谈深度的把握，对调查过程中出现问题的处理，答案记录方法等，都要有严格的要求。只有这样，才能降低问卷数据和结构性访谈的误差，才能有效地进行量化分析。

培训调查员通常涉及以下内容：第一，介绍研究内容和方法、研究目的和意义、调查地基本情况，选择调查对象的要求，规范调查流程，落实工作进程和工作量等。第二，让调查员在深入阅读相关文献、访谈提纲和调查问卷的基础上，先分组讨论，再由主持人答疑解惑。如果是较大规模的调查，还需要编制调查员手册，以备不时之需。第三，试调查。让调查员之间开展一对一访谈和问卷试调查，记录遇到的问题或疑问。如果调查语言本体或语言变异，需要按调查词表做试调查；如果调查语言生活，可以按照访谈提纲和调查问卷做试调查。这样做一是可以进一步核查调查词表、访谈提纲和问卷设计，以便更好地修订和完善；二是初步熟悉调查地的语言和方言以及语言生活状况。通过试调查，调查员可以进一步熟悉调查词表、访谈提纲和调查问卷的每个细节，以及相关注意事项和操作技巧。

（二）"实地练兵"

"实地练兵"指到达调查地的试调查。到达调查地后，不必急于开展正式调查，可以通过四种途径达到"实地练兵"的目的：

第一，安排好住处后，寻找各种机会与调查地出生长大的宾馆或餐厅服务员聊天，如果条件允许，可以做简单的记音或语言生活访谈，也可以做一对一访谈式问卷调查。这类试调查对象一般都会当地话和普通话，语言交流障碍小。这样做，一是可以进一步熟悉调查词表、访谈提纲和调查问卷的内容，探索更好的调查方式；二是进一步了解当地的语言特点、尽快适应当地人的话语风格和交际方式。

第二，利用空闲时间安排调查员"逛街"，比如可以去当地自由市场、特色商品街、小吃街等地，既可以寻找合适的用餐地点，又能在一定程度上了解当地的风土人情，近距离接触当地的语言或方言。

第三，利用晚饭后的时间去调查地文化广场之类场合，与当地人进行聊天式访谈。这样做，既可以进一步熟悉当地语言或方言以及当地人的沟通方式，又可以获取当地语言文化生活有价值的信息。

第四，到当地政府部门和学校做集体或个体访谈，还可以做专项问卷调查。这类调查对象的普通话大都比较好，通过访谈和专项问卷调查，既可以让调查员熟悉访谈流程，增加调查经验；又可以获取更为细致全面的田野资料，了解更多有价值的信息；还可以找到向导或合作伙伴。如果调查语言或方言本体问题，可以找当地文化名人做专项访谈，条件允许还可以做一些记音工作，并请求他们介绍合适的发音合作人。

二、正式调查阶段

如果在少数民族语言或可懂度很低的汉语方言区做调查，即使学过或通过试调查大体可以听懂当地语言或方言，要完成高质量的调查，仍有困难。在这种情况下，当务之急是解决语言交流问题。我们通常采用以下两种方法，克服语言交流方面的障碍。

（一）寻找恰当的调查合作者

寻找恰当的调查合作者是克服语言交流障碍、做好调查的有效途径。调查地负责接待的基层干部既可以是调查向导，也可以担任翻译。语言文字、文化教育或民族宗教部门工作者，乡镇办公室或村委会干部，调查地中小学教师、中学生、放假探亲的大学生或研究生，都是理想的调查合作者。放假回家的大学生或研究生是最理想的人选，兴趣使然，他们甚至有学习田野调查的意愿；或是出于好奇，愿意参与调查。上述各类合作者不仅是很好的翻译和向导，是各类信息的提供者和解释者，还会帮助调查者解决一些实际困难。

需要强调的是，调查者一定要让合作者特别是翻译事先了解调查目的、调查内容，使其成为知情人。同时，要告知翻译，不能按自己的看法诱导甚至误导调查对象，翻译的内容不能走样，更不能随意发挥。相应地，调查者应当通过察言观色等途径判断翻译内容的真实性和可靠性。

在语言或方言不通地区做调查，选择好第一位调查对象非常重要。我们通常的做法是，先选择没有交流障碍的人，如果条件合适，可以将其发展为后续调查的合作者。因为他已经了解调查目的和调查内容，既可以担任翻译，也可以帮助寻找合适的调查对象。另外，刚进入调查地，由本地人陪同调查，是打消其他调查对象顾虑的有效方式。

（二）在调查点首府培训调查员

问卷调查的工作量很大，为了提高调查效率，可以在调查点的首府或地市联系大学同行，寻找熟知调查地语言或方言的语言学及相关专业大学生或研究生作为调查合作者。如无特殊情况，学生大都乐意利用假期参与调查。对这类合作者一定要进行严格培训，并需要在他们参与调查之初手把手地现场指导。最好先以老带新，由经验丰富的调查者先做，让其从旁观察，体验调查的全过程。待熟悉调查过程、调查内容、问话方式后，再让合作者独立调查。在合作者独立调查初期，需要有经验的调查员陪同做两三份问卷，因为不同类型的调查对象会有差异，合作者可能因缺乏调查经验难以应对。

第四节　本章小结

本章结合田野调查的实践，重点论述了社区语言生活调查的选点问题，阐述了兼顾民族分布、社区类型、地理环境、周边语言文化环境以及统筹兼顾上述各种因素的必要性。从"由上而下""由下而上"和"由点及面"三种路径，论述了顺利进入田野调查点的注意事项。从试调查和正式调查角度，论述了克服语言交流障碍的方法。本章还就语言生活调查的选点应当具有学术敏感性和宏观视野、可以有适当的灵活性和变通性等问题做了进一步阐述。

参考文献

[1] 李蓝. 湖南城步青衣苗人话 [M]. 北京：中国社会科学出版社，2004.

[2] 王远新 a. 通婚对肃南裕固族自治县各民族语言使用特点的影响 [J]. 满语研究，1998 (1).

[3] 王远新 b. 影响肃南县各民族语言使用特点的几个因素 [J]. 中央民族大学学报（哲学社会科学版），1998 (3).

[4] 王远新. 论裕固族的语言态度 [J]. 语言与翻译，1999 (2).

[5] 王远新. 青海省同德县双语教育调研报告 [G] //王远新. 语言田野调查实录（二）. 北京：中央民族大学出版社，2009.

[6] 王远新. 影响广西龙胜各民族语言使用特点的几个因素 [A]. 王远新. 双语教学与研究（第二辑）[C]. 北京：中央民族大学出版社，1999.

[7] 王远新. 影响云南禄劝县少数民族语言使用特点的几个因素 [J]. 民族教育研究，1999 (2).

[8] 王远新 a. 湖南省城步县长安营乡长安营村语言使用、语言态度调查 [J]. 中央民族大学学报（哲学社会科学版），2008 (1).

[9] 王远新 b. 多语言、多方言社区和谐的语言生活——湖南省城步县长安营乡大寨村语言使用、

语言态度调查 [J]. 绍兴文理学院学报（哲学社会科学版），2008（4）.

　　[10] 王远新 a. 省界苗寨的语言生活——湖南省城步苗族自治县独树村语言使用、语言态度调查 [A]. 国家民族事务委员会文化宣传司. 构建多语和谐的社会语言生活：民族语文国际学术研讨会论文集 [C]. 北京：民族出版社，2009.

　　[11] 王远新 b. 省界苗汉杂居社区的语言生活——湖南省城步县五团镇第一居委会语言使用、语言态度调查 [G] // 王远新. 语言田野调查实录（三）. 北京：中央民族大学出版社，2009.

　　[12] 王远新. 多民族接触互动中的语言使用状况研究——青海循化县积石镇语言使用、语言态度调查 [A]. 戴庆厦. 中国少数民族语言使用现状及其演变研究 [C]. 北京：民族出版社，2010.

　　[13] 王远新. 河北省境内的蒙古语言文化孤岛——尚义县五台蒙古营语言使用、语言态度调查 [J]. 内蒙古师范大学学报（哲学社会科学版），2010（4）.

习题

1. 语言生活调查选择调查点需要遵循哪些原则？需要兼顾哪些因素？
2. 举例说明"由上而下"调查方式的长处和弊端。
3. 举例说明"由下而上"调查方式的长处和弊端。
4. 举例说明"由点及面"调查方式的长处和弊端。
5. 怎样克服田野调查中的语言交流障碍？举例说明。

第八章 传媒领域语言生活调查

随着社会的进步和互联网的发展，传媒在人们日常生活中的作用日益凸显。传媒领域语言使用及其对大众语言生活的影响，既是语言生活综合性调查的重要组成部分，也可以做语言生活专项调查。传媒受政策变化的影响显著，对人们日常语言生活的影响直接，因此，研究者需要及时跟踪传媒领域语言生活变化的调查，以便及时了解广大受众的需求，使媒体更好地服务于人民大众。

第一节 传媒领域语言生活调查应当关注大众的需求

传媒与人们的日常生活息息相关，语言文字是媒体的基本构成要素。当今社会，很难想象有人能够不接触或不受媒体的影响。不同语言文字积淀的历史文化和人类智慧，是不同族群的精神家园，是人类社会的共同财富，而媒体是传承历史文化、引导社会进步、传递价值观念、寄托情感的重要载体和工具。往小了说，媒体会影响幼儿学话和成人语言表达，潜移默化影响语言发展的走向；往大了说，媒体可以改变世界、改变生活，会影响人们的思维和行为方式，无论"春风化雨润无声"般的影响，还是简单粗暴的灌输。

我国是多民族、多语言、多文字国家，汉语有10大方言，少数民族有130多种语言。22个少数民族有国家正式承认并使用的34种文字，有10余种少数民族文字流传于民间。我国有近40种不再使用的古文字，有些古文字在新时期焕发出了新的文化功能，如甲骨文、纳西族东巴文。随着国家统一和社会进步，普通话已成为我国各民族、各地区共同使用的国家通用语；同时，汉语方言和少数民族语文在不同地区的日常生活、行政司法、文化教育、传媒等领域发挥着各自的作用。

在汉语方言区，方言媒体仍有生存空间和一定的受众。新媒体时代，不同地区、不同民族的人们纷纷加入自媒体行列。不同方言区网红的方言自创视频时而冲上热搜，强化了方言的功能,唤起了人们的乡情或乡愁。方言保护的呼声随处可闻,方言传承的措施不断涌现。

少数民族语文媒体在宣传党和国家方针政策、普及科学文化知识、推动民族地区经济发展、传承少数民族语言文化、丰富少数民族精神生活、抵御外来文化渗透、维护边疆稳定等方面,发挥着重要作用。它不仅影响着少数民族语言文字的使用和发展走向,还体现了少数民族使用本族语文的权利。因此,办好少数民族语文媒体,更好地为中华民族大家庭中的少数民族服务,是一项长远的战略任务。

我国实行民族和语言平等政策,制定了相关法律法规和条例。少数民族语文媒体从无到有、从少到多,几乎覆盖所有媒体种类,少数民族语文活力在一定范围内有了质的提升,基本满足了不懂汉语文或民汉双语人获取信息和知识的需求,丰富了少数民族的精神文化生活。毫不夸张地说,在世界多民族国家中,几乎没有哪个国家能够像我国政府这样为少数民族文化和媒体事业制定如此多的扶持政策,投入如此多的人力、物力和财力,并取得了举世瞩目的成就。

党和国家历来关心少数民族文化和媒体的发展。21世纪初,人民网把加强少数民族语言传播体系建设作为增强主流媒体影响力、提高舆论引导力的重要内容,积极打造综合性少数民族文字网页集群。有关部门从2006年开始建设少数民族文字网页,截至2009年6月,人民网蒙古、藏、维吾尔、哈萨克、朝鲜、彝、壮等七种少数民族文字网页全部上线,成为全国首家实现"党代会""人代会"七种主要少数民族文字全覆盖的网站。人民网藏文和维吾尔文手机报在全国发行,成为少数民族获取信息的权威渠道和平台。海外读者也可以通过少数民族文字、图片、视频报道,及时了解祖国少数民族地区的繁荣发展和人民的美好生活(中国共产党新闻网,2014)。

学术研究问题源于生活,传媒领域语言生活调查应当关注大众需求。人类语言形式千差万别,社会功能不同,任何一种正在被使用的语言文字都能有效地为其使用者服务,而且不同语言文字或方言的社会文化功能具有功能互补性和不可替代性。随着改革开放的深入、社会经济的发展、国家通用语的推行、双语教育和各类媒体的普及,加之少数民族的积极进取,国家通用语已为越来越多的少数民族所掌握,少数民族双语和多语人迅速增加。如何理解并更好地发挥少数民族语文媒体的功能,科学评估不同类型语言文字媒体取得的成就、存在的问题和发展趋势,理性分析影响不同语言文字媒体发展的因素,提出可行性对策建议,不仅是语言学和新闻传播学共同关注的问题,也是社会人文学者义不容辞的责任。

第二节 传媒领域语言生活调查的主要内容和方法

一、调查内容

传媒领域语言生活调查涉及媒体的级别和类型、传播形式和内容、传播主体和受众等内容。

媒体级别包括国家级、省市自治区级、地州盟市级、市县区旗级、乡镇苏木级。国家级和省市自治区级甚至一些边境地州级媒体还设有对外传媒机构。为满足牧民夏季放牧的信息需求，一些地区设立了夏季牧场转播台，如新疆新源县恰普河牧区哈萨克语广播电视转播台。值得注意的是，在如此强大的媒体传播网络中，村级"大喇叭"仍发挥一定的作用。

新闻媒体类型主要包括官方和私营两大类；传播形式包括传统媒体（纸媒、电媒）、新媒体（网络和移动网络媒体）以及融媒体三大类。传播主体是传媒政策制定者和管理者、产品制作者和服务者，媒体受众与传媒主体的互动是传媒领域语言生活调查的重要内容。

总体而言，传媒领域语言生活调查主要涉及四方面的内容：（1）传媒政策和法律法规、传播规划和实施措施、软件配套和硬件设施等；（2）各级各类媒体的历史沿革、传播形式或途径、传播内容和效果、传播特点等；（3）不同地区、不同社会特征受众的媒体接触和评价、需求和期望等；（4）媒体发展中存在的问题、影响因素及对策建议等。

二、调查方法

与语言生活其他领域的调查相同，传媒领域语言生活调查也需要综合运用定性研究和定量分析方法，具体包括田野文献法、实地观察法、访谈法和问卷调查法。

（一）田野文献法

可靠的田野文献有赖于研究者深入媒体管理部门和传媒机构的深度访谈获取，包括传媒政策、地方性法规、相关文件、各类数据（如广播电视软件配套和硬件设备、人员配备和人才招聘、播出时段和内容、经费支持和广告收入、收视率和覆盖范围等)、传媒机构的内部计划和管理措施、工作总结、外宣材料等。比如,我们课题组走访了国家级、自治区级、州级、县级等数十家哈萨克语文媒体管理部门和传媒机构,获取了大量哈萨克语文传媒领域的田野文献和相关数据。这些文献和数据与传媒机构的实地观察、从业者的深度访谈材料相结合,可以描述哈萨克语文传媒的历史沿革和现状,也可以作为论证媒体传播规律和特点、揭示问题、分析影响因素、提出对策建议的支撑材料。

(二) 实地观察法

进入调查地,我们强调"五到":心到——时刻想着问题;脚到——步之所及尽量多走;眼到——全方位、多角度观察;口到——上至耄耋老者、下至稚气孩童,不耻下问;手到——随时随地记录或拍摄问到和看到的信息。实地观察法包括一般观察法、参与观察法和隐匿观察法,其中一般观察法又分随机和非随机观察法,参与式观察法又分一般融入式观察法、深度融入式观察法和间接融入式或追踪式观察法。观察法的实施可以随时随地进行,比如,户访或问卷调查时,可以随机观察调查对象家中的传媒设备和使用情况,调查对象上网、打电话、发信息、与家人交流等语言文字使用情况;在调查地的图书馆、农家书屋、书店等场合观察媒体受众纸媒接触和购买情况;进入传媒机构了解媒体工作者的工作流程、用语用文、语言互动等。主动参与调查地举办的各类活动,尤其是民俗文化活动以及文化广场活动;在调查地观察与媒体传播相关的标牌、路牌、牌匾、标语、社区宣传栏等固定语言景观,车载标语、广告、语音播报等移动语言景观,LED 显示牌、社区广播等视听语言景观;还可以以朋友身份参与社区活动或家庭聚会。上述种种,均可以获取传媒领域相关问题的素材和调查线索。

2008 年,我们赴云南边境地区镇康县硝厂沟德昂族村调查。座谈和实地观察后,去村委会书记家小坐。打开电视机,发现中央台全是"花纹",看不清图像,声音也时断时续,而缅甸台的声音和画面却异常清晰。这个简单的观察能够说明当时国内主流媒体覆盖范围存在的问题。当年的这个事例一方面说明边境民族地区主流媒体和少数民族语文信息传播的重要性,另一方面说明只是访谈材料和问卷数据还不够,需要细致的观察才能获得更加全面真实的信息。

2013 年 7—8 月,我们课题组在新疆克孜勒苏柯尔克孜自治州所做的柯尔克孜族媒体语言接触问卷调查数据表明,阿图什市吐古买提乡有 82.2%的人收听新疆人民广播电台的柯尔克孜语广播,理由是播出时间较长、内容较丰富、信号也比较好;阿图什市广播电台柯尔克孜语节目因为需要通过吐古买提乡广播站的转播,收听率很低。在实地观察之前,课题组人员提出,后者的内容更加贴近当地实际,又有地利之便,为什么多数人反倒更愿意收听新疆人民广播电台的柯尔克孜语广播？带着这个疑问，课题组成员多次去吐古买提乡广播站实地观察，每次都扑空，原来因为一直无人在岗，广播节目也未能转播。如果不多次去实地观察，仅凭问卷调查和访谈对象的自述，只能简单描述当地柯尔克孜族接触柯尔克孜语广播媒体的现状，难以深入了解影响受众媒体选择的因素。总之，各类实地观察材料既可以作为描写各类语言文字媒体传播状况的基本素材，也可以作为分析影响媒体传播因素的例证。

（三）访谈法

立足于访谈结构，访谈法涉及结构、半结构和随机访谈；立足于问话方式，访谈法涉及直接式和间接式（又称委婉式、迂回式、引导式）访谈。一项传媒领域语言生活调查，最好能够综合使用各种访谈方法。

不同群体受众一对一访谈式问卷调查过程中的访谈可视为结构访谈，因为问卷调查对象是经过抽样确定的，询问的问题也是既定的；半结构访谈是指对不同群体代表性受访者的深度访谈；随机访谈则可以视调查问题随机确定。

间接式访谈指采用迂回或委婉方式，在受访者不知道调查目的的情况下表达自己的想法，或采用迂回或委婉的问话方式，引导受访者说出自己的想法。我们在做新疆维吾尔族语言态度一对一访谈式问卷调查时，采用了间接式结构访谈法。具体做法是，从受访者日常接触的媒体及其评价切入，以新疆电视台地方特色栏目《新疆羊肉串》作为访谈话题，引出调查对象对相关语言变体及其使用的态度。《新疆羊肉串》栏目中人物对话主要使用兰银官话北疆片的"老新疆话"，它与兰银官话其他片区的最大差异是有较多的维吾尔语借词和语码夹杂现象，发音特点和语序也明显受到了维吾尔语影响。维吾尔族受访者对栏目中的"老新疆话"尤其是借词、语码夹杂、维吾尔语发音特点和语序的态度，呈现出显著的结构性差异：持积极态度的多为普通受众；持消极态度的多为受教育程度、社会地位和双语熟练程度较高的受众。持积极态度的调查对象，主要立足于语言交际的心理和表达功能。从心理功能看，他们认为借词或语码夹杂能够拉近谈话双方的距离，活跃谈话气氛；从表达功能看，借词或语码夹杂生动形象、幽默风趣，体现了地方语言特色，能够增加感染力。持消极态度的调查对象，主要立足于语言的纯洁化和标准化，体现出强烈的语言情感意识，有的调查对象甚至认为模仿维吾尔族说汉语是对维吾尔族的不尊重。这种结构性差异，反映出同一民族内部不同群体的语言态度和认同取向。这类访谈材料和封闭式问卷调查数据相互参证，体现了量化分析和定性研究的结合，增加了结论的说服力，揭示的问题也更为深刻。

访谈对象主要包括媒体传播施事方和受事方两类。无论施事方还是受事方，选择的访谈对象都应当有领域或行业、社区和群体代表性。立足于深度访谈，从施事方和受事方中选择的受访者一般均不应少于 10 人或 15 人。否则,同类问题的受访者及其看法就可能缺乏足够的代表性,得出的结论就可能失之偏颇。

各类访谈材料既可以用于描述媒体的沿革和现状,也可以作为问卷调查量化数据的案例,还可以作为揭示媒体发展存在的问题、分析影响因素、提出对策建议的证据。

(四) 问卷调查法

问卷调查法主要用于获取调查地不同社区、不同类型媒体受众的语言文字习得和能力、语码选择和使用,媒体接触和评价、媒体需求和期望等共性与差异性数据,这些数据是描述媒体接触现状、揭示存在问题、分析影响因素、提出对策建议的基础性材料。除不同类型社区中不同社会特征受众的问卷调查,还可以针对媒体从业者、学生、教师、外来常态居住人口等群体做专项问卷调查。普遍调查与专项调查相结合,可以进行不同类型的对比,揭示更多的问题。需要强调,我们一直提倡一对一访谈式问卷调查法,因为这样能够获取相对可靠的数据。近几年流行的网络和"问卷星"调查法,难以保证调查信度和效度,它只能用于摸底调查或试调查,不宜用于语言生活的正式调查。因为语言生活调查涉及很多主观性很强的问题,即便一对一访谈式问卷调查,也要经过问卷题项之间的内部逻辑检验、现场观察以及调查者和调查对象的话语互动加以确认,一些问题还需要采用间接式访谈和深度访谈材料佐证。美国一些学者强调定性研究(如民族志研究,包括深度参与观察和深度访谈)的重要性,认为过去通行的邮寄问卷、电话或网络调查数据不可靠,不予采信。类似的问卷调查是商业调查手段,不宜用于严肃的学术研究。总之,一项严谨的语言生活调查,需要综合运用不同的调查手段和方法,应当体现定性研究和量化分析的有机结合。

综上所述,传媒领域语言生活调查与其他领域语言生活调查方法有三方面的共性:

第一,综合运用多种田野调查方法。通过田野文献法广泛搜集各类资料和数据;通过访谈法(传播主体、媒体从业者、专家学者、不同类型社区中不同社会特征群体的深度访谈,一对一问卷调查的结构性访谈)获取定性材料和典型案例;通过问卷调查法获取不同群体媒体接触和评价、需求和期望等基础性的量化数据;通过实地观察法验证假设和初步认识,佐证通过其他方法获取的材料、得出的结论。简言之,综合采用多种田野调查方法获取的数据和材料,不仅有助于分析传媒领域语言生活的状况、受众媒体接触以及相关的态度和需求等,也可以作为问题归因分析、对策建议的证据。

第二,领域或行业、社区、群体三个维度结合。领域或行业调查主要采用深度访谈、专项问卷调查和实地观察法;不同民族、不同地区(民族聚居或杂居地区、多语多言或单语单言地区)、不同社区(城镇、农牧区、城中村、移民社区等)、不同群体(普通受众、特殊群体等)媒体接触及相关态度和需求的数据,主要通过问卷调查获取。

第三，定量分析和定性研究结合。分析传媒领域语言生活不同方面的问题，既需要依据实地观察法获得的感受和证据、深度访谈法获取的材料和案例，也需要采集各类代表性群体的访谈材料和问卷调查数据，确保调查材料和数据以及研究结论的信度和效度。

第三节 传媒领域语言生活的对比分析

传媒领域语言生活调查研究应当凸显问题意识，即以问题为导向将分析逐步引向深入。这就要求研究者不能止于表面的观察证据、问卷调查数据和访谈材料，还需要对存在的问题进行归因分析，对典型个案进行对比研究。只有这样，才能得出稳妥的、符合实际的结论，提出的对策建议才有针对性和可操作性。

传媒领域语言生活调查研究需要有整体和系统观念，其重要体现方式就是共时和历时维度的对比分析，因为特点和结论总是通过对比得出的。无论历时还是共时维度的对比，都必须建立在可比性的基础上，而且需要结合宏观、中观和微观或主观和客观因素加以综合研判。

一、历时和共时维度的对比

关于我国少数民族语文媒体取得的成就，即"在世界多民族国家中，几乎没有哪个国家能够像我国政府这样为少数民族文化和媒体事业制定如此多的扶持政策，投入如此多的人力、物力和财力，并取得了举世瞩目的成就"，这一结论就是在与世界多民族国家共时对比基础上得出的。关于我国少数民族语文媒体的发展，即"少数民族语文媒体从无到有、从少到多，几乎覆盖所有媒体种类，少数民族语文活力在一定范围内有了质的提升，基本满足了不懂汉语文或民汉双语人获取信息和知识的需求，丰富了少数民族的精神文化生活"，这一结论是从少数民族语文媒体沿革的历时对比中得出的。关于少数民族语文媒体发展存在的问题，即"政府该做的都做了，该有的媒体类型都在运行，但仍有需要加强或改进之处，如传播时效性、传播内容、媒体软硬件配置、管理水平、民族语文翻译和媒体人才等"，这一结论则是在少数民族语文各类媒体的综合调查数据及归因分析的对比中揭示出来的。

需要注意的是，历时对比需要树立正确的历史发展观，即应当结合国家的发展、不同地区或民族的历史文化积淀、社会经济条件和语言文字功能等实际，客观描述媒体的发展历程、取得的成绩，揭示存在的问题，不能超越阶段、不顾客观条件，不能以今日之标准要求前人，也不能以国家通用语言文字媒体的标准要求少数民族语言文字媒体。简言之，脱离历史条件和客观实际的结论，没有说服力。

二、可比性和综合研判

历时和共时维度对比需要考虑问题的可比性。首先，应当确立"类型"概念，即明确传媒领域语言生活的类型，包括媒体类型（传统纸媒和电媒、新媒体和融媒体、官方媒体和自媒体等）、地域类型（城镇、农牧区等）、民族分布类型（聚居区、杂居区等）、语言类型（单一语言为主地区、多语地区等）。其次，媒体、社区和群体类型应当有可比性。具体而言，根据研究需要确定研究角度，选择所要调查的媒体类型，在不同类型社区中选择代表性调查点，在同类社区内选择不同群体的调查对象。在不同类型媒体、社区和群体调查材料和数据的基础上，描述媒体接触现状以及受众的态度和需求，揭示存在的问题，并进行归因分析，才能得出比较稳妥的、有说服力的结论。比如，青海省蒙古族主要分布在海西蒙古族藏族自治州，全州蒙古族只有2.56万人。那里地广人稀，蒙古语广播频率覆盖半径约43公里，只有2400名听众。以青海和内蒙古的蒙古语文广播作为平行对比对象，对两地不同历史时期的广播频率、收视率、传播内容等做出评判，显然不具有可比性。不同地区的蒙古族不仅人口和分布差异大，而且社会经济和文化发展水平、蒙古语文功能以及蒙古族受众的媒体需求也有很大差异。以内蒙古自治区的蒙古语广播媒体做参照，可以借鉴其成功的经验，但不宜做简单的共时和历时对比。

传媒领域语言生活除受媒体政策和法律法规、调查地社会文化特点、民族分布和语言环境等宏观因素影响，还受传媒机构和媒体历史沿革、软件配备和硬件设施、传播途径和覆盖范围、传播特点等中观因素影响；媒体产品制作者和服务者，不同类型受众的媒体接触和评价、需求和期望，以及二者的互动，则是影响媒体发展的微观因素。宏观和中观因素主要涉及客观因素，客观因素中的宏观因素属外在条件，中观因素属媒体传播的本体论问题；微观因素主要涉及主观因素，它是影响媒体发展不可忽略的因素。因此，可以从宏观、中观和微观三个方面或客观和主观两个维度，对影响传媒领域语言生活的因素进行归因分析，从政府决策、客观条件、媒体管理、产品制作者和受众及二者互动等角度，提出促进传媒领域语言生活健康发展的对策建议。比如，不同社会群体受众的媒体接触和评价、需求和期望有明显差异，除需要考察不同群体受众媒体接触及相关的态度和需求,还需要结合宏观和中观因素做出综合研判,不能超越客观条件提出缺乏针对性或"一刀切"的对策建议。因为主观态度和客观现实总有差距,应当结合不同地区、不同民族的历史和现实以及受众的主观态度和行为表现,提出符合实际的、切实可行的对策建议。否则,可能顾此失彼,对策建议可能是"头疼医头、脚痛医脚"式的。

综上所述,描述传媒领域语言生活的历史沿革和现状、分析媒体发展的影响因素、提出对策建议,既需要综合运用多种田野调查方法获取可靠的材料和数据,也应当提炼和反思前人的调查结论,建构新的理论认识,与同类型或不同类型的调查个案进行共时和历时维度的对比分析,综合考察影响媒体发展的各类因素,才能触及问题的本质,提出的对策建议才具有可操作性。

第四节 对不同语言文字媒体发展趋势的思考

随着媒体形式特别是新媒体的发展,传统媒体的传播功能逐渐弱化。从少数民族受众需求看,传统媒体仍有存在的必要。电视和网络的普及,导致广播的传播功能明显减弱。广播有音频无视频,效果不如电视生动。尽管如此,不同类型的收音设备方便携带,覆盖率也高于电视;私人汽车拥有量的增加,车载广播接触人群和频率也逐渐增加。受网络新媒体影响,报刊订阅人数日益减少,发行量大幅降低,但仍有一些受众特别是老年群体习惯阅读纸媒。青海省海西蒙古族藏族自治州城镇和牧区 231 个样本的调查数据表明,41.7%的蒙古族阅读蒙古文图书报刊。总之,少数民族语文传统媒体仍具有不可替代的功能,融媒体的发展也为纸媒的发展提供可能。

新媒体时代,以少数民族语文为传播媒介的网络平台特别是官方微信公众号逐渐成为少数民族媒体接触的重要途径。自媒体的兴起,对少数民族语文的使用具有双重影响:一方面,少数民族特别是年轻人积极参与其中,加快了民族地区国家通用语的普及速度;另一方面,一些地区少数民族自发建立了学习本族语文的微信群和视频学习平台,对传承本族语言文化起到了推动作用。2015 年 10 月,青海省蒙古族自发建立了蒙古语微信学习平台,由青年志愿者担任教师,分正规授课班和若干社会班,分口语初级班和高级班、文字初级班和高级班。周一至周五晚上为正课,周末晚上为口语会话及娱乐互动课。截至 2016 年 4 月,青海省共设立蒙古语微信课堂群 58 个,一万多人入群,学员主要来自西宁、黄南藏族自治州河南蒙古族自治县、海北藏族自治州、海西蒙古族藏族自治州以及新疆等地。此外，与少数民族文化相关的自媒体产品特别是民族歌舞、民风民俗等表演或介绍，一定程度上起到了宣传丰富多彩中华文化的作用。

第五节　本章小结

　　我国少数民族语文媒体经历了从无到有、从少到多的发展。从少数民族受众需求看，传统媒体仍有存在的必要，新媒体特别是自媒体对少数民族语文的使用具有双重影响。传媒领域语言生活调查应当立足于大众需求，以媒体级别和类型、传播形式和内容、传播主体和受众为切入点，综合采用多种田野调查方法，依据实地调查材料和数据描述传媒领域语言生活状况，分析受众的媒体接触和评价、需求和期望，揭示传媒领域语言生活存在的问题及其影响因素，预测少数民族语文媒体发展的趋势。传媒领域语言生活的调查研究不能止于表面的观察证据、问卷调查数据和访谈材料，还需要在整体和系统观念指导下，采用共时和历时对比相结合的方法，结合宏观、中观、微观或主观、客观因素进行归因分析，研究结论才比较稳妥，对策建议才有针对性和可操作性。

　　总之，少数民族语文媒体具有特殊的功能和不可替代的作用，全面调查和描述不同语言文字及不同类型媒体的状况，评估取得的成就、揭示存在的问题、预测发展趋势，分析影响媒体发展的因素，提出对策建议，有助于更好地发挥中华民族不同语言文字媒体的社会文化功能，有助于增强铸牢中华民族共同体意识。

参考文献

　　[1] 丹珠昂奔. 认识与自信——关于民族文化的思考 [J]. 西南民族大学学报（人文社会科学版），2016（7）.

　　[2] 人民日报. 新媒体需治七种病 [N]. 2015—04—02（23）.

　　[3] 王远新. 新疆传媒领域少数民族语文使用现状、问题及对策 [G]//王远新. 语言田野调查实录（10）. 北京：中央民族大学出版社，2014.

　　[4] 王远新. 云南边境地区少数民族语言文化调研报告——以德宏傣族景颇族自治州为个案 [G]//王远新. 语言田野调查实录（11）. 北京：中央民族大学出版社，2015.

　　[5] 王远新. 语言生活调查的主要内容和方法 [J]. 民族教育研究，2019（2）.

　　[6] 中国共产党新闻网. 习近平总书记关心少数民族文字"上网"，人民网七个民文语种大力宣传政策服务群众 [EB/OL]. 人民网 [2014—03—04]. http://cpc.people.com.cn/n/2014/0304/c64094-24527358.html.

第八章　传媒领域语言生活调查　　　　　　　　　　　　　　　　　　　　· 153 ·

附录　公务人员语言使用和语言态度调查问卷

贵州省贵阳市少数民族公务人员语言使用和语言态度调查问卷

问卷编号：_____；调查时间：_____年_____月_____日
姓名：_____；联系方式：_____

A. 本人基本情况
A1. 性别：1. 男　2. 女
A2. 民族成分：_____
A3. 年龄：_____
A4. 出生地（填写至街道居委会或乡镇村委会，调查地出生的直接填写"本地"，并在下题画线处打×）：_____
A5. 您什么时候迁入或来到本地：_____年
A6. 您在哪些地方（除出生地和现居住地）居住过一年以上（请注明时间、地点和外出目的）：
_____
A7. 受教育程度
　1. 小学　　2. 初中　　3. 高中（包括中专、技校）　　4. 大专　　5. 本科及以上
A8. 工作单位和职务：_____

B. 家庭基本情况
B1. 您家庭成员的民族成分【未婚者不问后两项】
爷爷_____族　　奶奶_____族
爸爸_____族　　妈妈_____族
配偶_____族　　子女_____族
B2. 在您的家庭成员中，有没有与其他民族结婚的【所有调查对象回答】
1. 有（请注明成员和通婚民族类别_____）　　2. 没有
B3. 在您的家族成员中，有没有与其他民族结婚的【所有调查对象回答】
1. 有（请注明成员和通婚民族类别_____）　　2. 没有
B4. 假如您本人与其他民族成员结婚，您的态度怎样【所有调查对象回答】
1. 愿意（请注明原因_____）　　2. 无所谓
3. 不愿意（请注明原因_____）　　4. 无法回答
B5. 无论您家庭或家族成员中有没有与其他民族通婚的人，您对不同民族通婚的态度怎样
1. 应当提倡　　　　　　　　　2. 应当尊重
3. 可以接受　　　　　　　　　4. 不合心意
5. 其他想法（请注明_____）　　6. 无法回答

C. 语言文字掌握和使用

C1. 您小时候（上学前或五周岁前）最先或同时学会什么语言或方言【可多选】
 1. 本民族语言　　　　2. 普通话　　　3. 汉语方言（请注明_____）
 4. 其他语言（请注明_____）

C2. 您上小学时，老师用什么语言或方言讲课【可多选】
　　1. 本民族语言　　　　　　　　2. 普通话
　　3. 汉语方言（请注明_____）　4. 其他语言（请注明_____）

C3. 您现在能用哪些语言或方言与人交谈【可多选】
　　1. 本民族语言　　　　　　　　2. 普通话
　　3. 汉语方言（请注明_____）　4. 其他语言（请注明_____）

C4. 小时候，您父亲（或男性抚养人）跟您说什么语言或方言【可多选】
　　1. 本民族语言　　　　　　　　2. 普通话
　　3. 汉语方言（请注明_____）　4. 其他语言（请注明_____）

C5. 小时候，您母亲（或女性抚养人）跟您说什么语言或方言【可多选】
　　1. 本民族语言　　　　　　　　2. 普通话
　　3. 汉语方言（请注明_____）　4. 其他语言（请注明_____）

C6. 现在您跟您父亲交谈使用什么语言或方言【可多选】
　　1. 本民族语言　　　　　　　　2. 普通话
　　3. 汉语方言（请注明_____）　4. 其他语言（请注明_____）
　　5. 无此情况

C7. 现在您跟您母亲交谈使用什么语言或方言【可多选】
　　1. 本民族语言　　　　　　　　2. 普通话
　　3. 汉语方言（请注明_____）　4. 其他语言（请注明_____）
　　5. 无此情况

C8. 您跟同辈（配偶、兄弟姐妹）交谈使用什么语言或方言【可多选】
　　1. 本民族语言　　　　　　　　2. 普通话
　　3. 汉语方言（请注明_____）　4. 其他语言（请注明_____）

C9. 您跟后代交谈使用什么语言或方言【可多选】
　　1. 本民族语言　　　　　　　　2. 普通话
　　3. 汉语方言（请注明_____）　4. 其他语言（请注明_____）
　　5. 无此情况

C10. 您在本地集贸市场买东西使用什么语言或方言【可多选】
　　1. 本民族语言　　　　　　　　2. 普通话
　　3. 汉语方言（请注明_____）　4. 其他语言（请注明_____）
　　5. 无此情况

第八章 传媒领域语言生活调查

C11. 您在单位跟本族同事谈工作使用什么语言或方言【可多选】
  1. 本民族语言   2. 普通话
  3. 汉语方言（请注明_____）   4. 其他语言（请注明_____）
  5. 无此情况

C12. 您在单位跟其他民族同事谈工作使用什么语言或方言【可多选】
  1. 本民族语言   2. 普通话
  3. 汉语方言（请注明_____）   4. 其他语言（请注明_____）
  5. 无此情况

C13. 您在单位跟本族同事聊天使用什么语言或方言【可多选】
  1. 本民族语言   2. 普通话
  3. 汉语方言（请注明_____）   4. 其他语言（请注明_____）
  5. 无此情况

C14. 您在单位跟其他民族同事聊天使用什么语言或方言【可多选】
  1. 本民族语言   2. 普通话
  3. 汉语方言（请注明_____）   4. 其他语言（请注明_____）
  5. 无此情况

C15. 您在单位开会发言使用什么语言或方言【可多选】
  1. 本民族语言   2. 普通话
  3. 汉语方言（请注明_____）   4. 其他语言（请注明_____）
  5. 无此情况

C16. 您在单位开会做报告使用什么语言或方言【可多选】
  1. 本民族语言   2. 普通话
  3. 汉语方言（请注明_____）   4. 其他语言（请注明_____）
  5. 无此情况

C17. 您接待本族来访者使用什么语言或方言【可多选】
  1. 本民族语言   2. 普通话
  3. 汉语方言（请注明_____）   4. 其他语言（请注明_____）
  5. 无此情况

C18. 您接待其他民族来访者使用什么语言或方言【可多选】
  1. 本民族语言   2. 普通话
  3. 汉语方言（请注明_____）   4. 其他语言（请注明_____）
  5. 无此情况

C19. 在民族节日活动中，您跟本族人交谈使用什么语言或方言【可多选】
  1. 本民族语言   2. 普通话
  3. 汉语方言（请注明_____）   4. 其他语言（请注明_____）
  5. 无此情况

C20. 在民族节日活动中，您跟其他民族的人交谈使用什么语言或方言【可多选】
　　1. 本民族语言　　　　　　　　2. 普通话
　　3. 汉语方言（请注明_____）　　4. 其他语言（请注明_____）
　　5. 无此情况

C21. 您的本族语程度怎样
　　（1）听
　　1. 完全能听懂（95%—100%）
　　2. 大部分能听懂（85%—94%）
　　3. 基本能听懂（40%—84%）
　　4. 能听懂日常用语（10%—39%）
　　5. 基本听不懂（1%—9%）
　　6. 完全听不懂
　　（2）说
　　1. 能熟练交谈，没有障碍（95%—100%）
　　2. 能熟练交谈，个别时候有障碍（85%—94%）
　　3. 基本能交谈（40%—84%）
　　4. 会说日常用语（10%—39%）
　　5. 基本不会说（1%—9%）
　　6. 完全不会说

C22. 您的其他少数民族语言（请注明_____）程度怎样
　　（1）听
　　1. 完全能听懂（95%—100%）
　　2. 大部分能听懂（85%—94%）
　　3. 基本能听懂（40%—84%）
　　4. 能听懂日常用语（10%—39%）
　　5. 基本听不懂（1%—9%）
　　6. 完全听不懂
　　（2）说
　　1. 能熟练交谈，没有障碍（95%—100%）
　　2. 能熟练交谈，个别时候有障碍（85%—94%）
　　3. 基本能交谈（40%—84%）
　　4. 会说日常用语（10%—39%）
　　5. 基本不会说（1%—9%）
　　6. 完全不会说

C23. 您的普通话程度怎样

（1）听

1. 完全能听懂（95%—100%）
2. 大部分能听懂（85%—94%）
3. 基本能听懂（40%—84%）
4. 能听懂日常用语（10%—39%）
5. 基本听不懂（1%—9%）
6. 完全听不懂

（2）说

1. 能熟练交谈，没有障碍（95%—100%）
2. 能熟练交谈，个别时候有障碍（85%—94%）
3. 基本能交谈（40%—84%）
4. 会说日常用语（10%—39%）
5. 基本不会说（1%—9%）
6. 完全不会说

C24. 您的汉语方言（请注明_____）程度怎样【会两种以上者填写最熟练的】

（1）听

1. 完全能听懂（95%—100%）
2. 大部分能听懂（85%—94%）
3. 基本能听懂（40%—84%）
4. 能听懂日常用语（10%—39%）
5. 基本听不懂（1%—9%）
6. 完全听不懂

（2）说

1. 能熟练交谈，没有障碍（95%—100%）
2. 能熟练交谈，个别时候有障碍（85%—94%）
3. 基本能交谈（40%—84%）
4. 会说日常用语（10%—39%）
5. 基本不会说（1%—9%）
6. 完全不会说

C25. 您的汉文程度怎样

（1）读

1. 能读书看报
2. 能看懂家信或简单文章
3. 只能看懂便条或留言条
4. 基本看不懂

5. 完全看不懂

（2）写

1. 能写文章

2. 能写家信或简单文章

3. 只能写便条或留言条

4. 基本不会写

5. 完全不会写

C26. 您的本民族文字程度怎样

（1）读

1. 能读书看报

2. 能看懂家信或简单文章

3. 只能看懂便条或留言条

4. 基本看不懂

5. 完全看不懂

（2）写

1. 能写文章

2. 能写家信或简单文章

3. 只能写便条或留言条

4. 基本不会写

5. 完全不会写

C27. 您平时书写使用什么文字【可多选】

 1. 本民族文字   2. 汉文

 3. 其他文字（请注明_____）   4. 无此情况

C28. 您用电脑书写使用什么文字【可多选】

 1. 本民族文字   2. 汉文

 3. 其他文字（请注明_____）   4. 无此情况

C29. 您发手机短信或微信使用什么文字【可多选】

 1. 本民族文字   2. 汉文

 3. 其他文字（请注明_____）   4. 无此情况

D. 媒体接触

D1. 您常看什么语言或方言的电视节目【可多选】

 1. 本民族语言   2. 普通话

 3. 汉语方言（请注明_____）   4. 其他语言（请注明_____）

 5. 无此情况

D2. 您常收听什么语言或方言的广播节目【可多选】

 1. 本民族语言   2. 普通话

3. 汉语方言（请注明＿＿＿＿）　　4. 其他语言（请注明＿＿＿＿）
5. 无此情况

D3. 您认为民族语广播贴近少数民族生活实际吗
1. 很贴近　　　　　　　　　　　2. 比较贴近
3. 不够贴近　　　　　　　　　　4. 无法回答
5. 无此情况

D4. 您收听民族语广播的主要目的是【可多选】
1. 了解时事新闻　　2. 学习科学文化知识　　3. 传承本民族文化
4. 休闲娱乐　　　　5. 无特别目的　　　　　6. 其他（请注明＿＿＿＿）
7. 无此情况

D5. 您认为当地民族语广播存在哪些问题【可多选】
1. 时效性差　　　　2. 内容不够丰富　　　　3. 节目重复率高
4. 广告多　　　　　5. 不贴近生活实际　　　6. 信号不好（覆盖率低）
7. 其他（请注明＿＿＿＿）　　　　　　　　8. 没有问题
9. 无法回答　　　　10. 无此情况

D6. 您常看什么语言或方言的网络视频【可多选】
1. 本民族语言　　　　　　　　　　2. 普通话
3. 汉语方言（请注明＿＿＿＿）　　4. 其他语言（请注明＿＿＿＿）
5. 无此情况

D7. 您上网通常看什么文字的网页【可多选】
1. 本民族文字　　　　　　　　　　2. 汉文
3. 其他文字（请注明＿＿＿＿）　　4. 无此情况

E. 语言文字学习途径、动机和态度

E1. 您是怎样学会本族语言的【可多选】
1. 家人影响自然学会　　　　　　　2. 在学校学习（请注明＿＿＿＿）
3. 在培训班学习（请注明＿＿＿）　4. 媒体影响（看电视电影或听广播）
5. 社会交往中学会　　　　　　　　6. 其他方式（请注明＿＿＿＿）
7. 无此情况

E2. 您是怎样学会本民族文字的【可多选】
1. 家人教会　　　　　　　　　　　2. 在学校学习（请注明＿＿＿＿）
3. 在培训班学习（请注明＿＿＿）　4. 媒体影响（看电视电影或听广播）
5. 其他方式（请注明＿＿＿＿）　　6. 无此情况

E3. 您是怎样学会其他少数民族语言（请注明＿＿＿＿）的【可多选】
1. 家人影响自然学会　　　　　　　2. 在学校学习（＿＿＿＿）
3. 在培训班学习（请注明＿＿＿）　4. 媒体影响（看电视电影或听广播）
5. 社会交往中学会　　　　　　　　6. 其他方式（请注明＿＿＿＿）

7. 无此情况
E4. 您是怎样学会普通话的【可多选】
 1. 家人影响自然学会   2. 在学校学习（请注明_____）
 3. 在培训班学习（请注明_____） 4. 媒体影响（看电视电影或听广播）
 5. 社会交往中学会   6. 其他方式（请注明_____）
 7. 无此情况
E5. 您是怎样学会汉文的【可多选】
 1. 家人教会   2. 在学校学习（请注明_____）
 3. 在培训班学习（请注明_____） 4. 媒体影响（看电视电影或听广播）
 5. 其他方式（请注明_____） 6. 无此情况
E6. 您是怎样学会汉语方言（请注明_____）的【可多选】
 1. 家人影响自然学会   2. 在学校学习（请注明_____）
 3. 在培训班学习（请注明_____） 4. 媒体影响（看电视电影或听广播）
 5. 社会交往中学会   6. 其他方式（请注明_____）
 7. 无此情况

F. 语言文字态度

F1. 您认为学习本民族语言有用吗
 1. 很有用
 2. 对一部分人或在一定范围内有用（请注明_____）
 3. 没有用
 4. 无法回答（请注明原因_____）
F2. 您认为学习本民族文字有用吗
 1. 很有用
 2. 对一部分人或在一定范围内有用（请注明_____）
 3. 没有用
 4. 无法回答（请注明原因_____）
F3. 您认为学习普通话有用吗
 1. 很有用
 2. 对一部分人或在一定范围内有用（请注明_____）
 3. 没有用
 4. 无法回答（请注明原因_____）
F4. 您认为学习汉文有用吗
 1. 很有用
 2. 对一部分人或在一定范围内有用（请注明_____）
 3. 没有用
 4. 无法回答（请注明原因_____）

F5. 您认为学习汉语方言（请注明_____）有用吗
  1. 很有用
  2. 对一部分人或在一定范围内有用（请注明_____）
  3. 没有用
  4. 无法回答（请注明原因_____）

F6. 您认为学习英语有用吗【所有调查对象均回答】
  1. 很有用
  2. 对一部分人或在一定范围内有用（请注明_____）
  3. 没有用
  4. 无法回答（请注明原因_____）

F7. 您认为学习英文有用吗【所有调查对象均回答】
  1. 很有用
  2. 对一部分人或在一定范围内有用（请注明_____）
  3. 没有用
  4. 无法回答（请注明原因_____）

F8. 您是否赞成广播和电视节目使用汉语方言
  1. 赞成　　　　　　2. 不赞成
  3. 无所谓　　　　　4. 无法回答（请注明原因_____）

F9. 您觉得说普通话遇到的主要问题是什么【可多选】
  1. 周围的人不说
  2. 受汉语方言影响不好改口音
  3. 受少数民族语言影响不好改口音
  4. 说方言比说普通话更容易与本地人沟通
  5. 说少数民族语言比说普通话更容易与本地人沟通
  6. 说普通话怕本地人笑话
  7. 其他原因（请注明_____）
  8. 没有任何问题
  9. 无此情况

F10. 您学习普通话的目的是什么【可多选】
  1. 从小自然学会
  2. 工作或外出需要
  3. 普通话是全国通用语
  4. 说普通话能与更多的人沟通
  5. 学好普通话有前途
  6. 个人兴趣
  7. 学校或单位要求

8. 其他目的（请说明_____）

9. 无法回答（请注明原因_____）

10. 无此情况

F11. 您学习本民族语言的目的是什么【可多选】

1. 从小自然学会

2. 便于与本民族沟通

3. 有助于传承本民族文化

4. 个人兴趣

5. 其他目的（请注明_____）

6. 无法回答（请注明原因_____）

7. 无此情况

F12. 您学习其他少数民族语言（请注明_____）的目的是什么【可多选】

1. 从小自然学会

2. 便于与本地少数民族沟通

3. 有助于传承少数民族文化

4. 个人兴趣

5. 其他目的（请注明_____）

6. 无法回答（请注明原因_____）

7. 无此情况

F13. 您觉得什么语言或方言对您本人比较重要【可多选】

1. 本民族语言	2. 普通话
3. 汉语方言（请注明_____）	4. 其他语言（请注明_____）

5. 无法回答（请注明原因_____）

F14. 您希望本民族语言有怎样的发展前景

1. 有很大发展	2. 在一定范围内发展
3. 任其自然发展	4. 不久将来不再使用

5. 无法回答（请注明原因_____）

F15. 您希望本民族文字有怎样的发展前景

1. 有很大发展	2. 在一定范围内发展
3. 任其自然发展	4. 不久将来不再使用

5. 无法回答（请注明原因_____）

F16. 您希望普通话有怎样的发展前景

1. 有很大发展	2. 在一定范围内发展
3. 任其自然发展	4. 不久将来不再使用

5. 无法回答（请注明原因_____）

F17. 您希望汉文有怎样的发展前景
　　1. 有很大发展　　　　　　　　　　2. 在一定范围内发展
　　3. 任其自然发展　　　　　　　　　4. 不久将来不再使用
　　5. 无法回答（请注明原因_____）

F18. 您希望汉语方言（请注明_____）有怎样的发展前景
　　1. 有很大发展　　　　　　　　　　2. 在一定范围内发展
　　3. 任其自然发展　　　　　　　　　4. 不久将来不再使用
　　5. 无法回答（请注明原因_____）

F19. 您希望英语有怎样的发展前景
　　1. 有很大发展　　　　　　　　　　2. 在一定范围内发展
　　3. 任其自然发展　　　　　　　　　4. 不久将来不再使用
　　5. 无法回答（请注明原因_____）

F20. 您希望英文有怎样的发展前景
　　1. 有很大发展　　　　　　　　　　2. 在一定范围内发展
　　3. 任其自然发展　　　　　　　　　4. 不久将来不再使用
　　5. 无法回答（请注明原因_____）

F21. 您希望后代上小学前最好学会什么语言或方言 **【可多选，所有调查对象回答】**
　　1. 本民族语言　　　　　　　　　　2. 普通话
　　3. 汉语方言（请注明_____）　4. 其他语言（请注明_____）
　　5. 无法回答（请注明原因_____）

F22. 您希望后代上什么语言授课的幼儿园 **【可多选，所有调查对象回答】**
　　1. 本民族语言　　　　　　　　　　2. 普通话
　　3. 汉语方言（请注明_____）　4. 其他语言（请注明_____）
　　5. 无法回答（请注明原因_____）

F23. 您认为当地政府部门服务窗口需要配备专职少数民族语言翻译吗
　　1. 有必要　　　　　　　　　　　　2. 没有必要
　　3. 无所谓　　　　　　　　　　　　4. 无法回答（请注明_____）

F24. 您认为当地法院有必要配备专职少数民族语言翻译吗
　　1. 有必要　　　　　　　　　　　　2. 没有必要
　　3. 无所谓　　　　　　　　　　　　4. 无法回答（请注明_____）

F25. 您认为当地公务机关牌匾有必要使用少数民族文字吗
　　1. 有必要　　　　　　　　　　　　2. 没有必要
　　3. 无所谓　　　　　　　　　　　　4. 无法回答（请注明_____）

F26. 如有机会，您愿意学习本民族语言吗
　　1. 愿意　　　　　　　　　　　　　2. 不愿意
　　3. 无所谓　　　　　　　　　　　　4. 无法回答（请注明_____）

F27. 您认为当地少数民族非物质文化遗产项目传承情况如何
    1. 很好　　　　2. 比较好　　　　3. 一般　　　　4. 不够好　　　　5. 无法回答
F28. 您参加公务员面试时加试过哪种语言
    1. 本族语　　　　　　　　　　　　　　2. 其他民族语（请注明_____）
    3. 汉语（请注明_____）　4. 无此情况
F29. 您认为招收司法所和派出所公务人员有必要进行少数民族语言测试吗
    1. 有必要　　　　　　　　　　　　　　2. 没有必要
    3. 无所谓　　　　　　　　　　　　　　4. 无法回答（请注明_____）
F30. 您认为招收国家公务人员有必要进行少数民族语言测试吗
    1. 有必要　　　　　　　　　　　　　　2. 没有必要
    3. 无所谓　　　　　　　　　　　　　　4. 无法回答（请注明_____）
F31. 您参加过双语人才业务培训吗
    1. 参加过（可进行访谈，了解其学习情况和参与感受）
    2. 听说过但没参加　　　　　　　　　　3. 没听说也没参加过
F32. 您认为有必要开展双语人才业务培训吗
    1. 有必要　　　　　　　　　　　　　　2. 没有必要
    3. 无所谓　　　　　　　　　　　　　　4. 无法回答（请注明_____）
F33. 您认为双语人才培训有什么作用【可多选】
    1. 学习民族语知识　　　　　　　　　　2. 有助于传承少数民族语言文字
    3. 有助于挖掘少数民族文化　　　　　　4. 有助于提高普通话水平
    5. 没有什么帮助　　　　　　　　　　　6. 其他（请注明_____）
    7. 无法回答
F34. 您觉得在本地有必要开办国家通用语培训班吗
    1. 有必要　　　　　　2. 没有必要　　　　　　3. 无所谓
    4. 无法回答（请注明_____）

调查员签名：_____

习题

1. 传媒领域语言生活调查主要涉及哪些内容？
2. 传媒领域语言生活调查主要采用哪些方法？
3. 传媒领域语言生活调查为什么要进行历时和共时维度的对比？
4. 传媒领域语言生活共时和历时维度对比为什么要考虑问题的可比性？
5. 总结本章附录调查问卷的特点和不足。
6. 尝试设计一份针对某一地区传媒领域或其他行业语言使用和语言态度的调查问卷。

第九章　语言田野调查的文献方法

学术研究的总原则是理论联系实际，需要遵循科学性、持续性、操作性等具体原则。无论前人积累的理论认识，还是有待探讨和建构的新理论，都不能脱离实际。所谓"实际"就是现实生活中存在的问题，即便历史问题的研究也要为现实服务。具体而言，学术研究的科学性原则主要取决于问题意识，只有以问题为导向，才可能提出有价值的研究问题，否则，就可能人云亦云；持续性原则源自研究问题的前瞻性和类推性，否则，研究成果就不会有生命力；提出了有价值的、可持续的研究问题，还需要遵循操作性原则，即选择恰当的研究路径，包括借鉴合适的理论、采用科学的方法以及恰当的操作手段。

探讨已有研究未能解决或研究不够的问题，前提是全面分析和正确评价前人的研究，并在积累第一手材料和研究个案的过程中弥补以往研究的不足。语言田野调查是语言研究的常规工作，其最大特点是要深入研究对象生活的地区，采用不同方法搜集第一手材料和数据。就此而言，研究问题源自相互关联、相互为用的两个方面：广泛深入阅读基础上的理论反思和掌握第一手材料基础上的研究积累。文献阅读和评述即文献综述是提出问题、建立假设的重要途径，是理论反思的基本依据；通过田野调查获取第一手材料是提炼证据、解释问题、建构理论的重要手段。换言之，前者涉及理论继承和对话，后者涉及验证已有理论、提出新的理论。

第一节　文献综述与田野文献的关系

本章所说的语言田野调查文献方法包括一般意义的文献综述和特定意义的田野文献搜集方法。严格来说，文献综述不是特定学科或研究领域的调查研究方法，而是论文或著作撰写的组成部分，属论文写作方法范畴。语言田野调查领域的文献方法，要求研究者在田野调查过程中搜集各类地方文献特别是口头文献，目的是掌握全面的背景信息和基本数据，更好地开展相关的田野调查研究。

从田野调查角度看，文献综述和田野文献法的运用相辅相成，它大体可以分为两个阶段进行：一是前期文献阅读和梳理，包括研究文献和其他资料如地方志、语言志或方言志、统计年鉴中的相关资料和数据；二是进入田野后搜集和整理地方或口头文献。上述两方面的文献搜集和整理贯穿于一项调查研究的全过程。

第一阶段即提出问题、建立假设阶段，需要全面阅读和梳理相关研究文献，合理吸收和借鉴前人的观点和方法，并从中发现新的问题或线索，进一步明确自己的研究重点，找出前人与自己研究的结合点；然后通过后续的调查研究，解决前人未能解决或分析不全面、不深入的问题。完成田野调查资料和数据搜集整理工作后，还需要重读文献，重新审视和完善文献综述。

第二阶段即田野文献搜集阶段，主要搜集田野文献资料（包括与研究问题相关的语言文化生态环境、调查地历史沿革和现状、调查点户籍和人口数据以及民族结构及其他舆地资料）、口头文献（包括传说、史诗、民间故事、奇闻异事、典型案例、族谱、家谱等），目的是进一步核实前期搜集的文献资料，获取更加具体的资料和最新的数据，进一步完善调查方案。

整个调查研究过程，是文献阅读和梳理、材料搜集和分析交叉前行的过程。文献综述贯穿一项研究的全过程，完成初步研究后，一定要重读文献。完成初步的实证研究后重读文献，会发现已撰写的文献综述需要进一步提炼，甚至需要重新撰写。换言之，一方面，深入细致的文献阅读能促使研究者在不断思考过程中厘清研究问题的逻辑关系。另一方面，田野文献的搜集和分析过程会促使研究者进一步吸收、理解和消化前人的成果，克服前期的偏颇认识或主观偏见；还会促使研究者扩大阅读范围，寻找同类型或不同类型的对比对象或参照点，通过对比分析进一步深化认识，确保结论的客观性和认识的可靠性。

第二节 研究文献的阅读、梳理和评述

任何一门学科都是在前人知识积累和认识成果基础上建立并不断发展的，因此，广泛深入的文献阅读和文献综述是学术研究的基础性工作，它大致有三方面的作用：一是积累学科知识，夯实专业基础；二是跟踪学术动态，把握学术前沿；三是汲取前人的经验和教训，引导自己的学术研究，即在前人研究基础上做进一步探讨。文献阅读、梳理和评述应当以问题为导向，即带着问题搜索、梳理和阅读文献，结合自己的前期积累和

初步认识,细致甄别前人的理论观点、分析方法和材料使用,在权衡和取舍、吸收和质疑的基础上做全面细致的综述,目的是为自己的研究做铺垫。文献综述既要有科学的提炼综合,也要有恰当的评述展望。这不仅要求综述者具有扎实的专业功底和分析提炼能力,还要有把握该领域前沿的眼光。

一、广泛深入阅读

文献综述除了解行情外,更重要的是更好地把握研究问题,在前人研究的基础上寻找新的突破点。要做到这一点,前提是广泛搜集、深入阅读相关研究文献。

(一) 尽可能全面搜集和深入阅读文献

文献搜集应当兼顾电子和非电子文档,不仅重点关注与自己研究主题词或关键词相关的直接文献,还要阅读非主题词或非关键词的间接文献。从海量文献中甄别出重要文献,并将其作为评述重点,需要学术眼光。一般而言,应当重点关注核心期刊论文和专题研究论著,以及相关领域有影响的专家及其学术观点,还应当关注已有的研究综述和学位论文。此外,应当搜集国外文献,如无法直接阅读,也要尽可能阅读翻译文献及相关评述。深入阅读文献是写好文献综述的基础,既需要重点提炼相关的观点和方法,仔细甄别语言材料,也不能忽略看似不相关的信息和问题,它们可能在综述写作过程中甚至在完成初稿后派上用场。

(二) 厘清学术背景

厘清研究文献的学术背景,包括作者的知识结构、学术倾向、研究动因以及相关的历史、政治和学术生态等,有助于恰当评述相关研究成果。文献阅读既要有质疑眼光和批判精神,又不能苛责前人,应当考虑不同时期的学术背景和整体水平。文献综述还应当厘清不同学术观点的理论渊源、特定的研究对象、研究方法的利弊、研究结论的针对性及其内在逻辑联系。有的文献综述只是罗列相关的研究成果,缺乏进一步的提炼和评述,即综述有余、评论不足;有的研究综述只是根据研究内容的表面或显性问题进行提炼归类,没有以问题为导向,未能体现研究问题深层次的逻辑关联;有的文献综述面面俱到,重点不突出,尤其未能凸显与自己研究相关的重点;有的文献综述引用某种观点时,甚至连作者的性别都没弄清,其综述水平可想而知。

二、谨慎客观评述

文献评述的总原则是：具有创新价值的文献重点综述；有争议的观点全面客观、不偏不倚地介绍；陈旧的观点略谈甚至不谈。在此基础上，需要注意以下两点。

(一) 既要尊重前人研究，也不能受权威文献束缚

任何一门学科都有一个积累的过程，通常情况下每个时代都会有其学术特色。因此，寻找某一时代的代表人物，梳理这个时代的代表性论著或学说，是学术研究的常规做法。文献综述的过程不仅是研究者扩大知识面的过程，也是不断深化认识的途径。因此，综述的评述部分既应当充分肯定前人的贡献，也要指出其不足。关于后者，不能只是笼统地概述，还应当分析存在这些不足的原因，这样才能更好地为自己的研究做铺垫。

需要强调的是，我们敬畏学术、尊重学术权威及其代表学说，但既不能将其"神圣化"，不敢越雷池一步；也不能不顾学术历史条件和当时的学术生态环境苛求前人。简言之，既不能迷信前人包括学术"权威"，也不能抹杀他们的贡献。因此，文献阅读、理论反思既要具有批判精神，也要实事求是，把握好评价尺度。

(二) 结论留有余地

文献综述的评价应当避免绝对化，尽量不用"填补空白"，不要轻言某位学者"最先"或"最早"提出了什么概念、做了哪类研究。因为有些更早的文献可能并未搜集到，或前人的研究隐藏在其他论著中，未能进入综述者的视野。王力1926年夏考入清华国学研究院，其论文《中国古文法》的指导教师是赵元任和梁启超。王力的论文谈及"反照句"和"纲目句"时，加了"反照句、纲目句，在西文中罕见"的附言。赵元任的评语是："删附言！未熟通某文，断不可定其无某文法。言有易，言无难！"在赵元任看来，西文是宽泛的概念，不能根据自己掌握的部分材料轻易下结论。王力虽按导师意见删去附言，但并未真正理解"言有易，言无难"的深意。不久，他的论文《两粤音说》以家乡方言博白话为依据，认为粤语广州话没有撮口呼。当时赵元任未调查过广州话，没有把握断定其有无。他虽将此文推荐到《清华学报》发表，但一直惦记此事。1928年，赵元任调查广州话时发现有撮口呼，即刻给法国留学的王力写信，以"雪"字为例，证明广州话有撮口呼。此时，王力才真正理解了"言有易，言无难"的分量，并将其作为一生的座右铭（王力，1982）。"言有易，言无难"六字箴言是我们做学术研究应当铭记的。

三、结合实际创新

专业文献阅读过程中,一些事实、规律或理论观点会引起研究者的格外关注,或激发其研究兴趣,它们常常成为提出研究问题的重要线索。进一步思考,不仅需要扩大阅读范围、寻找更多的事实和理论依据,还需要结合日常观察和田野调查进一步核查验证。

以笔者指导的一位研究生的硕士学位论文为例。她在阅读现代汉语重叠式论著时,关注到前人关于普通话动词重叠限制问题的讨论。比如朱德熙(1982)指出,动词重叠式的否定形式只出现在两种场合:一是出现在否定句"不……不……"的前一个"不"字之后,如"不调查调查不容易弄清楚";二是出现在反问句中,如"你怎么不问问"。张先亮(1994)指出,普通话"没(有)"限定动词重叠式时只出现在陈述句中,如"他没敲敲门就进来"。石毓智(1996,2001)认为,在陈述句中,动词重叠式不能被"不"或"没"否定,在条件句和疑问句中才能被"不"否定,并暗示某种行为应当发生却没有发生,如"昨天晚上你怎么不看看那个电视呢?"

这位研究生对比自己的母语发现,晋语柳林话动词重叠式的否定形式比普通话更为复杂。从表义和功能角度可以将柳林话动词语素的重叠分为两类:甲类重叠式的主要功能是表"动量小、时量短",还可以表"尝试、持续和反复"等情状;乙类重叠式在语义上更强调动作的动态描述性。甲类重叠式受否定形式的限制主要有三种格式:一是动词重叠式可以受否定副词"没(有)"限制,一般出现在疑问句中。这时的疑问句是无疑而问,只是提出建议或表达些许遗憾。二是动词重叠式可以受否定副词"不"的限制,如朱德熙所说,可以出现在"不……不……"格式和反问句中。三是出现在"不……就……"句式中,表建议或带有责备语气。乙类重叠式的否定形式则不受这些限制,它与甲类重叠式的最大区别是,可以出现在否定祈使句中,其格式是"不要……",这也是它与同类格式形容词语素重叠的本质区别。

以此为线索,这位研究生广泛搜集家乡方言材料,证明了晋语柳林话动词重叠式否定形式的复杂性。她不仅以此确定了硕士学位论文选题并顺利完成答辩(贾海霞,2010),而且丰富了人们对动词重叠式否定形式的认识。由这个例子可以看出,带着质疑眼光阅读前人的研究成果,结合自己熟悉的语言材料加以实证,常常可以发现新问题,促进相关领域的研究。

总之,学习知识、研究学问,离不开前人的智慧。结合自己的研究实践反思前人的理论,能够建构新的理论认识。换言之,首先要掌握前人的理论和方法,然后将其用于研究实践,才能完全理解前人的理论认识;日常观察和田野调查掌握第一手材料的实证研究，则是突破前人理论的基本途径。

四、审慎对待研究文献中的数据和结论

在梳理前人研究成果时，既要虚心学习，又需审慎对待，即便学术大家的论著，也应当认真核查例证、数据和观点以及它们之间的逻辑关系，并通过自己的研究加以检验。

（一）核查数据和结论的逻辑联系

数据是为结论服务的，结论的说服力除数据的真实性和可靠性，还体现在数据和结论逻辑自洽、相互印证方面。否则，即便有真实可靠的数据，结论也不一定可靠。

为完成教育部重大攻关项目"边疆多民族地区构建社会主义和谐社会研究"，某大学双语教育专家组，依据赴喀什、和田、克孜勒苏柯尔克孜自治州（简称克州）三个小组的调研数据，撰写了《南疆三地州教育改革与发展专题研究报告》（2009）。① 关于双语教学，文章的结论是："双语教学蓬勃发展，少数民族学生的汉语水平明显提高，切实地推进着民族教育的进步。……双语教学从中小学下移到了学前，由城市延伸到了农村，初步形成了学前、小学、初中、高中双语教学互相衔接、良性循环的工作格局。"梳理文章三方面的数据可知，研究结论与调查地的实际情况严重不符：

第一，升学率方面，"喀什地区2008年初中毕业升学率仅37.3%，和田地区初中毕业升学率为16%，克州的初中学生升学率为40%。"60%—84%（三地平均68.9%）的初中毕业生无法升入高中，与结论"初步形成了学前、小学、初中、高中双语教学互相衔接、良性循环的工作格局"不符。

第二，师资方面，"双语教师'一缺二低'（数量缺、汉语水平低、汉语授课能力低）严重，能够胜任双语教学的合格教师比例很低，相当数量的双语教师会读写、不会听说（汉语）。和田地区能真正进行双语授课的教师只占总人数的10%。部分中小学由于师资等原因出现双语班被迫中断招生的困境。""（克州）乌恰县900多名双语教师通过HSK四级考试的只有200多人。"教师的汉语水平和授课能力如此低下，在南疆缺少汉语使用社会环境的条件下，学生的"汉语水平明显提高"的结论从何谈起？又怎能证明形成了"良性循环的工作格局"？

第三，教材和升学考试制度方面，"目前尚未有统一的专门双语教材，现在使用的国家人教版汉语文教材，文学性强，双语讲授难度大，不大适合语言教学，中小学生接

---

① 以下引文均取自该文。

受困难，教师也难以适应"。"双语教学已成为具有地方民族特色的庞大的教学模式，但从教学方式、评价体系到管理办法等都尚未健全，办学模式亟待规范。目前学前双语教育—小学双语教育—中学双语教育缺乏有机衔接，双语教育模式在升学政策方面衔接不好，导致部分初高中双语班学生在升学中因缺乏专门的双语模式考试升学的配套政策而难以参加相应的考试，不少人只好从双语班返回维语教学普通班，影响了双语教学规模的扩大。"没有合适的双语教材，办学模式不规范，缺乏配套的考试政策和制度，不少学生从双语班返回维吾尔语教学的普通班，这些数据和事实与"良性循环的工作格局"结论的差距更大。

调查数据和研究结论不匹配，二者缺乏必要的逻辑联系，建立在如此调查结论基础上的政策建议，如被决策部门采纳，结果可想而知。

(二) 不受权威文献束缚

1. 审慎对待权威学者的文献

赵元任的《中国话的文法》（1968）以北京话口语为研究素材，描写20世纪中叶的北京话。后人通过这部著作可以了解20世纪上半叶北京话的面貌，也能依此考察北京话半个世纪来的发展变化。国内外汉语学界一致认为，这部著作是权威、可靠的汉语口语语法著作，不论对北京话还是其他汉语方言研究，都有重要的参考价值。吕叔湘将其译为《汉语口语语法》出版（2005），但译本与原书有多处不对等。比如，第三人称代词尊称形式，原文如下（Yuen Ren Chao, 1968）[①]：

> The third person pronoun tān is heard much less frequently than nín, probably because the third person is not always present and thus there is less necessity for the honorific form. The plural form tānmen is even rarer, even in writing. （第三人称代词"怹"比"您"用得少，大概是因为第三人有时不在说话现场，因此没有必要使用第三人称代词尊称形式。"怹"的复数形式"怹们"用得更少，书面语也一样。）

上述内容吕叔湘只用"怹：用得比您少"一句译出（2005：284），未能体现作者的全部意思，尤其是未提及"怹们"及其使用情况。这大概与吕叔湘掌握的北京话口

[①] Yuen Ren Chao. *A Grammar of Spoken Chinese* [M]. Berkeley：University of California Press, 1968：641. 为方便阅读，译者将赵元任使用的国语罗马字改为汉语拼音。

语语料及其对相关问题的判断有关。荷兰的北京话研究者京以成考察文献来源获知,《红楼梦》《儿女英雄传》《官话指南》等文献均未出现"怹"和"怹们",但《燕京妇语》《小额》等文献出现了"怹"。从搜集到的文献看,较早使用"怹"表礼貌式单数第三人称的文献是《燕京妇语》,主要用于敬称长辈,也可以敬称平辈。《小额》也有这个词,但无"怹"字,书中的标写法是"他,音贪"。《小额》《燕京妇语》中的"怹"只指单数,不指复数,且早期文献也未发现"怹们"的复数用法。

已出版的北京话方言词典和研究著作几乎都收录了"怹",但未收"怹们"。比如,高艾军、傅民的《北京话词语》(2001)征引的语料,陈刚的《北京方言词典》(1985)、周一民的《北京口语语法(词法卷)》(1998)、石定栩的《现代北京话》(*Peking Mandarin*, 2004)等。其他一些北方官话方言词典也收录了"怹",如《简明东北方言词典》(许皓光、张大鸣,1988)认为"怹"是"他"的敬称形式;《东北方言词典》(马思周、姜光辉,2005)认为"怹"等于"他们"。

从文献记载和相关研究可知,现代北京话"怹"的用法有逐渐消失的趋势;赵元任之后,似乎也无人专题研究过"怹们"。这涉及两方面的问题:一是"怹"是否已在北京话中消失?二是后期北京话研究者是未观察到"怹们"的用法,还是受吕叔湘译著影响忽略了这方面的调查?如果"怹们"没有消失,其使用状况需要做全面调查。

京以成通过较长时间的实地调查观察到,现代北京话的"怹"和"怹们"仍在被使用(京以成,2009)。笔者指导的中央民族大学社会语言学方向2009级的一位硕士研究生关于北京市昌平区崔村镇(属北京话京师片)的调查表明,在当地口语中,不仅常用"怹""怹们"表敬称,还可以指称平辈且不含敬称义(刘宾,2012)。

这说明,应当慎重对待前人研究中的语言材料和研究结论,即使权威文献或学术大家的文献也应如此。在参考前人结论时,不能轻信,要充分掌握语言事实,通过实地调查加以验证。

2. 慎重核查和使用官方权威文献

国家有关部门组织专家编写的各类"皮书"、地方志或语言志大都比较权威。即便如此,也要核查原始文献,实在无法找到,也应多方比对。这里以新疆语言教育方面的文献为例,说明多方比对的必要性。

例一:新疆维吾尔自治区地方志编纂委员会、《新疆通志·语言文字志》编纂委员会编写的《新疆通志·语言文字志(第七十六卷)》(新疆人民出版社,2000)第24页谈及新疆语言教育问题时有如下描述:

国民党政府与"三区革命"临时政府签订的<u>《十一项和平条款》</u>第4条

第九章　语言田野调查的文献方法　　　　　　　　　　　　　　　　　　　·173·

规定："在小学与中学，用其本民族文字施教，但中学应以国文为必修科；大学则依照教学需要，并用国文与回文①施教。"

汪朝光《中华民国史（第三编第五卷）》（中华书局，2000）第294页的描述是：

  1946年1月2日，《中央政府代表与新疆暴动区域人民代表之间以和平方式解决武装冲突之条款》在迪化签字。该协定共11条，主要内容为：事变解决后三个月内选举县参议会……

中华人民共和国成立后，新疆省第一任政府主席包尔汉的《新疆五十年——包尔汉回忆录》（中国文史出版社，2013：291—292）的描述是：

  中央政府代表与新疆暴动区域代表之间以和平方式解决武装冲突之条款：
  四、在小学与中学，用其本族文字施教，但中学应以国文为必修科，大学则依照教学需要，并用国文与回文施教。

以上三处引文的后两篇文献标题大致相同，第一篇标题属作者的提炼。正文部分，第一篇引文是"本民族文字"，第三篇为"本族文字"。另外，第一篇文献存在两方面问题：一是条款加了书名号，会使读者误以为书名号中的文字就是条款的名称，这由后两篇文献可以证明书名号内的文字不完整；二是加引号的文字属直接引用，不能有文字差异。《新疆五十年——包尔汉回忆录》的做法比较慎重，采用了转述方法，与第一篇文献直接引用的文字和标点符号有差异。

例二：新疆维吾尔自治区地方志编纂委员会、《新疆通志·语言文字志》编纂委员会编写的《新疆通志·语言文字志（第七十六卷）》（新疆人民出版社，2000）第25页存在同样问题：

  国民党六届二中全会第19次大会通过《边疆问题决案》，其中第6条："于边疆民族所有地各级学校之施教，应注重本民族文字。国文为必修科，由教育部斟酌施行。各级机关之行文，以国文与本民族文字并用为原则。"

浙江省中共党史学会编写的《中国国民党历次会议宣言决议案汇编（第4分册）》

---

① "回文"主要指维吾尔文，下同。

第 112 页有如下描述：

对于边疆问题报告之决议案

六、<u>在边疆民族所在地</u>，<u>各级学校</u>之施教，应注重<u>本族文字</u>，并以国文为必修科，由教育部斟酌施行，各级机关之行文，以国文及本族文字并用为原则。

第一篇文献带书名号的标题与第二篇文献不一致，正文部分采用直引方式，与后一篇有三处文字、两处标点不同。遇到此类情况，研究者应当核查原始文件。如果找不到原始文本，可不必直引，准确转述即可。

例三：中华人民共和国国务院新闻办公室 2009 年 9 月 21 日发布的《新疆的发展与进步》白皮书（人民出版社，2009：17）指出：

新中国成立前，新疆只有 1 所大学、9 所中学、<u>1355</u> 所小学，学龄儿童入学率只有 19.8%，全疆文盲率高达 90% 以上。

国务院新闻办 2017 年 6 月发布的《新疆人权事业的发展进步》白皮书指出：

新中国成立后，在中央支持下，新疆采取各种措施大力发展教育事业。从 1949 年到 2016 年，小学由 <u>1335</u> 所增加到 3526 所，中学由 9 所增加到 1416 所，中等职业学校由 11 所增加到 167 所（未含技工学校），普通高校由 1 所增加到 41 所。

新疆维吾尔自治区地方志编纂委员会、《新疆通志·民族志》编纂委员会编写的《新疆通志·民族志（第二十七卷）》（新疆人民出版社，2005）第 1051 页的描述如下：

新中国成立前，……1949 年，全区共有小学 <u>1335</u> 所，学生 197850 人，其中少数民族 182427 人，中学仅 9 所，学生 2925 人，其中少数民族 1819 人。

三篇文献中，第一篇和后两篇中的小学数据不一致。前两篇是国家发布的权威文献，数据不同；第三篇发布的时间最早。遇到这种情况，最稳妥的办法是查找原始文献，实在查不到，需要说明不同文献的数据存在出入。

(三) 核实研究文献中的田野调查数据

一些论著中的数据是通过实地调查获得的，有些结论甚至是通过统计软件分析得出的，貌似无懈可击，使用这类数据和结论应当格外小心。

语言本体调查需要提供调查地、调查时间、发音合作人等详细信息，以便读者核查和对比分析。比如，截至 2015 年，至少有六篇关于山西晋语柳林话的音系报告（Ⅰ侯精一、温端政，1993；Ⅱ李九林，1995；Ⅲ穆保金，2006；Ⅳ张金平，2007；Ⅴ白静茹，2009；Ⅵ刘悦，2014）①，六篇报告中的数据及结论的差别很大。由于发音人信息不详或不全面、缺少调查分析方法的说明，读者难以从调查词汇中判断调查结论（详见下表）。

晋语柳林话 6 篇音系报告

论著	声母	韵母	单字调	特点
Ⅰ（1993）	21	38	6	未说明调查点和发音人
Ⅱ（1995）	20	39	6	未说明调查点和发音人
Ⅲ（2006）	26	56	6	调查点 4 个，发音人 5 人
Ⅳ（2007）	19	36	6	调查点庄上镇长峪村，自省语料
Ⅴ（2009）	20	37	6	未说明调查点，发音人 6 人
Ⅵ（2014）	19	33	4	发音合作人为穆村人，音系置附录处

6 篇报告中，5 篇单字调均为 6 个，一篇为 4 个；声母最多的 26 个，最少的 19 个；韵母最多的 56 个，最少的 33 个。遇到这种情况，需要全面阅读、多方比对，不仅应当比对语料的准确性，还要分析各自的处理方法。否则，可能会受一家之言的影响。

大致有三方面的原因导致了六份音系报告结论的不同：一是柳林话存在内部差异，因此，调查者应当考虑调查点及方言内部的差异。二是调查点相同，发音人社会特征差异较大，比如老年和青少年、单方言人和方言与普通话双言人、县城和农村发音人，其语音存在差异，因此，调查者应当详细说明发音人的社会特征。三是语料处理方法不同，比如 5 份音系报告列有 6 个单字调，说明柳林话有入声。一般而言，有入声的方言大都有声母的清浊对立系统，但有多少个声母对立、有的辅音处理为变体还是独立音位等，均需要做系统性处理；韵母系统可能涉及介音、单韵母和复韵母以及元音变体的处理等问题。

---

① 下表中六个罗马数字分别代表六篇报告，括号内是发表年份，声母含零声母。

语料处理方法可以有一定的灵活性，但要视研究目的而定。比如，如果将广州话的[i][u]处理为独立韵母，广州话就有 16 个声母、94 个韵母，没有 ku、khu、u、i 四个声母，且会有一批齐齿呼和合口呼韵母。为了凸显广州话音系的特点，李荣将[i][u]处理成声母，认为广州话有 20 个声母、59 个韵母，比 16 个声母的处理方法多出 ku、khu、u、i 四个声母，且几乎没有齐齿呼和合口呼韵母。前一种处理方法符合汉语方言元音只能作韵母的共识和处理习惯，便于与其他方言对比；后一种处理方法便于说明广州话的语音结构特点（李荣，1983；张振兴，2012）。

一些以量化分析为主的研究论著，常常只给出最终的数据统计图表，并根据量化数据得出结论。使用这类数据和结论需要格外谨慎，至少要多问几个为什么。因为最终数据由原始数据和一系列数据链构成，结论是依据研究问题和不同层次数据推导得出的，不提供原始数据和完整推论过程包括数据逻辑检验和分析过程，即使数据图表是经过统计软件逻辑检验和相关分析得出的，可能因调查方法或数据录入的瑕疵，导致结论的偏误。因此，不能只看孤零零的一组数据或图表，也不能轻信由此得出的结论。

第三节　田野文献的搜集和使用

田野文献法是语言田野调查的基本方法。搜集田野文献既可以核实前人的研究，明晰自己的研究问题；还有助于全面掌握调查地的情况，发现新的调查线索。

田野文献的搜集应当尽可能全面，不能只限于调查地，与研究问题相关的不同层级管理部门发布的文件、通知、工作总结等，都要尽量搜集。有些文献看似与调查主题关系不大，但随着调查研究的深入，其价值会逐渐显现。比如双语教育调查，人事或组织部门似乎不是调查重点，但这些单位负责编制、人才招录等政策制定和实施，与双语人才有关。在民族地区，编制分配、人才招录还会涉及民族成分、受教育背景、不同文种的考试或不同语种的面试。

从过去的田野调查和已发表的田野调查报告看，田野文献法的使用并未引起足够的重视。这里主要阐述田野文献数据采集和使用的注意事项。

一、不轻信"知情人"提供的数据

一般而言，调查特定社区的语言生活，一定要访谈土生土长的基层干部（如社区或村委会干部等），因为他们不仅掌握社区或村委会的基本数据，而且熟知每家每户的基本情况。有些客观信息如分民族人口数据涉及入户调查抽样方案，应多方核对，包括户访过程中的核对，一旦发现数据与实际有出入，就应当立即调整抽样方案。至于调查地居民语言使用状况特别是语言掌握程度和语言态度等主观性较强的问题，不能让知情人代答；即便调查对象的自报，也要通过问卷内部相关题项的逻辑检验，以及访谈式问卷调查的互动和观察加以验证。

正式调查前，研究者需要专题访谈知情人，但知情人提供的信息未必完全准确，有时甚至存在很大的误差。知情人提供信息的误差通常由两方面原因导致：一是非主观故意，二是有意编造数据。

（一）非主观故意导致的信息误差

1. 研究者操作不当导致的误差

研究者未能与知情人充分沟通，也未核对相关资料和数据，很容易导致信息误差。比如调查居民或村民的语言使用和语言态度，有些研究者在调查地径直找到居委会或村委会干部询问分民族人口数据，有的还会核对花名册，认为这样做就能保证数据的准确性；有些研究者拿着调查表或问卷向居委会或村委会干部询问居民或村民的语言能力和使用状况。以下因素都有可能导致居委会或村委会干部提供的户籍数据特别是分民族人口数据存在偏差：以户主民族成分为依据，习惯性地将全家人（包括已分家几户人的家族成员）的民族成分均归入户主民族成分，忽略了族际通婚因素；花名册多年未更换，会导致数据过时。至于居民或村民的语言能力、语言行为、语言态度等问题，更不能由他人代答。

还有一些研究者名义上是进行田野调查，实则并未到达田野调查点，而是将调查对象安排在离调查点较近的宾馆进行调查。这种做法只能获取调查对象个体的语言材料，无法了解调查点的整体语言面貌。正如人类学家 C. 格尔茨［Clifford Geertz，1995：105；转引自 A. 古塔（Akhil Gupta）、J. 弗格森（James Ferguson），2005：32］针对某些人类学家的做法所批评的那样："那些印度尼西亚人的想法一点也'行不通'，根据荷兰人教给他们的知识，他们认为田野调查可以在一个旧式荷兰度假旅馆里进行，把要访谈的人从乡下叫来，按照事先准备好的访谈提纲向他们提问即可……我们很难想象出一幅完整的社会研究的画面。"

通过上述途径获取的调查材料或者违背了实证研究的基本要求，其结论的信度不言而喻；或者无法了解调查点的整体语言面貌。

2. 被表象蒙蔽导致的误差

研究者的调查不深入、未认真核查文献和知情人提供的信息，被表象蒙蔽，容易导致信息误差。

案例一，2009年7月中下旬，我们赴内蒙古额尔古纳市调查俄罗斯族语言文化问题。调查前查阅的各类文献对调查地俄罗斯族人口的描述五花八门，经认真梳理和多方比对，比较一致的数据是，室韦俄罗斯族民族乡（后改为恩和俄罗斯族民族乡）俄罗斯族占总人口的42%—48%。到了调查地，俄罗斯族民族乡领导介绍的人口比例，也都不低于上述比例。另外，一些文献呈现的结论是，室韦俄罗斯族民族乡"俄罗斯族大都完好地保留了俄罗斯语言文化"，乡政府所在地室韦村（后搬入恩和村）的俄罗斯族语言文化氛围浓厚。入户调查发现，室韦村俄罗斯族人口比例很低，会说俄语的仅限于村内几位六七十岁的俄罗斯族老年妇女，且仅限于她们之间为了拉近距离、交流情感的聊天。村内俄罗斯族建筑、特色标志等，都是当地政府前几年为打造俄罗斯族文化旅游景区修建的。

进一步访谈得知，临江村是室韦地区俄罗斯族较聚居、较好保留俄罗斯族语言文化的村屯。然而，我们在临江村排查式户访和判断抽样的问卷调查发现，全村88户人家，只有10来户俄罗斯族，且均为通婚家庭，会说俄语的也仅限于几位老人。文献资料、知情人提供的信息与实际情况存在巨大差异，主要有两方面的原因。

第一，混淆俄罗斯族和华俄后裔。华俄后裔指有俄罗斯族血统、户籍为汉族的那部分人，他们大都是俄罗斯族和汉族通婚的后代，一般祖父或父亲一方是汉族，祖母或母亲一方是俄罗斯族，本人民族成分随父。从体质外貌看，他们中的一部分酷似俄罗斯族，一部分人则跟汉族无异，即使同一个家庭的后代也是如此。室韦村一户通婚家庭的两个儿子酷似俄罗斯族，两个女儿与汉族没有差别。我们的处理方式是将当地居民分为三类：一是户籍登记的俄罗斯族，这类人不足总人口的10%；二是华俄后裔，这类人约占总人口的30%；三是汉族和其他少数民族，其中汉族占绝大多数，另有少量的蒙古族、朝鲜族、回族、鄂温克族等，第三类人约占总人口的60%。按这样的分类，入户问卷调查的判断抽样就有了比较可靠的依据，分群体调查数据更有针对性，结论也更准确、更有说服力。

第二，混淆调查对象的语言掌握程度。在室韦俄罗斯族民族乡，俄罗斯族和华俄后裔较集中的村屯，会俄语的仅限于几位六七十岁的老年人。他们只是在彼此见面时才"有说俄语的机会，平时没有机会说"。也就是说，俄语在当地并非社会交际语和俄罗斯族家庭用语，已成为个别老年人记忆中的、彼此交流情感的语言。既然如此，为什么一些文献认为当地完好地保留了俄罗斯族的语言文化？这可以从历史和现实两方面

第九章 语言田野调查的文献方法

分析。

从历史来看，中苏关系破裂后，特别是"文化大革命"期间，当地俄罗斯族常被怀疑为"苏修特务"。在这种背景下，不要说见面讲俄语，俄罗斯族都不敢承认自己的民族成分，更不敢承认有苏联亲戚。那些民族成分为汉族的华俄后裔，同样避讳自己的俄罗斯族血统，这也是其他地区民汉通婚家庭后代的民族成分多随少数民族一方、这里通婚家庭的后代多报汉族的重要原因。懂俄语的中老年俄罗斯族之间不敢讲俄语，也不敢教后代说俄语。当时的少年儿童如今已是中年人，他们中不少人长着白人面孔，却满口东北话，其后代更不会讲俄语，这是导致俄语代际断档的主要原因。

从现状来看，随着民族政策的落实，加之20世纪90年代我国加大对人口较少民族的扶持力度，特别是前几年室韦成为旅游重镇，被评为全国十大魅力名镇，俄罗斯族的语言文化开始受到重视。在当地政府扶持特别是资金补贴政策的助力下，俄罗斯族、华俄后裔家庭大力发展"俄罗斯家庭文化旅游"项目，并很快有了成效。那些原本完全不会说俄语的年轻人，通过老辈人、短期俄语培训班（有些培训班在额尔古纳市，有些年轻人自费赴哈尔滨学俄语），学会了一些简单的日常用语。为招揽生意，他们见到外地人便主动用简单的俄语打招呼，给外人造成了当地俄语盛行的错觉。其实，他们的俄语水平仅限于简单招呼用语。"俄语盛行"与"俄语在当地并非社会交际语和俄罗斯族家庭用语，已成为个别老年人记忆中的、交流情感的语言"这样两个结论，具有本质差异。

案例二，2008年，我们在云南大理白族自治州大理镇（现属大理市）洱海白族聚居地调查白族语言生活。调查前，各类文献及当地"知情人"的介绍均表明：坐落在洱海边的才村是"白族大村"，完好地保留了白族语言文化。在昆明市，访谈云南省少数民族语言文字工作委员会白族研究人员、获得的云南民族出版社民族文化研究室主任撰写的专著《才村研究》，均证实了上述说法。《才村研究》作者在才村出生长大，这部著作是他长期深入家乡实地调查、依据大量第一手材料撰写的。不论白族研究人员的介绍，还是专著中的相关资料，都明确指出才村是白族聚居村。到调查地后，接待我们的才村村委会书记不仅是土生土长的才村人，而且长期担任村干部。他肯定地说："我们才村是洱海西岸地区最纯的白族大村！"

入户调查发现，才村并非纯白族村，还有其他民族146人（汉族72人，傣族15人，纳西族4人，其他民族55人），另有大理镇和才村人口统计表中未包含的少量彝族。为准确掌握洱海西岸白族的分布和语言生活状况，我们临时决定增加与才村临近的、同被称为"白族大村"的龙龛行政村作为调查点。龙龛村的民族构成更加复杂，除白族，还有其他民族592人（回族347人，汉族219人，彝族11人，哈尼族6人，纳西族5人，傣族4人）。龙龛村白族虽占多数，但其中的一个自然村以回族为主，他们中的多数人会讲白语；其他自然村也都有一定数量的其他少数民族和汉族。龙龛村和才村调查数据的对比，可以较全面地描述洱海西岸语言生活的特点。换言之，通过不同途径调查数据特别是入户数据的核实，可以增加结论的信度（王远新，2014）。

3. 统计数据导致的误差

统计数据是决策者制订政策的重要依据，也是语言田野调查的重要参考。我们赴田野点调研，发现统计数据的误差或分项数据与总计数据对不上时，都会与统计部门核对。笔者不止一次听统计人员说，数据不可能百分之百准确，有时上面要得急，只能根据以往的数据加上自己的了解，汇总上交，"我们这行有个不成文的说法，统计统计，七分统计，三分估计。上级政府部门发布的数据主要根据基层单位逐级上报的数据，因此，官方数据也会有出入"。作为研究者，既要以政府发布的统计数据为线索，也必须通过田野调查仔细核对。

2015年，我们调查新疆少数民族语言生活和双语教育问题，赴调查地前查阅了新疆维吾尔自治区教育厅编写的《新疆维吾尔自治区教育统计年鉴（2014）》（内部印刷，2014年10月），这是当时能找到的有关新疆双语教育的最新资料。年鉴指出，全疆有蒙古语授课小学3所，占全疆小学总数的0.08%；在校生3759人，占全疆小学生总数的0.19%。蒙古语授课初中3所，占全疆初中总数的0.27%；在校生1705人，占全疆初中生总数的0.19%。蒙古语授课高中1所，占全疆高中总数的0.28%；在校生1542人，占全疆高中生总数的0.33%。最后一组数据引起了我们的注意，即1所高中蒙古语授课学生多达1542人。实地调查数据表明，新疆至少有巴音郭楞蒙古自治州蒙古族高级中学、塔城地区和布克赛尔蒙古自治县（和丰县）第一中学两所蒙古语授课的高中，即年鉴数据有误。

（二）认真辨析数据真伪

一些受访者为了达到特定目的，有意编造数据，如果不多途径核查，很容易导致错误的调查结论。

案例一，2009年7月，我们赴河北省张家口市尚义县调查蒙古族语言生活。调查前搜集了县政府官网资料、河北省某高校教师发表的河北省蒙古语教学论文。后者在描述某蒙古营蒙汉双语双文教学状况时指出（特克寒，2005）："张家口市尚义县五台蒙古族小学于2002年投资10万元，建教室16间，使河北省这个唯一的纯牧业村的蒙古族子弟都能在这所新建的学校里读书。……为了开展双语教学，尚义县从当地选拔两名蒙古族青年送到内蒙古培养，毕业后安排到蒙古营民族学校教授蒙语。"谈及河北省蒙古语教育发展，作者指出："平泉县、尚义县担负着蒙汉双语教学工作，但这两个县都

第九章　语言田野调查的文献方法

属于国家重点扶持县，财政自给能力差，用于发展教育的资金较少，致使蒙古族学校改善办学条件心有余而力不足。用于学校教学的工作经费也很少，直接影响了蒙古语文教学的正常开展。"

到调查地后，除入户问卷调查，我们专题访谈了某蒙古营学校校长。校长是双语教育的权威"知情人"，从他那里得到的信息是，某蒙古营学校一直坚持双语教学，只是这两年生源大幅减少。通过多途径的观察并汇总各类访谈材料确认，2003—2004 学年，学校全部 9 名学生中，6 人升入初中，3 人转学，学校停办，校长室早已改为村委会活动室（王远新，2010）。

校长为何没有告诉我们实情？通过不同途径的访谈了解到，河北省每年都给双语学校划拨专款。为保住这项专款尤其是未退休教师的岗位和工资，学校对外宣称一直开展双语教学。如果轻信河北省某高校教师发表的蒙古族双语教学论文，如果访谈止于校长，轻信"知情人"提供的信息，我们的调查结论可能与那篇论文大体一致，与实际相差甚远。

案例二，2010 年夏季，我们赴新疆奇台县大泉塔塔尔民族乡调查之前，在新疆维吾尔自治区民族事务委员会获得几份关于该乡的介绍材料，其中《奇台县塔塔尔族乡社会经济发展全面介绍》称："奇台县大泉塔塔尔民族乡成立于 1989 年 7 月，是迄今为止全国唯一的塔塔尔族乡。……全乡 917 户 4064 人，分属塔塔尔、哈、汉、维、回、蒙古等 8 个民族，少数民族人数 3188 人，占全乡总人数的 78%。全乡有塔塔尔族 1450 人，占全乡总人口的 36%，主要集中在黑沟村、烧房沟村、大沟村。"

到达实地后，乡领导的介绍也基本如此。第二天上午，我们在塔塔尔族较集中的大沟村入户调查，但一个上午挨家挨户才找到四位塔塔尔族，其中两位还是哈萨克族和塔塔尔族通婚后代。既然全乡有 1450 名塔塔尔族，大沟村又是塔塔尔族村，为什么塔塔尔族如此难找？其他两村入户调查找到的塔塔尔族多一些，但全乡塔塔尔族合计人数与36%仍有相当大的差距，且所有塔塔尔族均已转用哈萨克语。通过不同途径的深度访谈和入户调查得知，当年为申报塔塔尔民族乡，当地政府把许多哈萨克族也归入了塔塔尔族。

综上所述，不能轻信各类报道甚至学术论文和"知情人"提供的数据，应当在深入实地调查的过程中，通过多种途径认真核实。至于当地人的语言能力、语言使用及语言态度，更不能听信于他人，必须到现场观察，进行必要的深度访谈，设计科学合理、可以进行逻辑检验的问卷，进行一对一访谈式的问卷调查。只有这样，才能获得真实的数据、得出符合实际的结论。

二、慎重使用某些地方文献数据

无论公开发布还是田野调查获取的地方文献资料，都需要通过实地调查加以核实，否则，有可能出现偏差甚至错误。有些调查报告、研究论文直接引用调查地单位的工作总结、部门报告、外宣资料中的数据，未经实地核实和多方比对。建立在这类"田野文献"基础上的结论很容易以讹传讹，因为这种研究常宣称数据是实地调查获取的。使用田野文献数据，需要注意以下两点。

（一）多途径核查

2007年3—4月，我们赴青海省某县调查藏族语言生活和藏汉双语教育。通过当地教育系统发布的数据、省教育厅和县教育局领导的专题访谈了解到，全县适龄儿童入学率超过87%，且几个途径的数据基本相同。依据前两年我们在青海牧区的调查经验判断，上述数据不一定符合实际。通过入户调查、学校访谈、听课观察、寺院走访等途径获得的结果，证明了我们的判断。深度访谈得到的县教育局呈报上级部门的内部报告称，全县学龄儿童入学率为53%，两个数据相差34%。前一个数据是为"普六""普九"验收准备的；后一个数据是为申请教育专项补贴准备的，更贴近实际。

2006年，教育部民族问题研究基地重大课题"我国少数民族新创文字在成人扫盲和学校教育中的应用情况调查"课题组在贵州调查时，搜集的当地政府2004年度双语教学总结报告指出，贵州省某县有两所学校坚持开展布依语文和汉语文双语双文教学，《贵州日报》还有专题报道。实地调查发现，其中一所学校几乎未正常开展过双语双文教学。上级领导检查时，学校临时找会布依文的人给学生上布依语文课，检查结束后课就停了。另一所学校虽开展过布依语文和汉语文双语双文教学，但早在20世纪90年代末布依语文课就已停开，主要原因是教师转行或退休。如果只是依据政府部门的总结报告和《贵州日报》的报道，不实地核实，调查结论必定不符合实际。

（二）关注数据新变化

2009年7月，我们赴内蒙古额尔古纳市调查之前做了较充分的准备，包括搜集、比对各类文献和数据。实地调查除发现俄罗斯族民族乡的俄罗斯族人口数据和俄罗斯族语言文化的相关报道存在问题外，还了解到原室韦俄罗斯族民族乡已更名。已有文献说的室韦俄罗斯族民族乡辖室韦、水磨、临江、自兴、恩和、朝阳、向阳、正阳、七卡、八卡十个村屯。2006年，额尔古纳市委、市政府制定了重点打造"蒙古之源·蒙兀室韦文化"、恩和"俄罗斯文化区"的发展战略。同时，配合"撤乡并镇"工作，把原室

第九章　语言田野调查的文献方法　　　　　　　　　　　　　　　　　　　　　·183·

韦俄罗斯族民族乡改为恩和俄罗斯族民族乡，并于 2006 年 12 月 20 日挂牌，但对外仍沿用室韦俄罗斯族民族乡的名称。乡政府已迁至恩和村，国道进乡公路岔路口的临时木质路牌是"恩和俄罗斯族民族乡"。调查时，恩和俄罗斯族民族乡还在建设中，国道通往乡政府的公路尚未硬化，俄罗斯族象征性建筑正在施工中。新建的俄罗斯族民族乡辖恩和、自兴、朝阳、向阳、正阳、七卡、八卡七个村屯，其中恩和村和向阳村是俄罗斯族和华俄后裔较为聚居的村屯，其他村屯为多民族杂居，主要是汉族、蒙古族、回族等，俄罗斯族很少。

　　原室韦俄罗斯族民族乡所辖室韦、水磨、临江三村加上原国营林场和国营农牧场，组建了"室韦民族乡口岸经济区"，在原室韦俄罗斯族民族乡办公地办公，原乡政府的牌匾及乡领导办公室的牌子还未更换。截至 2009 年 7 月 1 日，口岸经济区共 428 户 1372 人，其中俄罗斯族户籍人口 137 人，华俄后裔 439 人，汉族 677 人，蒙古族 56 人，回族 32 人，满族 21 人，鄂温克族 4 人，达斡尔族、土家族各 3 人。室韦和临江两村是俄罗斯族和华俄后裔较多的村屯，水磨村是汉族聚居地。这样，就有两个"室韦"。文献资料及官方数据更新慢，如果以此作为俄罗斯族语言文化入户调查的抽样依据，就会出现偏差。鉴于原"室韦俄罗斯族民族乡"的中心已转移到了恩和，调查俄罗斯族语言文化就应当兼顾恩和乡和室韦口岸经济区。

　　2009 年夏季，我们赴呼伦贝尔市鄂温克族自治旗（简称鄂温克旗）调查。官网公布的数据是，鄂温克旗辖 3 个镇、17 个苏木（乡）、1 个民族乡和 1 个矿区，共 44 个嘎查（村），未注明数据截止日期。到达调查地后，当地政府工作人员提供的权威数据（截至 2008 年底）是 4 个镇、5 个苏木和 1 个民族乡，即巴彦托海镇、大雁镇、伊敏河镇、红花尔基镇、巴彦嵯岗苏木、伊敏苏木、辉苏木、锡尼河东苏木、锡尼河西苏木、巴彦塔拉达斡尔民族乡。2009 年夏季调查，截至 2008 年底的数据应该是最新的，一般不会有问题。我们在旗政府做公务员语言使用、语言态度专项问卷调查时，访谈统计局工作人员得知，经"撤乡并镇"，2009 年上半年，旗政府已将原大雁镇和巴彦嵯岗苏木合并为巴彦镇，原红花尔基镇合并到伊敏苏木，原锡尼河东、锡尼河西两个苏木合并为锡尼河镇。即截至调查时，鄂温克旗已变为 4 个镇、2 个苏木和 1 个民族乡，即巴彦托海镇（旗政府所在地南屯）、巴彦镇、伊敏河镇、锡尼河镇、伊敏苏木、辉苏木、巴彦塔拉达斡尔民族乡。如果公务员专项调查不针对相关问题做进一步访谈，鄂温克旗调查点的选择及抽样就会出现偏差。

　　综上所述，在实地调查过程中，应当多途径细致核查、严格论证已获取的各类材料、数据以及前人的结论，论证过程要充分考虑研究问题的角度、数据的层次及其逻辑联系。如果需要，最好能够呈现不同的处理结果，供读者参考。论证过程完整严密，让真实数据说话是最佳的论证说理方式。经过层层论证、步步检验得出的结论，不仅可以保证结论的可靠性,还可以使读者在细节论证过程中发现新的研究线索,获得新的启示。

第四节 本章小结

本章从研究文献的阅读、梳理和评述,田野文献的采集和使用等角度,讨论了文献综述和田野文献法的特点、作用,以及使用田野文献法的注意事项。

文献综述属专业论文写作范畴,是对以往知识体系的梳理和评述,目的是在汲取前人经验教训的基础上,为自己的研究做铺垫。建构合理的综述框架和分类体系,既应当在问题意识的指导下,全面广泛阅读和深入细致梳理,审慎对待其中的材料和数据、观点和方法;又要有学术敏感性和前瞻性,对前人的研究做出恰当的提炼和评述。新的认识是前人研究成果与研究者调查实证分析互动的结果,因此,文献综述的写作应当贯穿一项研究的全过程。

田野文献法是田野调查的基本方法,其主要特点是通过层层访谈,搜集田野调查地和不同调查点真实可靠的材料及数据,为问卷调查抽样方案的制订提供依据,为进一步的观察和深度访谈奠定基础,因此,需要发挥研究者的主观能动性,不能轻信"知情人"提供的数据,应当慎重使用地方文献中的数据,严格核实田野数据及其逻辑关系,为相关研究提供可靠的背景材料和研究证据。

参考文献

[1] 白静茹. 吕梁方言语音研究 [D]. 北京大学博士学位论文, 2009.

[2] 陈刚. 北京方言词典 [M]. 北京: 商务印书馆, 1990.

[3] 高艾军, 傅民. 北京话词语 [M]. 北京: 北京大学出版社, 2001.

[4] [美] A. 古塔(Akhil Gupta), J. 弗格森(James Ferguson). 人类学定位——田野科学的界限与基础(*Anthropological Locations: Boundaries and Grounds of a Field Science*, University of California Press, 1997) [M]. 骆建建, 等译. 北京: 华夏出版社, 2005.

[5] 侯精一, 温端政. 山西方言调查研究报告 [M]. 太原: 山西高校联合出版社, 1993.

[6] 贾海霞. 晋语柳林话重叠式研究 [D]. 中央民族大学硕士学位论文, 2010.

[7] [荷] 京以戚. 北京话田野调查方法漫谈 [G] //王远新. 语言田野调查实录(三). 北京: 中央民族大学出版社, 2009.

[8] 李九林. 柳林县志 [M]. 北京: 海潮出版社, 1995.

[9] 李荣. 关于方言研究的几点意见 [J]. 方言, 1983 (1).

第九章　语言田野调查的文献方法

[10] 刘宾. 北京昌平区崔村镇人称代词"您"使用调查 [G] // 王远新. 语言田野调查实录（八）. 北京：中央民族大学出版社，2012.

[11] 刘悦. 山西柳林方言词汇研究 [D]. 华中师范大学硕士学位论文，2014.

[12] 马思周，姜光辉. 东北方言词典 [M]. 长春：吉林文史出版社，2005.

[13] 穆保金. 山西柳林方言的词汇研究 [D]. 云南师范大学硕士学位论文，2006.

[14] 石毓智. 试论汉语的句法重叠 [J]. 语言研究，1996（2）.

[15] 石毓智. 肯定和否定的对称和不对称 [M]. 北京：北京语言文化大学出版社，2001.

[16] 特克寒. 河北省蒙古语教育发展状况及对策研究 [J]. 社会科学论坛（学术研究卷），2005（6）.

[17] 王力. 怀念赵元任先生 [N]. 人民日报，1982—04—27.

[18] 王远新. 河北省境内的蒙古语言文化孤岛——尚义县五台蒙古营语言使用、语言态度调查 [J]. 内蒙古师范大学学报（哲学社会科学版），2010（4）.

[19] 王远新. 田野调查中的数据采集和研究文献中的数据使用问题 [G] // 王远新. 语言田野调查实录（六）. 北京：中央民族大学出版社，2011.

[20] 王远新. 洱海白族村落的语言生活——大理市大理镇白族村居民语言使用和语言态度调查 [G] // 王远新. 语言田野调查实录（十）. 北京：中央民族大学出版社，2014.

[21] 新疆大学南疆教育专题组. 南疆三地州教育改革与发展专题研究报告 [J]. 新疆师范大学学报（哲学社会科学版），2009（3）.

[22] 许皓光，张大鸣. 简明东北方言词典 [M]. 沈阳：辽宁人民出版社，1988.

[23] 张金平. 柳林话语音研究 [D]. 山西师范大学硕士学位论文，2007.

[24] 张先亮. 试论重叠式动词的语法功能 [J]. 语言研究，1994（1）.

[25] 张振兴. 说摆事实讲道理 [J]. 汉语学报，2012（3）.

[26] 赵元任. 汉语口语语法 [M]. 吕叔湘，译. 北京：商务印书馆，2005.

[27] 周一民. 北京口语语法（词法卷）[M]. 北京：语文出版社，1998.

[28] 朱德熙. 语法讲义 [M]. 北京：商务印书馆，1982.

[29] Shi Dingxu. *Peking Mandarin* [M]. München：Lincom，2004.

[30] Yuen Ren Chao. *A Grammar of Spoken Chinese* [M]. Berkeley：University of California Press，1968.

习题

1. 简述文献综述与田野文献的关系。
2. 对一项研究而言，文献综述主要有哪些作用？
3. 举例说明完成田野调查资料和数据整理后，重新审视和完善文献综述的必要性。
4. 为什么说田野文献法是语言田野调查的基本方法？
5. 田野文献数据采集和使用应当注意哪些问题？

第十章　访谈法在语言田野调查中的运用

访谈法不仅贯穿一项田野调查的全过程，而且是人文社会科学研究的常规方法。访谈尤其是深度访谈是否全面深入，关系到定性研究的广度和深度。此外，访谈获取的典型案例、调查者和受访者共同建构的认识以及研究者对访谈材料的定性解析，与问卷调查数据分析相互配合，是完善一项实证研究、建构理论认识的基本保证。语言调查特别是语言生活调查，需要综合运用田野文献、观察、访谈、问卷调查等方法，访谈法既是相对独立的田野方法，其他调查方法也离不开访谈法。因此，做好一项田野调查，必须重视访谈法。本章从访谈与聊天、访谈法的特点、访谈注意事项、访谈提纲制订、访谈材料处理等方面，阐述访谈法在语言田野调查实践中的运用。

第一节　访谈与聊天

访谈包含成功聊天的全部要素。聊天是人类从小习得的能力，会聊天是情商和智商的综合体现；访谈讲求一定的技巧，能体现研究者的人际交往和随机应变能力。概括成功聊天的程式，并将其作为田野调查的方法使用，日常交流便成为专业的访谈活动。不过，二者在谈话设计和问题指向性、谈话内容和形式等方面存在差异。访谈和聊天都以交往、交心为目的，但获取的材料用途不同。后者多是茶余饭后的谈资；前者则可以与其他调查法配合论证学术观点、建构理论认识，其公开性和公开形式受制于学术伦理，比如需要对受访者做适当的匿名处理、保护其隐私等。聊天内容的指向性通常比较模糊，聊天对象有较大的随机性。访谈内容的指向明确，需要设计访谈提纲，访谈对象不是或不全是随机的，要依据研究问题选择具有群体代表性的受访者，还要依据调查目的和受访者的特点确定访谈方式、时间和场合。简言之，访谈的最高境界是有目的的成功"聊天"，即在看似随意的聊天过程中达到特定的目的。

与其他田野调查方法相比，访谈法的优势有二：一是可以灵活掌握调查形式和时间，在较短的时间内获取相关信息和材料；二是通过不同类型的访谈能够获取定性研究材料和新的调查线索。访谈获取的材料和典型案例难以推及调查整体，问卷调查数据虽然可以量化分析、推及整体，但受调查对象自报的制约，难以保证答案的真实性和应有的深度。因此，访谈法需要与其他调查方法配合使用。

第二节 访谈法的特点

访谈目的不同，需要选择不同的访谈形式，一项调查应当综合采用多种访谈方法。从形式看，有正式和非正式、集体和个体访谈，以及结构、半结构和非结构访谈（杨善华、孙飞宇，2005）。从程度看，有深度访谈和一般访谈。从对象看，根据研究内容，可以选择不同群体的代表进行访谈，如专家、文化精英、公务人员、教师、学生、普通民众等；访谈对象可以是当事人或非当事人，也可以是熟人或陌生人。从地点看，既可以在调查地也可以在异地进行访谈；从次数看，既可以是一次或多次访谈，也可以进行追踪访谈。

一、集体和个体访谈

集体访谈多为部门座谈，目的是获取调查地的整体信息、典型个案和调查线索。集体访谈主要有三个特点：一是场合和话题正式；二是受访者多由调查地联系人根据研究需求指定，发言较为谨慎；三是讨论内容侧重于普遍问题，细节问题较难展开，访谈者和受访者的互动不如个体访谈深入。

个体访谈贯穿田野调查的全过程，是弥补集体访谈不足的重要途径。每一层级的集体访谈之前，研究者都需要通过个体访谈确定集体访谈的内容和参与者；集体访谈之后，再进行针对性的个体访谈，目的是补充集体访谈的内容，至于访谈深度，主要取决于访谈者与受访者的互动效果。

二、结构访谈

结构访谈涉及访谈地域、受访者和访谈内容层次性三方面的问题，三个方面的问题互有交叉关联。访谈缺乏结构性，研究成果的呈现可能出现两方面的问题：一是材料零散无序，缺乏可验证性；二是受访者的角色关系和访谈内容层次不清，问题缺乏指向性，材料缺乏代表性。这两方面的问题会导致研究结论缺乏针对性甚至出现偏差。

（一）地域层次性

田野文献搜集和试调查阶段，研究者已开始了有目的的访谈，比如受相关文献或其他信息的启示，寻找知情人了解情况。正式调查阶段，访谈应当考虑地域层次性。语言生活调查涉及从国家级到居委会、村委会六个层级，语言文字、教育、文化、民族宗教、旅游和城管、史志或地方志、公检法等行政和司法部门，媒体和出版机构，各级各类学校和研究机构，"非遗"中心、民族语言文化协会、律师协会等群团组织及调查地文化精英等，均可以作为访谈对象。访谈的层次可以根据调查内容和调查地实际灵活选择，甚至可以直接进入调查地。地域层次性的访谈需要注意以下四点：

第一，部门、机构访谈至少应当达到三个目的：一是获取前期文献未涉及的信息，进一步摸清调查地的情况，获得最新的权威数据，了解有价值的个案材料；二是根据新材料和线索修订调查方案；三是取得访谈单位的支持，请对口部门开具介绍信，或联系下级单位，以便顺利开展调查。

第二，不能忽略政协文史部门的访谈。县级以上的政协大都设有文史委员会或文史办，其职责之一是编辑内部发行的文史资料或文史资料汇编。访谈这类单位可以获取地方史资料，加之这类单位的工作人员与当地文化精英联系密切，通过他们不仅可以获取有价值的材料和线索，还可以联系到当地文化精英。

第三，访谈高校和科研机构，可以弥补政府部门访谈的不足。公务人员受工作性质、看问题角度等约束，一般不轻易表态，甚至不愿提供相关数据；专业人员约束少，学术化程度高，有人甚至做过专项调查。访谈这类群体不仅可以获取相关资料和研究成果，还可以借鉴他们的调查经验。

第四，层层核实调查方案和相关数据。尽管已经掌握了公开发布的数据，设计好调查方案，仍需要在不同层次的访谈中核实数据、修订调查方案。省区市范围大规模或地州盟市范围的中等规模调查，需要在首府所在地访谈时确定调查点和抽样方案，比如选择哪几个地州盟市或县旗市作为调查地、每个调查地选择什么类型的调查点、每个调查点如何抽样等，依此类推。居民或村民委员会是单位访谈的最后一级，社区或村干部不仅熟悉辖区概况，甚至了解各家各户的详情，之前几个层次获取的材料和数据都需要在这一级核查，发现问题或新线索后，仍可以调整调查方案、修订调查问卷（王远新，2007：3—41）。

（二）受访者层次性

不同类型受访者对同一问题的立场、态度和行为表现存在差异，因此，需要选择不同层级和群体的代表性受访者。比如，调查某地或某民族的语言生活，受访者应包括部门工作者（政策、规划制定或执行者）、专家学者（相关问题研究者）、文化精英（本土语言文化知情人）、行业从业者（如不同媒体从业者是不同语言文字文化产品的产出者和传播者）、普通民众（本族语文和乡土文化实践者）。调查双语教育，还需要访谈各级各类学校的领导、师生、家长等，调查多民族地区语言生活还需要考虑民族成分的代表性。

专题访谈需要统筹兼顾部门工作特点。不同部门职能属性和公务人员工作特点不同，问题的关注点或强调的重点甚至立场都会有差异。比如调查民族地区的双语教育，不能只访谈教育部门，还应当访谈少数民族语言文字管理部门和文化传媒机构。前者重视教育制度的国家设计，关注国家通用语言文字教学及效果、学校及学生的普遍竞争力；后者更多强调民族或地方文化，关注学生及民众民族语文、地方文化知识的使用和传承。

总之，兼顾受访者的代表性，可以全面了解不同群体的语言生活状况及相关的语言态度，有助于全面描述不同领域语言文字的使用情况、揭示其发展中存在的问题、提出针对性的对策建议。

（三）内容层次性

内容层次性指访谈问题的逻辑关联和层次。受访者的个人经历、经验以及认识角度和认知水平不同，不同社会特征的个体对同一问题的回答不同，甚至会有相反的认识或得出相反的结论。因此，针对同类问题的访谈，不仅需要兼顾相关问题及其逻辑关系，而且需要访谈不同社会特征的受访者。否则，同一问题的访谈内容很难体现结构性和层次性。以基础教育阶段双语教学调查为例，"三教"（教师、教材、教学对象）问题不仅是重中之重，而且相关内容相互交织、各有侧重，需要采用综合访谈法，并且需要注意以下三点：

第一，双语教师访谈应当侧重其语言能力、学缘和知识结构、培训经历和需求、教学指导思想、工作态度和敬业精神、教学方法和手段、教学效果和建议、对学生的评价等。这些内容也需要访谈双语教育领域其他相关人员，目的是充实和验证双语教师的访谈。

第二，教材、教辅、教案问题的访谈，应当包括教材和教辅编写、选择、使用及其效果，"新课改"后教育部门、学校在地方和校本课程方面采取的措施、乡土和校本教材的编写及评价。关于教案编写，访谈学校领导应当关注学校对教案编写的要求，是否开展定期检查和评比，是否推广优秀教案等。如有检查和评比，应当索要相关材料。访谈教师应当关注他们是否完整撰写教案、教案用文、教案内容，以及教案与课堂教学效果的关系等,还应当借阅教案,特别是示范或优秀教案,并将其作为教学方法分析的素材。

第三,访谈学生应当侧重其家庭和社区语言环境、语言能力和语言使用、语言学习动机和学习能力、学习条件和学习计划、语言态度、家长意愿、个人发展诉求、对不同课程及任课教师的评价、课外活动参与情况等,还应当了解他们在提高语言能力和学科知识水平、完善自我和融入社会等方面的变化,以及上述变化与教育目标的关系。这些内容还需要通过教师、家长等访谈进行验证。

综上所述,注重结构访谈的层次性主要有六个方面的目的:第一,听取各级行政主管部门、职能单位、研究机构及代表性受访者的意见和建议,取得他们的支持和配合,保证调查的顺利进行;第二,全面准确掌握背景资料,深入挖掘典型个案,使调查者成为真正的知情人;第三,全面获取不同部门和群体的看法,避免得出片面的认识;第四,层层核实田野文献和访谈资料,发现新的调查线索和研究问题;第五,确定调查点和各级抽样方案;第六,广交朋友,建立有效的咨询网络和回访机制,为后续的调查研究奠定基础。

三、非结构访谈

非结构访谈又称无结构或随机访谈,它既可以是针对普遍问题的随机访谈,也可以是针对特殊问题的专题访谈;既可以在调查过程中随机访谈,也可以在调查结束后回访[①]。回访是核对调查材料和深化认识的重要途径,主要有三种方式:一是结束调查前回访,可以节省时间和经费;二是调查结束后专题回访,重要问题和线索可以考虑进行专项调查;三是前两种条件都不具备时,可以请当地合作者协助补充调查,也可以通过电话、微信、邮件等方式回访。

四、半结构访谈

半结构访谈(semi-structured interview)又称深度访谈(in-depth interview),它是介于结构与非结构之间获取定性材料的方法。半结构访谈主要从受访者的经历及其内心活动中获取真实的想法和相关案例,并探究案例的深层含义,它是定性研究的重要方法。深度访谈与随机访谈不同,前者一般以调查者为主导,且多是规定性的访谈;后者则以受访者为主导,让其尽可能讲述自认为重要的问题。深度访谈像朋友聊天,但比聊

---

① 有研究者将后人追踪调查前人研究过的著名社区称作"回访",笔者将这类调查称为"重访"。

第十章 访谈法在语言田野调查中的运用

天更深入、更具探究性。为获取尽可能多的材料、典型案例和真实想法,研究者应当与受访者真诚互动,并从中提炼观点或与受访者共同建构认识。总之,深度访谈是研究者在充分掌握研究背景和实际情况的基础上,与受访者开展深入的互动谈话活动。

与实地观察法相比,深度访谈可以深入受访者内心,感受其心理活动和情绪波动,通过分析受访者言行举止、经历及看法中隐含的社会文化意义,理解其深层的认识或观念。普通观察大多只能看到观察对象的外在行为,难以探究其内心世界。与问卷调查法相比,深度访谈具有更大的灵活性、开放性以及解释的空间(陈向明,2000:170)。深度访谈获取的素材、案例以及提炼的观点,是定性研究的重要依据。深度访谈获取的材料或案例,还可以检验问卷调查数据、实地观察结论,是普遍调查数据和个案实例互证并深化研究结论的重要保障。

(一)访谈对象的确定

深度访谈的对象可以是熟人,但更多的是陌生人。熟人的访谈虽然容易进入主题,但要尽可能"化熟为生";陌生人的访谈不必急于进入主题,应当先赢得受访者信任,从其最熟悉的问题切入,逐步发现受访者的兴趣点,再聚焦问题。寻找访谈对象主要有两个途径:一是从一对一访谈式问卷调查或随机访谈中选择有代表性且适合深度访谈的对象。二是社区联络人和当地文化精英,前者多为社区干部,他们熟悉当地情况,对一些问题有独特看法;后者是本族语言文化的知情人,不仅了解当地的历史和现状,对语言文化有浓厚兴趣,甚至做过专门探讨。社区干部和文化精英与社区民众接触频繁,熟悉各类人群的想法和诉求。总之,应当选择对特定问题有独特看法、善于交际、乐于配合的人作为深度访谈对象。

深度访谈强调问题的深度,不要求量化分析,即使自认为从部分受访者那里获取的材料已经足够全面深入,也应当对比不同社会特征受访者结构性访谈材料和问卷调查结论加以综合研判。一般而言,针对特定调查问题,同一调查地某一类型社区的深度访谈应当选择10—15位受访者,并兼顾其性别、年龄、受教育程度、工作性质、语言背景等。

(二)访谈的特点

1. 开放性

研究者不必拘泥于访谈大纲,访谈问题既可以事先拟定,也可以从实地观察和受访者讲述中产生,还可以从访谈者与受访者互动中生成。访谈过程中发现新线索或新问题后,研究者应当及时调整访谈计划,寻找合适的访谈对象,在持续的访谈中获取更多的证据、挖掘更多的细节。换言之，访谈的问题可以不断扩充、改进和深化。访谈初期，一些貌似用处不大甚至无用的素材，待问题逐步深入后才能显示其价值；有些材料到撰写调查报告阶段才显示其与研究问题的联系；有些素材即便撰写调查报告时也无法使用，但作为分析问题的铺垫具有隐性价值。因此，不能先入为主、凭借主观判断取舍材料，而应当全方位访谈、完整记录。

2. 互动性

深度访谈不是一问一答，而是在彼此理解基础上的互动，对某些问题还需要彼此协调看法，共同建构认识。研究者不应当局限于自己的生活领域、思维方式和分析角度，而应当以受访者为主。换言之，研究者不应当将受访者看作外在研究对象，而应当将其视为与自己关系密切且有丰富人生体验的独特个体、与研究者共同探讨问题和建构认识的合作者。研究者应当尽量从受访者角度搜集事实、提炼观点，让受访者用讲故事或举例方式陈述自己的经历和看法。访谈者应当适应受访者讲述问题的思路、本土概念、个性化表达方式，并为其提供足够的时间和自由发挥的空间。这样，才能营造宽松氛围，有助于在深入互动中获取更多的材料或线索。访谈者还应当敏锐地从受访者语气、表情等变化中发现问题，以此判断是否追问或如何互动。

3. 深入性

受访者个体是所在社区某个群体的代表，其言行举止、所思所想可以在一定程度上体现社区特定群体的语言文化特点，其经历也能映射出调查地宏观社会变迁及人文环境的变化。因此，深度访谈应当深入事实内部，通过细节问题和典型案例挖掘个体言行举止隐含的社会文化意义，揭示宏大的社会文化问题，达到小中见大、见微知著的访谈效果。只有与受访者多次深入互动，研究者才能达此目的。

第三节　访谈注意事项

访谈会遇到各种问题，比如访谈公务人员常面临"门难进、人难见、口难开"等困难；普通民众虽然容易接触，但存在话语理解困难和沟通不畅等问题。克服这些困难，确保访谈顺利开展，取决于研究者的学术态度、访谈能力和访谈技巧。

一、学术态度

(一) 端正态度

田野调查是研究者向当地人学习的最佳机会,以学习者而不是研究者身份出现在调查地,以平等相处的心态与受访者交往交流,是赢得信任的前提。田野调查要求尽可能客观、全面、深入,但语言现象错综复杂,受制于研究者知识结构和研究积累,难免出现调查盲点、存在认识偏差。短期调查难以克服这些局限,需要在保持兢兢业业态度和严谨细致作风的前提下,开展持续性的多次调查研究。

(二) 尊重受访者

尊重调查群体的民俗和表达习惯是顺利开展调查的必要条件。访谈前,应当与受访者充分沟通,先交心再访谈。在民族地区调查,会少数民族语言最好,如果不会,临时学几句问候语也可以拉近距离。访谈效果固然与访谈技巧有关,但研究者日常养成的理解和关心他人、与他人和睦相处的共情能力更为重要。让受访者对研究者感兴趣,才可能对调查问题感兴趣。因此,研究者的亲和力、言谈举止和谈话方式,都应当是受访者乐于接受的。

深度访谈应当考虑受访者的生活规律及空闲时段。访谈时间过长,双方都会疲惫,即便受访者碍于面子不好意思中断,也可能心不在焉、顾左右而言他。因此,对一位受访者的深度访谈一般需要分多次进行,每次访谈的问题不宜过多,以受访者感觉合适为宜。

尊重受访者的重要表现是站在对方立场想问题,充分尊重和理解受访者的语言生活特点和谈话方式。研究者不能以己之见揣度受访者的想法,而应当始终保持中立态度,不受已有理论认知、思维惯性、研究预设的影响。

二、访谈能力

(一) 开阔的视野和清晰的问题意识

开阔的视野和清晰的问题意识,是全面深入了解调查地社会人文环境和不同群体真实想法的基本保证,也是敏锐发现和提出问题的基本要求。研究者不仅需要利用已有理论认识和对问题的看法提出问题,还要运用身边的资源和线索与受访者全面深入互动,随时发现和提出新问题。问题越深入、越到位,越容易取信于受访者。受访者感觉调查不是走过场,就不会敷衍。总之,视野越开阔、问题越具体、定位越精准,访谈效果就越好。

(二) 良好的沟通和随机应变能力

尽快与受访者建立平等对话关系、营造宽松和谐互动氛围、真诚坦率与受访者沟通交流、站在受访者立场观察和思考问题,是消除其心理压力、顺利进入谈话主题、取得良好互动效果的前提。让受访者乐于接受访谈,首先要恰当介绍自己以及访谈内容,在必要的寒暄中让受访者感受到研究者的人格魅力。受访者的职业、性别、年龄、性格爱好等各不相同,对同一问题的看法也有差异。研究者虽然制订了详细的访谈提纲,甚至预设了各种困难和应对预案,访谈过程中仍会出现意想不到的问题。这时,应当及时转换话题,根据具体场景和话题随机应变地选择最佳切入点。

2007年3月,我们赴青海省同德县调查藏族语言生活和双语教育问题。在县城户访和一对一访谈式问卷调查时,调查员选择了一个开商店的家庭进行户访,并选择男主人作为深度访谈和问卷调查对象。为拉近距离,调查员在商店购物后便与男主人攀谈起来。见受访者谈吐不俗,征得同意后,调查员打算做完问卷后再进行深度访谈。调查员虽然说明了调查目的,出示了学生证,但并未打消受访者老伴儿的顾虑。问及职业时,受访者说:"我以前是老师,现在退休了。"大妈插话:"你应该说你是校长,你忘了你当过校长了?"调查员没接大妈的话继续询问:"您对不同民族通婚有什么看法?"受访者回答"好着呢",大妈脸色突变,插话说:"好着呢?咋还离了呢(受访者前妻是藏族,现在的妻子是汉族)。"受访者脸色顿时沉了下来,大声说道:"人家学生娃来调查语言,你说那么多干啥?"他虽然接着回答问题,但明显有些心不在焉。调查员见受访者为难,虽然还有许多问题想请教,也只能草草完成问卷,放弃了深度访谈(武玉芳,2009:52)。这个失败案例说明两点:一是前期沟通不到位,未取得调查对象家人信任就仓促进入调查;二是调查中出现不和谐音符时,应当及时做进一步沟通,缓和气氛后再问,而不应当草草完成问卷。

三、访谈技巧

访谈者的问话方式并无一定之规,其总体原则是激发受访者的谈话兴趣,使其提供尽可能多的有用信息和典型案例。除此之外,还应注意以下五个方面的问题。

(一) 语言平实、主题明确

语言平实、主题明确需要注意以下两点:

第一,了解受访者的话语习惯,选择合适的语言表达方式提问。20世纪90年代末,我们在秦皇岛某工厂小区做普通话和当地汉语方言使用及语言态度调查,受访者是一位煤场工人。征得同意并询问基本信息后,调查员用通俗的话语问:"您从小最先学会的是什么话?"他十分不屑地回答:"这个还用问呐,当然是'爸爸''妈妈'呗。"经过解释,他说:"你说从小最先学会什么语言不就得了吗。"可见,受访者的理解能力和表达风格并无固定程式,调查者应当根据主题、受访者话语习惯,随时调整话语风格,用受访者易于接受的方式,开展有效的互动谈话。

第二,主题明确,言简意赅,避免说外行话。一次提问过多或表述冗长,会分散受访者的注意力,导致其抓不住重点甚至产生误解。比如,访谈政府部门的相关人员,无论主管领导还是普通工作人员,都有丰富的管理、实践和接待经验。提问过于空泛,缺乏针对性,受访者可能避重就轻,"公事公办"。因此,提问越内行,越聚焦问题的本质,越能引起受访者的重视,并激发其讨论的兴趣。

(二) 让受访者充分表达看法

深度访谈最好从受访者不假思索就能回答的问题谈起,然后层层展开、逐步深入。访谈内容由浅入深、由简到繁、由近及远,既符合与陌生人互动的一般规则,又可以帮助受访者完成心理适应过程。不过,实操时常面临两难问题:一方面,受访者正好对某个话题特别感兴趣,任由其漫无边际地诉说,会浪费很多时间;另一方面,不能轻易打断受访者的讲述,否则受访者会觉得访谈者不愿倾听。遇此情形,应当利用谈话停顿间隙,选择过渡性而不是转换幅度过大的话语,巧妙地把受访者拉回谈话主题。同时,即使访谈者通过前期调查已经形成了自认为正确的看法,也不要事先说出来,不要以自己的预设和观察做出评判,更不能先入为主。如果双方的看法有抵触,不要正面交锋,要认真倾听不同意见。如果有需要追问的话题,先记录关键词,再选择恰当时机追问。

(三) 恰当把握敏感问题

同样的问题,不同地区、不同类型受访者的熟悉度或敏感度不同,应当精准把握。对敏感又必须调查的问题,应当采用委婉的方式提问,从受访者最熟悉、愿意聊或与其切身利益相关的话题切入。2007年,我们在新疆南疆维吾尔族聚居区调查学生家长对当地双语教育和双语教学模式的看法。我们主要从受访者家里有几个孩子、孩子多大了、孩子是否上学以及上什么类型的学校(双语学校、汉语授课学校、少数民族语言授课学校)等话题问起。调查者来自大学,家长更乐于讨论与子女教育有关的话题。这样切入容易被接受,便于研究者顺着受访者的兴趣和谈话内容快速进入主题,然后逐步延伸。如果开始就询问对当地双语教育和教学模式的看法,受访者会因种种顾虑无从回答,即使回答也可能不是真实想法。如果受访者有意回避某些话题,不能穷追不舍。

否则，受访者会碍于情面敷衍了事。即便采用委婉的提问方式，仍无法深入讨论，则需要采取其他方法，比如约受访者吃饭，从"闲聊"中获取材料及其对相关问题的真实看法。

（四）注意问题的层次性和逻辑连贯性

访谈的问题应当尽量保持连续性，兼顾问题之间的逻辑关系。随意转换话题，或问题跳跃性太大，受访者会猝不及防，导致互动的谈话内容缺乏逻辑联系。强调访谈层次性和逻辑连贯性并无一定之规，需要顺着受访者的思路见机而行。无论何种形式的访谈，都不要按访谈提纲逐题念稿，否则会出现两方面的问题：一是容易使受访者顺着研究者的思路回答，很难吐露心声；二是难以开展深入的互动谈话。

（五）恰当使用录音设备

不同类型的访谈均可以使用录音设备，好处是可以录制全面、真实的谈话内容，有备忘功能。局限性有三：一是研究者觉得可以事后反复听辨，忽略现场记录，容易失去追问有价值线索的机会，因为许多有价值的问题是在听话听音中发现线索并追问出来的。事实上，现场记录是集中精力倾听受访者的最好方式，既能体现对受访者的尊重，也可以使研究者保持高度的敏感性。二是无形中营造了紧张气氛，导致受访者的局促感，很难畅所欲言。三是容易忽略访谈过程中有趣的、内涵丰富的细节如眼神、情绪等，而这些细节常隐含一定的意义。

为获取自然谈话材料，可以采用隐匿录音或转移注意力的方法。我们调查新疆土尔克曼人语言时，观察到这个群体有聚会吟诗的习惯。大家聚在一起，即使有录音设备，话题一起，便争先恐后、"目中无机"地吟诗诵歌。吟诵之前，吟诵者还会热情地向参加聚会的人逐一问好、祝福，兴致勃勃地介绍吟唱内容。这种情景下录制的大都是说话人自然状态的话语材料，以及对相关问题的真实看法。从语言本体角度看，诗体语料既能体现老派发音人的语言特点，也与其日常表达习惯有差异，吟唱者的问候、祝福以及吟唱内容的介绍或开场白等，则是体现说话人日常生活的自然语料。如果这类语料不够，还可以请调查对象讲述自己或他人与吟诗诵歌相关的奇闻异事、特殊经历等。这时，他们同样会侃侃而谈，根本不在乎是否被录音。从语言生活调查角度看，聚会和私下访谈获取的材料更真实，还会得到正式访谈难以获取的语言文化材料。使用录音设备需要征得同意，如果是隐匿录音，事后应当说明，征得同意后才能使用录音材料。

第十章　访谈法在语言田野调查中的运用 ·197·

第四节　访谈提纲和访谈材料

一、制订访谈提纲

访谈提纲既要突出问题意识，也要事无巨细。前者应当围绕研究目标设置不同的"问题点"；后者应当全面考虑各层面的细节问题及其内在联系。访谈提纲需要考虑不同社区、领域和人群等维度，既可以制订针对不同领域、不同受访者的分项访谈提纲，也可以制订综合性访谈提纲，还可以将二者相结合，即设置所有受访者的必答题和部分受访者的选答题。制订访谈提纲不仅可以起备忘作用，还可以按问题之间的逻辑关系与受访者互动。

（一）制订访谈提纲的注意事项

1. 针对性

访谈提纲应当具有不同社区、领域和群体的针对性。以双语教育调查为例，教育部门主管领导和工作人员、双语教育专家、学校领导、教师、学生及不同类型的学生家长都应当在访谈之列。访谈校领导至少应当包含以下内容：学校概况和历史沿革，双语教育指导思想和目标，教学模式和计划，课程安排和课程表，当地教育部门或学校对双语教师的要求、评价指标和奖惩机制，双语教学效果、问题、影响因素、改进措施和发展规划等。了解教改计划，访谈主管领导优于普通教师；了解教改计划的实施、成效、问题及影响因素，需要访谈校领导、各类教师、教研人员及学生，而且应当各有侧重。总之，问题针对性越强，受访者越容易回答，研究者也就越容易获得相应的材料。

2. 前瞻性

前瞻性指访谈内容既能体现学术前沿和应用价值、访谈结论可以预测发展趋势，又可以从看似无关的问题或现象中发现其深层次的联系。前瞻性既可以来自新问题，也可以来自老问题。

近20年来，我国民族地区实施的"生态移民工程"建立了一些移民社区。随着生存环境的改变，移民的生产和生活方式、物质和精神生活发生了很大变化，传统语言文化生活和人际沟通面临一系列适应（包括适应和不适应）问题。受城镇化速度加快、基础教育阶段生源减少等因素影响，各地教育部门整合教育资源，农牧区相当一部分学生转为城镇寄宿生。如果不能深刻认识这些变化、协调相关的语言文化适应问题，就可能引发社会问题。因此，研究者应当深入生态移民社区，全面了解移民因生活环境、生存状况变化引起的语言使用、语言态度以及对双语教育、后代择校态度的变化，考察其语言文化适应及语言服务需求；关注寄宿生的学习和生活状况，尤其是他们离开家乡、脱离家庭和社区语言文化环境后的适应问题。上述种种，都是民族地区双语教育研究的新问题。

对双语教育的认识看似老生常谈，实则不同部门和群体存在认识分歧，而且随着政策的调整，双语教育的重心也发生了变化，并且会影响双语教育规划的制订和实施。鉴于此，应当关注不同部门和群体对国家通用语言文字推广和少数民族语言文字使用关系的新认识，并从双语教育规划、双语使用环境、教学模式以及师生和学生家长语言态度等变化中发现新问题。

3. 虚实兼顾

访谈的内容既要"务虚"，也应"务实"，最好是将二者有机结合起来。"务虚"指访谈宏观问题，但宏观不等于空泛，否则受访者无所适从，难以抓住要点。问题过于具体，受访者的回答可能非常简单，达不到深度访谈的目的。简言之，访谈问题既不能似是而非，也不能让受访者没有发挥余地。以访谈少数民族语文使用和双语教育为例，经过几十年的努力，我国民族语文和双语教育工作取得了巨大成就，但基础薄弱，认识存在分歧。双语教育是保护和传承少数民族文化、建构民族地区和谐语言生活的重要途径，使用少数民族语言和推行国家通用语并行不悖。少数民族语言文化是重要的社会资源，通过富有成效的实践，会转化为社会财富、产生经济效益。因此，不同部门和群体对少数民族语言文化及双语教育的认识，都是访谈需要关注的宏观问题。这些问题看似"务虚"，实则影响着少数民族语文发展和双语教育政策的制订及相关措施的落实，也会在一定程度上制约国家通用语的推广。

"务实"指访谈提纲应当凸显问题意识，寻找有价值的突破口，既要设计针对不同社区、领域和群体的结构性访谈提纲，细化访谈问题；又要辅以其他调查方法深化访谈内容。比如，访谈双语教学的汉语教师，可以就学生汉语文能力询问"在您教授的汉语课中，学生的汉语文听说读写能力有哪些提高，请分别举例说明"，并就听说读写能力进一步追问；还需要通过听课观察、与学生交谈、抽查作业和试卷等途径，检验访谈材料的真实性和可靠性。如果询问受访者"您认为学校双语教学取得了哪些成绩"一类问题，就过于宽泛，受访者很难回答，访谈者也难以获取真实

第十章 访谈法在语言田野调查中的运用

准确的信息（王远新，2011：15—36）。

（二）补充和完善访谈提纲

试调查是检验和修订访谈提纲的第一步，随着正式访谈的深入，可以依据调查进展随时调整访谈问题、修订访谈提纲。与此同时，应当及时整理每一次的访谈材料，发现不全面、未能深入的问题或新线索，就要在后续的调查中及时增补。

二、整理和验证访谈材料

（一）访谈材料的整理

1. 直接和间接引用

利用访谈尤其是深度访谈材料作为论据撰写调查报告，可以采用直接和间接引用的方式。直接引用时，不宜为凸显受访者的主体地位而大段引用。间接引用首先应当正确理解受访者原意，用恰当的方式或符合受访者身份的话语呈现。完整的访谈记录可以作为研究成果列入附录，供读者查验或参考。

2. 恰当分解访谈材料

同一受访者的谈话材料可能涉及不同方面的问题，需要分解处理。不能只挑选有利于建构某种观点的材料，更不能断章取义。应当实事求是地从不同侧面或角度分解同一受访者或不同受访者的访谈材料，并将其作为不同论点的证据。

3. 恰当处理极端观点

标注、筛选和提炼访谈材料时，可以将极端看法作为不同角度的论证材料或反证材料，并适当做出说明，既无代表性也没有反面论证价值的材料则可以弃之不用。总之，在问题分析和定性研究时，应当客观展现不同群体受访者的代表性观点。

（二）访谈材料的验证

访谈材料需要通过不同途径加以验证。2007年3月，我们调查青海省同德县藏族语言生活和双语教育问题，先后开了三次座谈会。第一次是去同德县之前与省教育厅领导、参加省教育工作会议的地州市教育局领导、青海省高校领导和专家、青海省藏语文部门负责人的座谈，第二次是到达同德县之后与县教育局及语言文字部门负责人的座谈，第三次是调研后向省教育厅领导及相关专家汇报调研成果、征求反馈意见。前两次座谈及后续的学校调查，都谈及寺院教育与学校教育争夺生源的问题。各级各类访谈对象都表示，前几年有过这种现象，实行"两免一补"政策特别是"两基"验收后已基本杜绝。依据前两年在青海省其他地州的调查经验，我们认为有必要进一步验证。于是，我们特意走访了同德县城的寺院，发现有15位7—13岁的男性少年在诵经（王远新，2009）。这说明，即便不同受访者的回答一致，也需要多方验证。受访者回答不一致的问题，更应该多方验证。否则，就可能得出不可靠的结论。

第五节 本章小结

访谈的最高境界是有目的的成功"聊天"。本章结合语言田野调查实践，重点讨论了结构、非结构、半结构访谈的方法及其特点；从学术态度、访谈能力和访谈技巧三方面阐述了访谈注意事项；在讨论访谈提纲针对性、前瞻性和虚实兼顾原则的基础上，简要叙述了访谈材料的整理和验证。

总体而言，访谈法主要有三方面的作用：第一，全面搜集资料、发现新线索、积累经验、锻炼能力。第二，细化问题，通过深度访谈，将受访者的真实想法"聊出来"；辅以多种方法由表及里、去粗取精、毫分缕析地提炼问题点，保证调查结论的信度。第三，深化研究，尤其是深度访谈是定性研究的重要依据，与问卷调查法及其他方法结合，即量化分析和定性研究互证，可以从不同角度深化研究结论。

参考文献

[1] 陈向明. 质的研究方法与社会科学研究 [M]. 北京：教育科学出版社，2000.

[2] 王远新. 论语言使用情况调查的方法 [G] //王远新. 语言田野调查实录. 北京：中央民族大学出版社，2007.

[3] 王远新. 青海省同德县双语教育调研报告 [G] //王远新. 语言田野调查实录（二）. 北京：中央民族大学出版社，2009.

[4] 王远新. 我国少数民族双语教育调查研究应当注意的基本问题 [G] //王远新. 语言田野调查实录（五）. 北京：中央民族大学出版社，2011.

[5] 武玉芳. 青海省同德县双语教育调研印象 [G] //王远新. 语言田野调查实录（二）. 北京：中央民族大学出版社，2009.

[6] 杨善华，孙飞宇. 作为意义探究的深度访谈 [J]. 社会学研究，2005（5）.

附录　访谈提纲

河南省镇平县石佛寺镇维吾尔族常态居住者语言生活和语言适应调查访谈提纲

一、访谈主题、时间、对象和访谈方法

访谈主题：南阳市镇平县石佛寺镇维吾尔族常态居住人口经商务工者的语言生活和语言文化适应。

访谈时间：2018年11月28日至12月2日。

访谈对象和访谈方法：主要采用结构访谈法和半结构访谈法，前者结合问卷调查访谈合适的调查对象及相关问题（包括入户或各类经营者以及相关人员的访谈）；后者重点访谈维吾尔族经商务工群体、与维吾尔族常态居住人口接触较频繁的干部（包括当地干部和新疆派驻当地的干部）以及当地汉族居民。此外，采用随机访谈法访谈与调查主题相关的人员。随机访谈对象包括不同性别、年龄段、职业、受教育程度、语言背景的维吾尔族常态居住人口，访谈对象的年龄原则上限定在15—69岁；非随机访谈对象则不受年龄限制。

重点访谈部门和观察地点：镇平县民族宗教局、石佛寺镇天下玉源社区党群服务中心、天下玉源小区服务中心（包括服务窗口、网络家园和书吧）、石佛寺镇综合服务中心、天下玉源市场、天下玉源社区、石佛寺镇有维吾尔族学生就读的中小学、镇幼儿园和社区幼儿园、新疆小吃一条街、石佛寺镇街道、文化活动场所等。

二、重点访谈问题

（一）基本情况访谈

1. 访谈问题

（1）维吾尔族进入石佛寺镇的历史和现状，人口（包括流动人口和常态居住人口）、从事的职业、生活等情况；

（2）维吾尔族经商务工者集中的天下玉源市场形成的历史和现状；

（3）维吾尔族聚居的天下玉源社区概况、社区建设和各类服务情况；

（4）维吾尔族经商务工者周五至周日赴外地"星期天市场"经商情况；

（5）新疆小吃一条街概况；

（6）当地政府部门、机构对维吾尔族流动经商者和常态居住人口的管理措施、经验。

2. 访谈对象

（1）主要访谈部门：镇平县民族宗教局、石佛寺镇办公室、石佛寺镇天下玉源社区党群服务中心、天下玉源小区服务中心；

（2）维吾尔族个体，主要结合问卷调查和实地观察进行访谈。

（二）维吾尔族语言生活和语言文化适应访谈

1. 访谈问题

（1）维吾尔族语言能力；

（2）维吾尔族语言使用（包括家庭内部、族内和族际交际）；

(3) 语言态度、语言认同、身份建构；
　　(4) 语言文化适应（包括适应和不适应两个方面）。
　2. 访谈对象
　　石佛寺镇维吾尔族各类群体。结合问卷调查进行结构性访谈；结合问卷调查和实地观察遇到的问题选择合适的受访者进行深度访谈。
　(三) 国家通用语言文字培训班访谈
　1. 访谈问题
　　(1) 开班历史和现状（重点访谈石佛寺镇天下玉源社区党群服务中心负责人）；
　　(2) 培训时间、教材、师资、效果（成绩和问题）。
　2. 访谈对象
　　(1) 任课教师；
　　(2) 学员（包括结业和在培学员）；
　　(3) 培训组织者。
　(四) 当地政府和社区组织的各类技能培训和就业指导
　1. 访谈内容
　　(1) 技能培训种类、时间、效果等；
　　(2) 就业指导措施、效果及存在的问题等。
　2. 访谈对象
　　(1) 石佛寺镇政府、天下玉源社区党群服务中心等；
　　(2) 社区制衣社管理者和务工者（结合实地观察访谈）。
　(五) 子女入学访谈
　1. 访谈问题
　　(1) 就读学校和编班情况（基础数据：幼儿园和中小学维吾尔族学生基础数据及其每年的变化情况）；
　　(2) 授课语言及学生适应情况（包括取得的成绩和存在的问题或困难）；
　　(3) 维吾尔族学生的学习状况、学习动机和态度、学习成绩和存在的问题；
　　(4) 与当地学生的融入度；
　　(5) 特殊政策、措施及其效果，比如入学绿色通道、每周为维吾尔族学生开办的两期语言强化班、班级汉族学生和维吾尔族学生的"手拉手"活动。
　2. 访谈对象
　　(1) 石佛寺镇中心小学专题座谈（包括学校领导、任课教师、新疆支教教师等）；
　　(2) 石佛寺镇相关中小学教师、学生及家长（结合实地观察访谈）；
　　(3) 石佛寺镇相关幼儿园和天下玉源社区幼儿园教师和学生家长（结合实地观察访谈，并进行课堂观察、课下与学生互动交流）；
　　(4) 对口支援单位新疆哈密市派驻石佛寺镇的支教教师。

（六）各类文化活动访谈

1. 访谈内容
（1）当地政府和社区组织的各类文化活动；
（2）维吾尔族常态居住人口自发组织的文化活动。

2. 访谈对象
（1）石佛寺镇政府、天下玉源社区党群服务中心、天下玉源社区委员会领导及相关工作者；
（2）石佛寺镇各类维吾尔族群体。

（七）社区窗口便民服务访谈

1. 访谈内容
（1）访谈维吾尔族常态居住者就医、社会保障、就业和创业帮扶、房屋租赁、后代入学等情况；
（2）访谈维吾尔族常态居住人口经商务工和日常生活中的常见问题、解决措施；
（3）重点访谈维吾尔族语言交际问题和语言服务需求。

2. 访谈对象
（1）石佛寺镇天下玉源社区党群服务中心干部及窗口服务人员；
（2）天下玉源市场和天下玉源社区聘用的两名维吾尔族翻译；
（3）天下玉源社区诊所医护人员、维吾尔族就医者。

习题

1. 为什么说访谈的最高境界是有目的的成功聊天？它有哪三方面的作用？
2. 访谈法为何要与其他田野调查方法配合使用？
3. 什么是结构访谈法？它主要包括哪三个结构层次？
4. 结构访谈法的地域层次性需要注意哪些问题？
5. 结构访谈法的受访者层次性需要注意哪些问题？
6. 结构访谈法的内容层次性需要注意哪些问题？
7. 结构访谈的层次性主要有哪几个方面的目的？
8. 什么是深度访谈法？它主要有哪些特点？为什么说它是定性研究的重要方法？
9. 访谈能力主要体现在哪些方面？
10. 怎样恰当把握敏感问题的访谈？
11. 制订访谈提纲需要注意哪些方面的问题？
12. 总结本章附录访谈提纲的特点和不足。
13. 尝试设计一份针对语言生活某一专题的访谈提纲。

第十一章　观察法在语言田野调查中的运用

观察法是语言田野调查的基本方法，贯穿一项调查的全过程。语言田野调查是典型的经验科学，观察法看似比较容易操作，实则对经验积累的要求很高。它不仅要求研究者在整个调查过程中时刻保持高度的热情、主动性和敏感性，而且需要具备搜集有用素材、发现新问题、捕捉新线索的能力。本章结合语言田野调查实践，阐述观察法的特点、不同类型观察法的作用及注意事项。

第一节　观察法的特点

一、观察法的分类

根据研究需要和实地调查的参与程度，可以将观察法分为三大类型，即一般观察法、参与观察法和隐匿观察法。一般观察法又可分为非随机（不按抽样原则）和随机（按抽样原则）两类观察法：非随机观察法又包括偶遇性、即时性、验证性等观察方法；随机观察法又包括结合户访和问卷调查、专题抽样观察等观察方法。参与观察法指研究者融入调查社区，在与调查对象密切接触中观察他们的言语行为，包括追踪式和深度融入式两类观察法。一般观察法和参与观察法有时需要采用隐匿观察手段，即在观察对象意识不到被观察的情景下搜集材料。

二、观察法的作用

针对不同类型的田野调查，观察法的作用不完全相同。语言本体调查主要观察调查对象所在社区的语言环境，以及调查对象视不同场合、交际对象和话题的语言使用特点。语言生活田野调查特别是其中的定性调查研究，不仅需要运用一般观察法，还需要运用参与观察法和隐匿观察法。

第十一章　观察法在语言田野调查中的运用　　　　　　　　　　　　　　　　·205·

观察法主要有三方面的作用：一是用于探索性研究，即明确研究主题或角度，加深对调查问题的认识；二是验证其他调查方法得出的结论；三是发现新问题或引申出新的研究题目。

观察法的优势主要体现在以下方面：既可以搜集真实全面的话语材料和语言使用数据，也可以获取调查社区或群体的语言文化传统、生活习俗等案例，隐匿观察法还可以获取直接调查法难以获取的素材。观察法的局限性主要体现在以下方面：它无法作为一种独立的方法完整地调查某个语言项目，难以获取调查对象语言态度和语言认同等心理认知方面的材料和案例，需要其他调查方法的配合。比如，调查某地的语言景观，观察法是获取基础语料和数据的主要方法，即通过观察法获取的语言景观样本，相当于语言本体调查获取的基础语料，其重要性不言而喻。具体而言，语言景观的观察既要体现全面性，获取涵盖不同类型语言景观的材料和数据，也要根据调查目的获取重点区域代表性语言景观的材料和数据，还要进一步探讨语言景观"施事方"（服务方）的语言规划理念，以及"受事方"（受众）对语言景观的评价、服务需求等。因此，语言景观调查需要综合采用观察、问卷调查、访谈等方法获取相关数据和案例。

第二节　一般观察法

一、非随机观察法

非随机观察指不按抽样原则的观察方法，主要有偶遇性、即时性、验证性观察等具体方法。

（一）偶遇性观察

语言研究者一般都具有随时随地观察语言现象、发现研究问题的敏感性，每到一地都会留心观察当地语言结构和语言生活的特点。这种非随机的偶遇性观察，常常可以发现有价值的研究线索。笔者曾利用出差机会，实地观察过河北省秦皇岛市抚宁县（现秦皇岛市抚宁区）朝鲜族村、尚义县五台蒙古营以及遵化市、易县清东陵和清西陵满族守陵及护陵人后裔聚居地，广东省畲族聚居村，云南省瑞丽市边境村落，新疆维吾尔自治区阿克陶县库斯拉甫乡等地语言结构或语言生活的特点，之后安排合适时间进行了专题调查（王远新，2004a，2004b，2010，2011，2012，2017；王远新、李玲，2017），并由此延伸出语言岛和方言岛、濒危语言、边境村落语言生活、混合语等系列研究成果。

(二) 即时性观察

确定调查社区和调查内容后,为更好地开展正式调查,需要进行即时性观察。我们通常的做法是,到达调查地后,先适应当地的语言文化环境。比如,在文化广场、宾馆饭店、集市或步行街观察风土人情、当地人的交际交流方式、语言文字使用以及各类语言景观的特点等;去图书馆或文化馆、书店或农家书屋等场合观察不同语言文字传统纸媒的种类及借阅或购买情况。如果是媒体语言文字使用的专题调查,还需要进入电媒机构了解文化产品的制作流程,观察媒体用语用文以及工作人员的语言互动等。无论何种类型的调查,研究者都应当主动参与调查地举办的各类活动,尤其是民俗文化活动,如蒙古族的"那达慕大会"、西南少数民族的"三月三""六月六""火把节""泼水节",以及调查地定期举办的各类文化广场活动等;还应当以朋友身份参与社区活动或家庭聚会。在这些活动中,研究者即时观察不同场合、不同人群针对不同交际对象和话题的语言使用特点,不仅有助于深化对既定研究问题的认识,还可以发现新的调查线索。

(三) 验证性观察

验证性观察又称针对性观察,即为检验其他调查方法获取的数据或结论,有目的地进行实地观察。2009年7月,笔者带研究生赴河北省张家口市尚义县某蒙古营调查蒙古族语言生活。县政府官网介绍了蒙古营蒙古族语言文化传承情况,公开发表的河北省蒙古语教学论文(特克寒,2005)描述了蒙古营蒙汉双语教学状况和面临的困难。实地调查期间,我们从蒙古营学校校长那里得到的信息是,该校一直坚持双语教学,只是这两年生源大幅减少。我们请求校长带我们参观学校,他起初以"一会儿有人来家里修电视机"为由推脱。我们边等待边访谈,电视机修好后,他又说学校钥匙没在身上。在我们一再请求下,他才勉强答应带我们参观学校。参观过程中一些细节引起了我们的注意,比如校长没有学校大门和校长室的钥匙,特意打电话让人过来开门。校长室里很乱,书架上空空荡荡,地上有不少烟头。索要学校文字介绍材料,校长推脱"已经放假,不知放哪儿了。"在我们的请求下,校长勉强列出了就读学生家长的名单。参观教室时发现,课桌摆放凌乱,上面落满了灰尘。七月初,尚义县中学和部分小学尚未放假,教室里怎么会有这么厚的灰尘?带着疑问,我们分别访谈了退休教师、两名曾被派往内蒙古乌兰察布盟蒙古族师范学校(后并入集宁师范学院)进修的蒙古语文教师以及学生家长,还针对学校教育问题专题访谈了村委会书记。汇总各方材料得知,2003—2004学年,学校全部9名学生中,6人升入初中,3人转学,学校停办,校长室早已改为村委会活动室（王远新，2010）。如果轻信蒙古族双语教学的论文、访谈止于校长，不进行验证性观察，调查结论很可能与实际情况相去甚远。

2007年3月，我们在青海省同德县调查藏族语言生活和双语教育，各类访谈都涉及寺院与学校争夺生源的问题，且访谈对象均表示，前几年有过这种现象，实行"两免一补"政策特别是"两基"验收后已经杜绝。根据前两年在青海省其他地州的调查经验，我们认为有必要进一步验证。于是，我们特意走访了同德县城的寺院，发现有15位7—13岁的男性少年在诵经。这说明，即便不同受访者的回答一致，也需要实地观察、多方验证。如果受访者的回答不一致，更应当多方验证（王远新，2009）。

二、随机观察法

随机观察法需要按抽样原则结合户访、问卷调查、专题调查等方法进行。

（一）结合户访和问卷调查的随机观察

不同类型的户访和问卷调查，不仅需要观察调查社区总体面貌及其周边环境，特别是民族分布和语言文化环境、社区宣传栏和公示栏等，还应当随机观察户访对象家庭与语言生活相关的硬件设施（电视、电脑等）和家庭成员语言互动（打电话、发信息、与家人交流等）的语言文字使用情况。这种看似琐碎的随机观察，可以印证访谈对象或问卷调查对象的自报。2008年，我们赴云南省边境地区镇康县硝厂沟德昂族村调查，座谈会后去村委会书记家进行入户访谈。经主人允许打开电视机发现，中央台全是"花纹"，看不清图像，声音也时断时续，缅甸台的声音和画面却异常清晰。这一观察不仅说明当时边境民族地区主流媒体和少数民族语文媒体的信息传播状况，还体现了细致的实地观察配合户访或问卷调查获得真实信息的重要作用。

（二）专题抽样观察

为保证观察结论的客观性、可靠性和可验证性，可以设计现场观察表，目的是获取随机的、封闭的观察材料，观察结果可以做结构性分析。2007年3—4月，我们在青海省同德县调查藏族语言生活和双语教育，调查项目之一是在全县范围内抽取代表性学校进行结构性观察和深度访谈。具体做法是，在抽取的班级各派两名调查员旁听汉语课，要求调查员按"师生课堂语言使用状况观察表"仔细记录整个教学环节，以及存在的问题和具体事例。观察表除学校、班级、课程、教师等背景信息外，主要包括两方面的内容：一是教师课堂语言使用及组织教学情况；二是学生课堂表现及语言使用情况

(包括师生互动、小组讨论等)。每个部分都由若干题项构成,由观察员打钩或填写,并在观察日记栏填写观察案例。这样做有三个目的:一是把开放性、非随机(非结构)的课堂观察、观察员的主观感受与封闭性、随机(结构性)的客观观察记录结合起来,几方面的材料相互补充验证;二是可以对比不同观察员的课堂观察以及封闭观察表的记录,增加观察的信度;三是研究者以观察者和参与者双重身份参与课堂观察,有助于换位思考、验证和解释观察材料、发现新线索。为更全面了解和把握师生课堂、课下的语言使用状况及课堂教学效果,下课后,我们还安排调查员做学生课外活动语言使用的隐匿观察,验证听课观察、校领导和教师访谈获取的信息。综合运用上述几种观察方法,对比不同观察结论和访谈材料,既可以保证课堂观察结论的信度,也可以验证各类访谈的效度(王远新,2010)。

(三) 留意观察非抽样人群

采用一般观察法不仅需要多方位细心观察,还应当留意不在抽样调查范围的人群,目的是验证随机抽样问卷调查的结论。2004年,我们在河北省秦皇岛市抚宁县(现秦皇岛市抚宁区)朝鲜族村调查时,在村广场刻意观察了朝鲜族小朋友一起玩耍时的语言交流情况。一位4岁女孩儿和两名6岁女孩儿玩耍时,只使用朝鲜语。当我们用汉语跟4岁女孩儿交流时,她显得很拘谨,一句话也不说。一起玩耍的小朋友与她用朝鲜语交谈后,她才有些放松,但仍不肯说话。起初,我们以为她听不懂汉语,其他小朋友告诉我们,她能听懂汉语,会说简单的日常用语。当气氛逐渐缓和后发现,我们与其他小朋友用汉语交谈时,她的举动表明,她显然听懂了我们交谈的内容。这一观察印证了朝鲜族村出生长大的朝鲜族最先学会朝鲜语、在社区交往中逐渐学会汉语的调查结论(王远新,2004b)。

第三节 深度观察法

深度观察法又称融入式观察法,既可以用于试调查,也可以用于正式调查。

一、试调查阶段的深度观察

确定调查题目和调查点、开展正式调查之前,进行深度观察及相应的访谈,可以为正式调查特别是问卷调查奠定基础。笔者指导的一位社会语言学方向的硕士研究生为完成《嵩县德亭镇赴粤务工者语言文化适应调查》的硕士学位论文，于2021年7—8月在河南省嵩县德亭镇赴粤务工者较集中的广东省惠州和东莞两市做试调查：她先在惠州市仲恺高新区陈江街道东广精密工业有限公司做了23天光驱流水线短期工，后在东莞市南城区一美发店做了半个月洗发工，前者环境封闭且务工者集中，后者环境开放且对外交流多。在边工作、边观察的过程中，她既体验了德亭镇在粤两类务工群体的工作和生活状况，也获得了大量观察和访谈材料，进一步明确了调查方向和研究思路，为正式调查阶段的问卷调查做了很好的铺垫（余沛航，2023）。

二、正式调查阶段的深度观察

（一）追踪式观察

追踪式观察是针对某一研究问题进行长期跟踪或持续性观察的方法。非随机或偶遇观察发现的问题，有可能发展成持续性的研究课题。攻读博士学位之前，董洪杰曾于2004年秋赴西安市旅行，被国际"网红打卡地"回民街（当地人称回坊或坊上）所吸引。2005年，他在陕西师范大学求学期间，每当亲友来访，必陪同去回坊游览；2008年，董洪杰留在西安市某高校从事国际汉语教学工作，每年必带留学生参观回坊，给学生讲解回坊的民俗文化。从游客到"导游"身份转换的十年，他一步步走近回坊。十年内，他结识了坊上朋友，观察到坊上话与西安市区汉语方言的差异。2014年进入中国人民大学攻读社会语言学方向博士学位后，他遂决定以回坊的回族汉语作为毕业论文选题，回坊成为他的追踪田野调查点。他不仅顺利完成了博士学位论文，而且经补充调查出版了专著（董洪杰，2022：271）。

（二）融入式观察

融入式观察法又称居住体验式观察法，指研究者较长时间深入调查地、融入当地语言生活、站在局内人立场、采用不同观察手段获取第一手材料的方法。学会当地人的语言、深度参与当地人的语言生活是融入调查社区的最佳途径。正如鲍阿斯（F. Boas, 1911：60；转引自R. M. W. Dixon, 2008：28）所说："掌握一种语言是获得准确而完善的知识的必不可少的途径，这是因为从聆听当地人的谈话和参与他们的日常生活中可以收集到许多信息，而这些对于未掌握这种语言的观察者来说是完全不可能得到的。"霍尔（E. T. Hall, 1959, 1966；转引自丹尼·L. 乔金森，2015：4）认为："只有充分理解了表达其观念的文化和语言，才能掌握局内人对于他们世界的原有观念。""只有懂得了他们的语句在特定情境中的含义，才能进一步地理解他们的观念"（E. T. Hall,

1976；转引自丹尼·L. 乔金森，2015：4）。人类学的参与观察法要求研究者在田野点的观察时间不少于一年，目的是把握四季变化对观察对象生产、生活的动态影响（王铭铭，2002：63）。受我国人才培养和学术考核机制的制约，达到这样的要求有一定困难，比较可行的办法是在固定田野点做间断式的跟踪调查。

纽约市哈莱姆（Harlem）区某类黑人群体由核心、次要和边缘三类成员构成，其俚语和零系词的使用以及语言认同具有标记身份的功能。这项调查的实施及研究结论，得益于W. 拉波夫长期深入黑人群体的融入式观察。如他所言（转引自罗纳德·沃德华，2009：406）："只有每天都出现在城市街头，人们才可能熟谙本地做派，精通本地俚语，而要想参与到本土文化中，这些都是必须的。"

笔者的本科专业是哈萨克语言文学，三年级第二个学期在新疆哈萨克族人口最多的伊犁哈萨克自治州新源县实习。实习分为三个阶段：第一阶段是适应期，为期一个月。这期间，笔者在县城哈萨克族小学担任六年级语文课助教，第一周主要辅导学生和批改作业；后三周任主讲教师，周末带学生上山捡牲畜骨头筹集班级活动经费。这一个月里，笔者与学生朝夕相处，并常被邀请去学生家里做客。其间，我们几位同学还利用业余时间访谈了县城的哈萨克族文化精英。这些都进一步加深了我对哈萨克族历史文化、风俗习惯、语言文字的认识，口语水平无形中得到了提高。第二阶段初步体验哈萨克族草原文化，在春牧场（春末夏初）生活一个月。由于集中居住在帐篷里，主要通过走访周边的哈萨克族，进行初步的观察体验和访谈学习。第三阶段是深度融入期，6—8月进入深山夏牧场，一户哈萨克族毡房分配一名实习生。其间，我不仅学会了一些牧业生产生活技能，如跟随主人放马、打草、挤奶、制作马奶酒、煮奶茶等，还参加了哈萨克族婚礼、赛马比赛、阿肯弹唱会等民俗和文化活动。在与哈萨克族牧民同吃同住同劳动的过程中，笔者进一步提高了哈萨克语水平，对哈萨克族文化有了更深入的认识，并结合实地观察和访谈，重点调查记录了大量的哈萨克语畜牧业词汇。

总体而言，融入式观察并非停留在参与当地人活动、观察其言语行为层面，还要通过日常生活中的点点滴滴，更深入地理解调查对象语言文化的特点。融入式观察法的最大优势是，通过与调查对象长时间的密切接触，不仅可以克服"观察者的矛盾"（observer's paradox），获取定性研究所需要的有价值、真实可信的典型案例和材料，还是体验当地人语言生活、理解其语言态度和语言认同的最佳途径。融入式观察法的主要局限是，研究者需要具备一定的条件，比如，足够的时间和经费、较强的适应能力，并完成思维方式、客位与主位立场的转化。此外，融入式观察法无法控制调查变量，难以获取概率数据并进行量化分析。如有必要，可以在融入式观察、深度访谈的同时做专项问卷调查，以弥补量化分析的缺失。

第四节 隐匿观察法

观察的目的是获取真实自然的语料，但当观察对象得知被观察时，会有意无意说出不自然的话语或不真实的想法。为了克服这种"观察者的矛盾"，社会语言学常采用的隐匿观察法，是解决调查对象自述与实际语言表现不一致的有效途径。

为了调查南京市民普通话和当地汉语方言使用情况，南京大学社会语言学实验室采用了"问路调查法"。具体做法是，两三名调查员结伴，其中一人扮作问路人，其他人从旁倾听、留意观察，用事先设计的调查表记录调查结果（徐大明，2010：161）。这种方法可以较好地获取调查对象真实自然的语言表现，还可以在短时间内获取一定数量的样本进行量化分析；其局限性是无法获取调查对象翔实的背景资料、语言态度以及深度访谈材料和典型案例，难以做定性研究。我们在调查新疆土尔克曼人语言时，观察到这个群体有吟诗诵歌的习惯。亲朋好友聚会时，他们会争先恐后、兴致勃勃地吟诗诵歌，并介绍吟唱内容。这种情景下，隐匿观察和隐蔽录音获取的大都是说话人的自然语料，以及对相关问题的真实看法。立足于语言本体研究，诗体语料既能体现老派发音人的语言特点，也与其日常表达习惯有一定差异；吟唱者关于吟唱内容的介绍或开场白等，则是体现说话人日常生活的自然语料。如果这类语料不够，还可以请调查对象讲述自己或他人与吟诗诵歌相关的奇闻异事、特殊经历等。从语言生活调查看，聚会现场观察和"聊天"式访谈，可以获取真实自然的语言材料，尤其是语言态度和语言认同定性分析的典型案例。参与这种聚会，需要成为当地人的朋友，使用录音设备需要征得当事人的同意；如果事后说明，需要征得当事人同意才能使用录音材料。

在云南佤族多数人心目中，"万物皆有灵，祸福皆由鬼"。无论日常生产生活，还是重大礼俗仪式，主人都会邀请"巴猜"（祭师）念祭词告知众神，请其保佑。祭词不仅被认为是具有法力的"神秘语言"，也蕴含着佤族世代传承的生产生活经验和伦理道德观念。绝大多数巴猜认为，他们念祭词的本领主要通过"神授"和"梦授"方式习得，并需要多听其他巴猜念诵的祭词不断修炼。这种世代相传、保留完整的口传祭词，是研究佤族历史、文化和语言不可多得的宝贵资料。为完成博士学位论文《佤族祭词研究》，笔者指导的社会语言学方向博士研究生叶黑龙利用自己是当地著名巴猜孙女的身份，融入各种祭祀场合。在前期准备中，她事先跟爷爷隐瞒了调查目的，了解了各类祭祀活动中巴猜的祭位及其变换特点。在屋内祭祀时，她会挑选靠近祭位的位置就座，以便隐匿观察和录音；在屋外祭祀时，则以好奇为由参与其中，并进行隐匿观察和录音（叶黑龙，2018：4—7，17）。采用上述方法，叶黑龙获取了大量第一手材料。

为了克服隐匿观察法的局限，可以根据研究需要配合运用其他调查方法。西安市坊上商业街是多种语言变体并存的社区，坊上话、普通话、英语、阿拉伯语发挥着各自的交际功能。游客来自各地，地方普通话和"皮钦英语"（洋泾浜英语）是坊上经营者的主要工作语言。由于坊上人保持了"依寺而居、依坊而商"的传统生产和生活模式，商业街也是其日常生活的街区，他们需要与邻居、亲戚往来互动，坊上话（回族汉语方言变体）是他们内部交际的主要工具。作为伊斯兰教特有的语言符号，阿拉伯语成分不仅是坊上回族汉语的特点，也被用于店面和街道牌匾。为了记录店面经营者的英语交际情况，在旅游旺季，董洪杰采取隐匿观察法和定点参与观察录音的方式，搜集了坊上"皮钦英语"的大量语料。他以游客身份在商业街走动观察，即时记录语料；征得店主同意，定点定时观察记录同一店主与国外顾客的语言互动（董洪杰，2022：53—54）。通过上述两种观察方法，他获取了大量真实自然的话语材料。

第五节　本章小结

本章从特点和类型角度，阐述了观察法的作用以及具体观察手段和注意事项，认为观察法不仅是贯穿于一项调查全过程的田野方法，也是研究者融入调查地生活、体验当地语言文化的重要途径。观察法主要包括一般观察法、参与观察法和隐匿观察法。一般观察法中的非随机观察法可以发现新的研究问题、获取检验相关结论的材料；随机观察法可以获取客观材料，专题抽样观察法还可以获取定量分析材料。参与式观察法主要有追踪式和融入式两类，前者是针对某一研究问题的持续性观察方法，后者是深入调查点、以局内人立场获取材料的观察方法。一般观察法不受其他因素干扰，研究者更容易做出独立判断；参与观察法更贴近调查对象，容易获取揭示研究问题本质的定性材料。一般观察和参与观察都会用到隐匿观察法，它是在观察对象意识不到被观察的情景下搜集材料的有效手段，可以避免"观察者的矛盾"。

总体而言，观察法贯穿一项调查的全过程，但难以独立承担一项研究，需要其他调查方法的配合使用。只有将观察法与其他调查方法有机结合，才能获取更加全面、可靠、深入的调查材料和结论。

第十一章 观察法在语言田野调查中的运用

参考文献

[1] [美] 丹尼·L. 乔金森（D. L. Jorgensen）. 参与观察法：关于人类研究的一种方法（*Participant Observation: A Methodology for Human Studies*）[M]. 张小山，龙筱红，译. 2版（修订本）. 重庆：重庆大学出版社，2015.

[2] 董洪杰. 西安坊上回族语言变异与身份认同研究 [M]. 北京：商务印书馆，2022.

[3] [加] 罗纳德·沃德华（Ronald Wardhaugh）. 社会语言学引论：第五版（*An Introduction to Sociolinguistics: Fifth Edition*）[M]. 雷红波，译. 上海：复旦大学出版社，2009.

[4] 特克寒. 河北省蒙古语教育发展状况及对策研究 [J]. 社会科学论坛（学术研究卷），2005（6）.

[5] 王铭铭. 人类学是什么 [M]. 北京：北京大学出版社，2002.

[6] 王远新 a. 广东博罗、增城畲族语言使用情况调查——保护濒危语言的重要途径 [J]. 中央民族大学学报（哲学社会科学版），2004（1）.

[7] 王远新 b. 河北省抚宁县朝鲜族村的语言使用状况和双语教学 [J]. 民族教育研究，2004（6）.

[8] 王远新. 青海省同德县双语教育调研报告 [G] //王远新. 语言田野调查实录（二）. 北京：中央民族大学出版社，2009.

[9] 王远新. 青海同德县教师语言使用和汉语教学现状调查 [G] //王远新. 语言田野调查实录（四）. 北京：中央民族大学出版社，2010.

[10] 王远新. 河北省境内的蒙古语言文化孤岛——尚义县五台蒙古营语言使用、语言态度调查 [J]. 内蒙古师范大学学报（哲学社会科学版），2010（4）.

[11] 王远新，张阳，李媛冬. 北京官话方言岛研究：清东陵和清西陵的满族汉语 [M]. 北京：中央民族大学出版社，2012.

[12] 王远新. "一寨两国"的语言生活——云南瑞丽市云井村语言使用和语言态度调查 [J]. 陕西师范大学学报（哲学社会科学版），2017（4）.

[13] 王远新，李玲. 土尔克曼人和土尔克曼话 [G] //王远新. 语言田野调查实录（12）. 北京：中央民族大学出版社，2017.

[14] 徐大明. 社会语言学实验教程 [M]. 北京：北京大学出版社，2010.

[15] 叶黑龙. 佤族祭词研究 [M]. 北京：社会科学文献出版社，2018.

[16] 余沛航. 嵩县德亭镇赴粤务工者语言文化适应调查 [G] //王远新. 语言田野调查实录（17）. 北京：中央民族大学出版社，2023.

[17] [澳] R. M. W. Dixon. 田野语言学：微型手册 [A]. 许帆婷，译，戴庆厦，罗仁地，汪锋. 到田野去——语言学田野调查的方法与实践 [C]. 北京：民族出版社，2008.

附录　双语教学课堂观察表

青海省同德县藏汉双语教学课堂观察表（小学部分）

调查日期：_____年___月___日；单位：_____学校_____年级/班级_____
科目：_____；教师姓名：_____；民族成分：_____；教学内容_____

一、教师课堂语言使用及组织教学情况

1. 课堂指令语言（课前用语，如"致好"等，可多选）
（1）藏语（①拉萨藏语　②安多藏语）
（2）汉语（①普通话　②本地汉语方言）
（3）其他汉语方言（请注明_____）
（4）其他语言（请注明_____）

2. 教师讲课用语（可多选）
（1）藏语（①拉萨藏语　②安多藏语）
（2）汉语（①普通话　②本地汉语方言）
（3）其他汉语方言（请注明_____）
（4）其他语言（请注明_____）

3. 教师汉语口语水平
（1）准确流利地用汉语（①普通话　②汉语方言）授课
（2）比较流利地用汉语（①普通话　②汉语方言）授课
（3）勉强用汉语（①普通话　②汉语方言）授课
（4）汉语（①普通话　②汉语方言）表述困难，常用藏语代替汉语授课
（5）基本不能用汉语（①普通话　②汉语方言）授课

4. 师生课堂语言互动
（1）只是教师讲授，学生未参与互动
（2）基本都是教师讲授，只有个别学生参与互动
（3）师生课堂互动，学生参与比较普遍
（4）教师组织小组活动，全体学生参与互动

5. 教师课堂教学过程中教具的使用
（1）充分利用教具组织教学
（2）偶尔利用教具组织教学
（3）不用教具组织教学

二、学生课堂表现及语言使用

1. 学生课堂注意力表现
（1）全体学生听讲、注意力集中
（2）大部分学生听讲、注意力集中

(3) 少部分学生听讲、注意力集中
(4) 极个别学生听讲、注意力集中
(5) 全体学生听讲、注意力不集中
2. 学生课堂反应
(1) 全体学生对教师的讲授能够做出积极反应
(2) 大部分学生对教师的讲授能够做出积极反应
(3) 少部分学生对教师的讲授能够做出积极反应
(4) 极个别学生对教师的讲授能够做出积极反应
(5) 全体学生对教师的讲授反应不积极
3. 学生提问或回答问题使用的语言（可多选）
(1) 藏语（①拉萨藏语　②安多藏语）
(2) 汉语（①普通话　②本地汉语方言）
(3) 其他汉语方言（请注明＿＿＿＿＿）
(4) 其他语言（请注明＿＿＿＿＿）
4. 学生之间课堂讨论使用的语言（可多选）
(1) 藏语（①拉萨藏语　②安多藏语）
(2) 汉语（①普通话　②本地汉语方言）
(3) 其他汉语方言（请注明＿＿＿＿＿）
(4) 其他语言（请注明＿＿＿＿＿）
观察感受记录【记录听课判断和相关案例】：

听课观察者：＿＿＿＿＿＿

习题

1. 语言田野调查观察法有什么作用？主要有哪几种类型？
2. 简述观察法的特点和局限性。
3. 简述深度观察法的类型和特点。
4. 什么是隐匿观察法？简述运用隐匿观察法的注意事项。
5. 总结本章附录课堂观察表的特点和不足。
6. 尝试针对某一研究问题设计一份观察表。

第十二章 语言生活调查问卷的设计

语言生活研究离不开田野调查和实证个案的积累,主要涉及语言本体(特殊语言结构或典型语言变异项目)、语言功能(语言地位和语言使用)、语言心理(语言态度和语言认同)等内容,可以从社区、领域、群体三个维度切入(王远新,2019);主要有田野文献、访谈、观察、测试、问卷调查等方法,涉及宏观和微观、共时和历时、定量和定性、主位和客位相结合以及类型对比分析等方法论(详见本书第三章)。本章重点阐述语言生活调查问卷的设计及相关问题。

第一节 问卷类型和设计

问卷调查法是通过随机抽样获取能够推及调查社区总体样本数据的方法,即用同样的问题(包括相同的题目或题干、选项或指标)询问不同社会特征的人群,获取能够进行量化分析的结构性数据,进而采用特定途径如问卷本身逻辑检验、访谈材料、观察感受等检验调查对象答案的真实性和数据的有效性。

在确定研究问题、选择调查地、全面了解调查地语言生态环境(语言政策和规划、语言文字历史和现状、与调查内容相关各调查点的语言文化环境、人口分布、舆地情况等),并选择合适的调查分析方法之后,就可以进入问卷设计和试调查阶段。试调查对象最好与正式调查对象的条件相似,进入调查地初步观察和访谈发现问卷设计的缺陷后,还可以修改问卷。面对语言生活的复杂性和调查对象的多样性,即使经验丰富或熟悉调查地情况的研究者也可能遇到意想不到的问题,因此正式调查前,应当反复检验和修改问卷。一旦进入正式调查,就不能轻易改动调查问卷。在早期的语言生活调查中,我们认识到族际通婚会影响调查对象的语言使用和语言态度以及后代的语言习得,并设置了族际通婚状况和通婚态度的题目。正式调查时,有调查对象认为:"如果是别人通婚我支持,我自己肯定不愿意。"这是设计问卷时未考虑"涉己"和"涉他"态度导致的,调查已全面铺开,不可能因为一道题目重新调查。在后来的调查中,我们将族际通婚态度分作"涉己"和"涉他"态度两道题，调查结论比过去更具体、更有针对性。假如正式调查后发现问卷存在问题，如果不影响整体调查，可以将不合理的题目作为废题处理；如果影响相关分析或整体结论，就要统一修改，已完成的问卷要采用修改过的问卷重新调查，以保证所有调查对象使用完全相同的问卷。

一、问卷类型

问卷可分为开放式和封闭式两种类型。如果把前者比作"命题小作文"，后者则是单选题（必答题）和多选题（选答题）。从问卷填写方式看，有一对一访谈式和自填式两种，前者指调查者询问、根据调查对象的回答圈选或填写，可以不按问卷题目（题干）顺序询问，有些问题也不必念出选项或指标，而应当通过与调查对象的交流互动，判断其选择再圈选或填写答案；后者指将问卷发放给调查对象自行填写。

（一）开放式问卷

开放式问卷主要适用于试调查或摸底调查，目的是细化和深化研究问题，并将获取的认识和提炼的问题以恰当方式落实到正式调查的封闭式问卷中。如果某些问题可以弥补封闭式正式调查问卷的不足，则可以将其附在封闭式问卷之后，即通过特定的抽样方法，和主卷一样获取用于量化分析的材料和数据，并且该材料和数据可以与主卷的答案相互印证。

设计开放式问卷需要注意两点：一是问题要有针对性和明确指向性，需要限制答题范围、要求和篇幅，说明注意事项，解释关键术语和容易产生歧义的概念。二是用于试调查的开放式问卷，除调查对象的背景信息，一般以3—5题为宜，并且只列调查对象熟悉的问题、不列选项或指标，使调查对象有一定的发挥空间。封闭式问卷的附卷无须再列背景信息，只需列举一两个重点题目，目的是充实和深化研究问题。

（二）封闭式问卷

封闭式问卷主要用于随机调查，抽样的样本要能推及总体，是正式调查获取量化数据的主要手段，是进行定量分析的基本依据。封闭式问卷应当列出清晰的题干及相应的单选或多选项，让调查对象在给定范围内作答，没有发挥余地，"题外话"可以作为访谈材料，用作数据分析的佐证。多选题应当尽可能提供足够的选项，并单列"其他（请注明）""无法回答""无此情况"等选项，以确保意料之外、无明确想法或不存在这种情况的答案有圈选的地方。

为保证问卷调查的可操作性和信效度，设计封闭式问卷应当在科学性总原则的指导下，遵循同质性、区别性、连续性、可接受性四项具体原则（王远新，2004）。

1. 同质性原则

题干、选项或指标必须高度同质，对所有调查对象具有单一性或同一性。具体而言，题干应当具有明确的指向性，不能似是而非、含混不清；题干和选项、选项和选项之间逻辑层次清晰，不能相互包含或交叉，应当做到"五个便于"：便于调查对象选择，便于调查员圈选，便于逻辑检验，便于数据统计，便于相关分析。有人在多语多方言区调查语言生活，设计了"您父母跟您/您跟父母使用什么语言或方言"一类的多选题。在多语多方言区，一些调查对象父母的语库存储和语言使用特点不一致，笼统询问，数据不同质；即便父母的语库存储和语言使用特点完全一致，也应当分开询问。又如调查家庭语言使用和语言规划问题，有问卷设计了"在家庭内部，您跟晚辈使用什么语言或方言"的题目，同样是未婚或未育的青年组调查对象，有人将晚辈理解为子女，选择"无此情况"选项；有人理解为比自己小的家庭成员。因此，题干中的"晚辈"应当做必要的界定。再如调查中国学生学习英语或外国学生学习汉语的动机，有的问卷设置了"您喜欢美国/中国文化吗"之类过于笼统、宽泛的问题，列出"喜欢、比较喜欢、无所谓、不太喜欢、不喜欢"的选项，调查对象的立足点不同，选项的所指不同质，调查数据就没有统计学意义。

2. 区别性原则

题干、选项或指标应当简洁明确，具有显著的区别性。有人针对媒体语言接触设计了"您接触普通话媒体的频率如何"之类的题目，列出"经常、有时、偶尔、从不"等选项，不仅题干未能区分媒体种类，而且选项之间尤其是"有时"和"偶尔"的区别度也不显著。有人调查民族地区语言生活，针对调查对象的语言能力设计了"您现在能用哪几种语言与人交流"之类的题目，列出"汉语、少数民族语言、外语"等选项。针对选项中的"汉语"，有的调查对象立足于普通话，有的依据地方普通话，有的着眼于汉语方言，答案既不同质，也缺乏区别性。

3. 连续性原则

题干、选项或指标既要逻辑关系清晰，又要体现连续性。有的问卷针对调查对象的普通话程度设计了"完全能听懂、基本能听懂、听不懂也不会说"的选项，这至少存在两方面的问题：一是未区分语言能力的输入和输出程度，因为二者并不总是相同；二是未能体现选项的连续性，"基本能听懂"和"听不懂"之间应当有"能听懂日常用语"的选项。在民族地区或汉语方言区调查，会遇到这样的情景：调查对象在回答某种语言或方言能力时，常用百分比作答，比如"能听懂50%、会说30%"。鉴于此，语言能力的不同选项之后可以设置百分比区间，辅助调查员询问和调查对象选择。选项和百分比相互印证，结论更加符合实际。有的问卷将语言程度测试题分为"高"（熟练使用、无障碍交流）、"中"（有一定听力、会说简单日常用语）、"低"（听不懂不会说或能听懂和会说个别词语）三级。这样的指标设计存在两方面问题：一是难以准确归类调查对象的语言程度，将中等归入掌握某种语言，标准太低；将高等归入掌握某种语言则标准偏高；二是无法对应部分调查对象的语言能力和语言使用，难以进行二次数据分析，也就无法保证相关问题逻辑检验的信度。

4. 可接受性原则

题干、选项或指标用词必须恰当，排序也应当符合调查对象的心理接受度。调查语言态度，可以针对调查对象对不同语言变体的评价，从"亲切"（情感认同）、"好听"（主观评价）、"社会影响"（社会地位）、"有用"（实用功能）四个维度分别设计选项。选项用词不恰当，会引起调查对象的反感。比如，"听"的维度设置"不太好听""不好听"与"有点难听""非常难听"意思相同或相近，但语感不同，调查对象更容易接受前者；更好的办法是将选项转换成分值，让调查对象为"好听度"打分。题干、选项或指标排序不当，也会影响调查对象的接受度。为了解民族地区不同语言变体的实用功能，有的问卷分别设计了"您认为掌握本族语/当地汉语方言/普通话有用吗"的问题，并分别设置了"没有用、有些用、很有用"三个选项，题干和选项排序可能引起调查对象的不适。先问优势语言、后问弱势语言或少数民族母语，积极的选项在前、消极的选项排列在后，更符合调查对象的接受心理。

（三）自填式问卷

针对特定行业或领域如教师、学生、公务人员、媒体从业者等文化程度较高群体的专项调查，可以采用个体或集体自填式问卷调查法。比如调查汉语方言区或少数民族地区学校普通话推广及相关的语言态度，可以在不同级别的教育行政管理者、不同类型学校的师生中抽取样本，请他们自行填写问卷。

1. 个体自填式问卷

个体自填式问卷调查有面对面、电邮、"问卷星"等发放问卷方式。调查者与调查对象面对面的自填式问卷，因为有调查员现场指导，效果优于后两种方式；电邮、"问卷星"等发放问卷方式虽然省时省力，但无法保证抽样的合理性、问卷的回收率，很难保证调查的信度和效度。更重要的是，电邮、"问卷星"调查无法与调查对象进行情感交流和观念互动，无法设身处地、察言观色，难以判断调查对象的真实想法、矛盾心理、实际需求等。简言之，研究者未能将调查对象看作共同探讨问题的合作者，而是将其视为配合完成调查的"工具人"，因此，电邮和"问卷星"等发放问卷的方式只适用于摸底调查。

2. 集体自填式问卷

集体自填式问卷调查方式最大的好处是可以把调查对象集中在特定场合，短时间内获取相当数量的问卷，省时、省力、省经费。然而，采用这种方法必须具备一定的条件：首先，调查对象的同质性要高，如文化程度相当、职业相同等；其次，要由经验丰富的调查者担任导读员，逐一念出题干和选项、说明注意事项和填写方式，引导调查对象统一填写。条件允许，应当配备若干巡视员，随时解答个别调查对象的问题，以保证调查的有序进行。如果放手让调查对象自填，一些简单问题都可能有不同的理解，即使界定了容易产生歧义的词语或概念、列出了注意事项，调查对象也可能有不同的理解，甚至不一定看注意事项，误填或忘填选项在所难免。比如对语言变体不同维度的评价，"好听"指标原本指悦耳动听，并加了注明，如果不看"注明"，一些地区的调查对象就可能理解成"容易懂"。如此简单的问题尚且如此，放手把涉及几十个问题、众多选项的问卷交给调查对象自填，效果可想而知。集体自填式问卷调查的另一弊端是，调查对象相互商量，可能导致部分问题失真。

综上所述，开放式问卷的主题要集中到几个"问题点"上，题目应当有一定的开放度，既要贴近实际、让调查对象有发挥余地，又要保证研究者能够捕捉到有用信息、提炼有价值的问题；封闭式问卷要严格遵循同质性、区别性、连续性、可接受性原则。在各种形式的问卷调查中，一对一访谈式问卷调查是最佳选择。

二、题干类型、选项或指标

（一）题干类型

题干多以问句形式呈现，包括直接和假设询问。直接询问如调查对象的年龄、民族成分、学习某种语言的起始学段等客观性问题，希望子女最先学会什么语言、是否赞成当地广播电台开设方言节目等主观性问题。假设询问一般都是主观性问题，目的是考察调查对象的行为倾向，如"假设您家附近有普通学校和国际学校，您希望后代上什么学校"；调查少数民族进京务工群体的语言文化适应，可以询问"如果重新选择，您还愿意来北京务工吗"等。

直接和假设询问都是直接调查法，还可以采用间接调查法。W. 拉波夫关于费城英

第十二章 语言生活调查问卷的设计

语 str 的发音、纽约市居民英语元音之后 r 是否发音的语音变异调查,均采用了快速隐匿和伪装语义量表等转移注意力的间接调查法(罗纳德·沃德华,2009:186,197—199)。我们调查新疆境内汉语特色词语和特殊句法构式时,将调查项混装在特定的句子或语境中,在调查对象意识不到调查目的情况下给出答案,也属于间接调查法(王远新,2021b)。

(二)选项或指标

选项或指标有单选和多选之分。要求调查对象做出"是否""有无"之类选择是单选题,比如是否参加过普通话培训班、有无在外地打工一年及以上的经历;有多种选择可能性的是多选题,比如跟本族熟人聊天使用什么语言或方言,学习普通话有什么困难等。

选项或指标可以是定性的文字描述,比如"赞成、比较赞成、无所谓、不太赞成、不赞成";也可以给选项赋值,比如可以从"亲切、好听、社会影响、实用功能"等维度调查语言态度,并分别赋予四个维度 5、4、3、2、1 的分值,分值越低,评价越低。

第二节 问卷内容

一、综合性问卷的内容

综合性问卷主要包括六方面的内容。

(一)背景信息

背景信息均为客观信息,包括样本信息(调查时间和地点、样本编码)、调查对象个人信息(姓名、联系方式、性别、年龄、民族成分、受教育程度、职业、出生地、外出经历及迁移情况)和家庭信息(住址、常住人口、家庭成员民族成分、族际通婚状况)等。获取背景信息需要注意四个方面的问题。

1. 选项或指标的客观性

有些看似简单、客观的问题其实并不简单,有时甚至不一定客观。比如"民族成分",在单一民族地区问题不大,民族散杂居区受族际通婚或其他因素影响,同一家庭成员的民族成分可能不同。因此,调查家庭成员民族成分时,应当分别询问三代或四代,各代成员的民族成分均应单列;还要设置"其他(请注明)"的选项,以备不时之需,如贵州省一些户口本和身份证登记的"穿青人""茶山人"并不在56个民族之列。有时,还会遇到调查对象对本人或家庭成员民族成分把握不准的情况。2006年,我们在青海省同仁县年都乎乡年都乎村调查时,询问一位年轻"阿卡"(小喇嘛)祖父母、父母及本人的民族成分,他起初说都是"藏族",追问户口本或身份证登记的民族成分时,他又说都是"土族",并补充说:"有人说我们是藏族,有人说我们是土族,自己也搞不清楚。"2021年,我们在贵州省黔西南布依族苗族自治州兴义市做公安干警语言生活和语言服务专项调查时,由于当地人的民族成分意识淡薄,谈婚论嫁一般不大考虑民族成分,因此,基层派出所好几位干警不知某位家庭成员的民族成分。2006年,在同仁县吾屯下庄村调查时,一位调查对象的祖父母和母亲都是土族,父亲是汉族,即上两代人中都没有藏族,而他自己的民族成分却是藏族。这似乎有悖常理,进一步访谈得知,当地居民曾几次更改民族成分,一部分人改了,一部分人没改。对这类复杂问题,需要结合当地实际做专项访谈和统一处理。2009年,我们在呼伦贝尔市室韦俄罗斯族民族乡(后改为恩和俄罗斯族民族乡)调查时,一位俄罗斯族调查对象的丈夫是汉族,她的两个儿子外貌酷似俄罗斯族,两个女儿长相与汉族无异,兄弟姐妹有的报俄罗斯族,有的报汉族。这种情况不仅存在于同一家庭,不同家庭成员中更常见。我们将有俄罗斯族血统、户口和身份证登记为汉族的调查对象单独归为"华俄后裔",与俄罗斯族和汉族相区别。这样,可以比较客观地区分和描写俄罗斯族、汉族、"华俄后裔"三类群体的语言生活状况。

2. 选项或指标的灵活性

根据调查目的和需要,一些客观选项或指标的设置可以有一定灵活性。一般而言,可以把选项或指标分细些,统计分析时根据需要再合并。如果设置的选项或指标比较笼统,需要细化统计分析时就无法分解。比如"受教育程度",可以先设置"没有上过学、夜校或扫盲班、小学、初中、高中(含中专、技校、职高,教育专项调查这几项都应当单列)、大专、本科及以上"七个选项,并设置"其他(请注明)"选项,供特殊情况的调查对象选择。"职业"调查会遇到即便列较多选项也难以"对号入座"的情况,这时的"其他(请注明)"选项就可以派上用场。

3. 注意询问家庭住址和联系方式

家庭住址最好具体到居委会小区或村委会村民小组;留手机号时最好现场拨打,既可以核实,也可以增加调查对象的信任感,有助于问卷核查或补充调查。有人担心这会涉及调查对象的隐私,其实只要有效沟通,基本可以打消其顾虑。也可以在问卷调查结束后再询问，因为调查对象既然能够配合完成问卷，一般都不会介意留下联系方式。

4. 问卷导语或说明语

问卷导语或说明语关系到能否营造良好的调查氛围。首先，应当简要客观说明调查用意和基本要求；其次，语言表述应当尽量中性化，避免调查对象产生不必要的顾虑。有调查问卷的导语这样表述："本问卷采用无记名方法，我们将会对您的回答做出最有效的保密，答案没有对错之分，请按您自己的想法对下列问题做出最真实的回答。"其实，只要说明不记名、不涉及敏感问题、请调查对象按实际情况和真实想法回答即可。调查对象原本没有顾虑，用"最为有效的保密"一类表述，反倒可能使调查对象产生顾虑；"最真实的回答"一类表述，会使调查对象觉得不被信任。

（二）语言文字习得及习得环境

语言文字习得及习得环境均应设置为多选题。比如，设置从小（上小学前）最先学会的语言或方言之类问题，可以获取调查对象语言习得的信息；设置长辈分别与调查对象小时候使用的语言、调查对象上幼儿园或小学时教师的教学语言之类问题，既可以获取其语言形成期语言输入的信息，还可以对比调查对象小时候和现阶段的语言使用情况，观察其家庭和社会场域语言使用的变化。语言习得及习得环境属于调查对象的历时客观信息，与其共时客观信息对比，既可以分析调查对象语言文字能力和使用的变化，也可以检验调查对象自报的信度。

（三）语言文字学习目的、途径和困难

语言文字学习目的、途径和困难既涉及主观题，也有客观题，且均应设置为多选题。学习目的可以从语言文字在当地的社会地位（影响力）、实用功能（实际使用）、工作/学习/外出需要、文化传承、个人兴趣、其他（请注明）、无特别目的（从小自然学会）等角度设置选项；学习途径可以从家庭环境自然学会、学校学习、社会交往、媒体语言影响、在外地（经商务工、当兵、读书等）、自学、其他（请注明）等角度设置选项；学习困难可以从母语影响、语言环境、个体能力、语言学习动机和心理等角度设置选项。上述问题可以与语言习得、语言能力、语言态度等问题做关联性或交叉分析。

（四）语言能力和语言使用现状

语言能力包括调查对象自报的语言文字能力、调查者对调查对象语言文字掌握程度的分项或分级测试，后者是检验调查对象自报信度的题目。如果检验结果与调查对象的

自报不一致，需要做出说明、找出原因，并以检验结论为准。

语言使用现状主要涉及交际场合、对象和话题。交际场合又分家庭、社会/社区、行业/单位场域，以及正式和非正式场合的语言使用情况；交际对象又分家庭和社会成员，前者如与长辈（祖父母或父母）、平辈（配偶或兄弟姐妹）、晚辈（子女），后者如与陌生人和熟人、本族人和外族人、同事和非同事、单语单方言人和多语多方言人等的语言使用情况；交际话题又分正式话题（去政府部门办事、开会发言、讨论国家大事等）、半正式话题（去邮局、医院、银行办事等）、随意话题（去商场或集贸市场购物、与亲友熟人聊天等）的语言使用情况。

语言使用现状的相关分析，既可以进一步检验调查对象自报的语言能力；又可以判断其语言能力和语言使用的差异，因为掌握一种语言或方言，并不等于日常生活中使用这种语言或方言；还可以观察不同社会特征调查对象语言使用的动态变化，比如不同年龄段调查对象与家庭三代或四代人的共时语言使用特点，可以体现语言使用的变化趋势。需要注意，调查对象在不同交际场合、针对不同交际对象和话题的语言使用都应当分别询问，以保证每个选项的同质性。此外，题干和选项的设置既要便于调查对象回答，也应全面反映其语言使用的真实情况。场合、对象和话题常常交叉，比如与熟人聊天既能体现与特定交际对象的语言使用，也属于随意性话题，因此，可以根据需要进行交叉或二次数据分析。文字使用现状可以设置日常书写、电脑书写、发手机短信和微信等题目及相关选项。媒体语言接触是影响调查对象语言文字能力和使用的重要因素，可以从不同语言文字、传统和新媒体、官方媒体和自媒体等角度分别设置题目和选项。

（五）教学和校园用语

学校教学语言和校园用语既可以做校园语言生活的专项调查，也可以将其作为语言生活综合性调查的组成部分，因为它不仅对调查对象的语言学习、语言能力和语言使用有重要影响，与家庭和其他场合的语言使用有一定差别，还会影响社会场域的语言使用。问卷的问题应当包括不同类型学校和学段的教学模式、课程设置，以及教师之间、学生之间、师生之间在校园不同场合中的语言文字使用，调查结论可以与教师或学生在家庭、社会场域的语言使用情况进行相关分析。

（六）语言态度和语言认同

语言态度和语言认同是影响语言文字学习、使用及其变化的重要心理因素，主要涉及主观认知和客观行为。主观认知如母语忠诚、情感认同，对语言文字社会地位、实用功能的评价，对相关语言变体之间相互影响的主观认知，对语言文字发展前景及其需求的期望，对学校、媒体、行政、司法等领域语言文字使用的评价和需求，对当地语言政

第十二章　语言生活调查问卷的设计

策和规划、政府部门语言服务的反馈等。客观行为如语言文字使用的行为倾向和实际表现。语言态度的主观性比较强，语言认同不仅主观性强、抽象程度高，调查难度也更大。受情感认同、主观评价和认知的影响，调查对象可能对某种语言文字本身以及他人的使用持积极或肯定态度，本人的行为倾向或实际表现则可能相反。因此，应当从不同角度调查语言态度和语言认同，在获取不同社会特征调查对象主观评价、心理认知等态度和认同数据的同时，尽可能通过多种途径获取其行为倾向和实际表现方面的客观数据，并进行相关分析。

综上所述，调查对象的语言习得和习得环境、语言学习目的和途径及困难、语言能力和语言文字掌握程度、语言文字使用现状、媒体语言接触和语言教育状况、语言态度和语言认同等内容，都可以纳入语言生活的综合性调查问卷。

二、专项问卷的内容

语言生活调查既可以结合社区（实体或虚拟社区）、领域和群体三个维度开展综合性调查；也可以从某个维度切入做专项调查，如语言本体专项调查，语言文字在行政、司法、教育、传媒、宗教、语言服务、语言景观、文化活动等领域使用的专项调查，语言态度和语言认同也可以做专项调查。

与传统的语言本体调查描写不同，语言生活中的本体专项调查主要涉及特定语言结构或语言变异项目。描写语言学旨在展现语言或方言结构的全貌，语言本体专项调查旨在解释特定语言结构或语言变异项目的起变原因、社会分布、演变过程和发展趋势，是描写语言学的解释性研究。比如，在描写语言学或方言学通用字表、词表、语法大纲、长篇话语材料调查的基础上，设计特定语言结构或语言变异项目的调查问卷。特定语言结构如文白异读、尖团音、轻声儿化、子缀儿尾、特色词语、特殊句法构式等；语言变异项目如语音、构词、词汇和词义（尤其是特色词或借词）、形态、句法结构变异等。有时，需要将特殊语言结构和语言变异项目调查结合起来。

不同领域的语言使用均可以做专项调查。比如，媒体语言文字使用调查内容除涉及语言生活的共性问题，应当重点突出各类媒体（传统纸媒和电媒、网络媒体和融媒体、官方媒体和自媒体等）的语言文字使用状况；调查对象应当包括施事方和受事方，即前者是媒体政策制定者、产品制作者和供应者，应当体现语言政策、语言规划等语言意识形态、媒体产品语言文字使用和规范的舆论导向、语言服务理念等内容，后者是媒体产品的接收者和受益者，主要涉及媒体受众的接受度、评价和需求等内容（王远新，2021b）。

语言态度和语言认同可以做专项调查，但最好结合语言生活综合性调查或某一领域的专项调查，否则，调查结论就可能比较空泛或缺乏针对性。

第三节　问卷核查和统计

一、问卷核查和逻辑检验

（一）问卷核查

统计分析问卷的前提是数据的信度，这取决于问卷调查的效度，即保证每一份问卷、每一道题目和选项都真实有效。调查者除认真完成每一份问卷外，还不能忽略问卷核查环节。调查过程中，调查者可能受劳累、走神等因素干扰错填或漏填选项，因此，应当在结束一份问卷调查后及时核查。如果时间不允许，回到住处后一定要核查当天完成的问卷。我们通常的做法是，让调查员先核查各自完成的问卷，然后不同调查员交叉核对，避免"习焉不察"造成的纰漏。核查问卷发现的问题，有些可以通过问卷本身的逻辑检验加以校正，无法确认的问题，要及时联系调查对象核实。

（二）逻辑检验

调查过程中，应当随时进行问卷内部的逻辑检验。比如，调查对象自报"能流利准确"使用某种语言变体，但在各种场合、针对不同对象和话题从不使用或很少使用这种语言变体。这有两种可能：一是掌握一种语言变体，但在日常生活中从不或很少使用。在汉语方言区或西南民族杂居区，一些曾在外地求学、当兵或经商务工的人，回到家乡工作或生活后不再使用普通话、改用当地方言，其普通话能力甚至还会下降。二是能听懂或基本能听懂某种近亲语言或差别不大的汉语方言，但在实际生活中很少接触这类语言或方言，这在新疆少数民族地区和其他一些汉语方言区较为普遍，这些情况可视为不懂近亲语言或差别不大的方言。此外，还应当注意语言能力自报偏高或偏低现象。在多语多方言地区，受政策和舆论导向、职业要求、语言态度和语言认同影响，调查对象的普通话程度容易自报偏高、当地汉语方言程度自报偏低；受判断标准制约，受教育程度高特别是语言文字工作者的普通话程度容易自报偏低，高中生和应届毕业大学生的英语文程度容易自报偏高。针对上述情况，调查者应当采用引导式访谈法或简单测试法判断调查对象的真实语言能力（王远新，2021c），并通过相关问题的逻辑检验填写选项。

问卷完成后，还应当对每份问卷进行全面的逻辑检验，并核查相关问题的访谈记录。2005 年，我们在湖南省城步苗族自治县白毛坪乡白毛坪村调查，核查当天的问卷

第十二章　语言生活调查问卷的设计　　　　　　　　　　　　　　　　·227·

发现，一位27岁苗族女性（小学文化）的祖父、父母和丈夫均为苗族，祖母是汉族，她从小最先学会当地汉语方言（白毛坪话），但在小时候父母与她使用的语言或方言等题中均自报当地汉语方言和苗语。如果根据这几个问题和选项进行逻辑检验，就可能认为她从小同时学会当地汉语方言和苗语。查阅访谈记录得知，调查对象有这样的解释："小时候在家里，父母跟我更常说白毛坪话，偶尔说苗话。我小时候只能听懂简单的苗话，基本不会说，后来才慢慢学会。"关联调查对象其他问题的答案，可以证明她的自报是可信的。

通过逻辑检验确认的错误，经问卷和访谈记录的核查可以修正调查对象的答案；无法核实和修正的，只能作为废卷处理（王远新，2012）。

二、样本统计和分析工具

(一) 样本统计

语言社区类型多样、语言生活复杂的调查地，需要抽取不同类型的代表性调查点。抽取调查样本时，受某些客观因素制约往往不能完全贯彻既定的抽样方案。这时，在保证调查对象代表性和样本量的前提下，可以适当更换调查对象。入户调查时，每个家庭只能抽取一名符合条件的调查对象；抽取的问卷调查对象不在家时，可以到调查社区居民或村民扎堆的地方寻找，实在找不到，再更换条件相似的调查对象。样本统计涉及两种方法：一是各调查点样本汇总统计，好处是省时省事，但得出的结论相对比较笼统，这适用于语言生活同质性较高的调查地。二是分别统计不同调查点样本后，根据研究需要进行汇总，这种方法程序多，费时费力，适用于语言生活同质性不高的调查地，因为这类地区不同调查点大都有各自的代表性，采取第一种统计方法难以揭示其特殊性。

恰当的数据分析是保证样本统计信度和效度的前提。在多民族、多语言地区调查家庭语言使用，既要询问调查对象与不同辈分代表性成员的语言互动，也要分步统计：先统计每题各类选项（单选和多选、无此情况）的使用人数及比例，单选题使用单语、双语或多语及无此情况的人数之和应当等于样本总数，使用比例为100%；然后分别统计不同类型单语、双语或多语的使用人数及比例。多选题需要通过分解多选项计算每种语言的使用人次及比例，比例之和应当超过100%。有些调查未考虑单选和多选及无此情况的选项，直接给出调查对象与家庭三代或四代人使用不同语言变体的人数和比例。这种不分单语和双语、不分双语类型（主要用语和兼用语、经常使用和偶尔使用）以及交际对象（针对所有家庭成员和只针对某一成员或某代人的使用）的数据统计，既不能体现不同代际成员的语言使用特点，也难以呈现不同语言变体在家庭语言生活中的使用状况。

（二）统计方法

大样本量的问卷调查可以使用 SPSS 等统计软件；如果每个调查点只有四五十个或一二百个样本，最好先将数据录入 Excel 表，然后逐题统计。这种方法虽然比较麻烦，但因样本量不大，Excel 表可以横行竖列反复比对核查，容易发现问题，便于修改数据录入错误。问卷星统计软件也适合小样本量的数据统计，但有很多限制条件，特别是针对民族地区较复杂语言生活调查的问卷统计。无论采用何种统计方法，由问卷设计和分析者操作，可以更好地保证数据分析的效度。

第四节　本章小结

语言生活已成为我国语言学的特色研究领域，问卷调查既是获取定量分析数据的基本途径，也是语言生活研究的重要手段。本章针对语言生活调查问卷的相关问题，阐述了不同类型问卷的特点、问卷题干或选项设计及调查注意事项，论述了综合性和专项语言生活调查的主要内容，以及问卷核查和逻辑检验、样本统计、分析工具和统计方法等问题，认为在不同类型的问卷调查中，一对一访谈式问卷调查是保证调查信度和效度的最佳方式。

参考文献

［1］［加］罗纳德·沃德华（Ronald Wardhaugh）. 社会语言学引论：第五版（An Introduction to Sociolinguistics：Fifth Edition）［M］. 雷红波，译. 上海：复旦大学出版社，2009.

［2］王远新. 语言态度调查问卷的设计问题［A］. 北京市语言学会. 语言学的理论与应用［C］. 北京：商务印书馆，2004.

［3］王远新. 沟通和信度：语言田野调查三论［G］//王远新. 语言田野调查实录（七）. 北京：中央民族大学出版社，2012.

［4］王远新. 语言生活调查的主要内容和方法［J］. 民族教育研究，2019（2）.

［5］王远新 a. 传媒领域语言生活调查［J］. 陕西师范大学学报（哲学社会科学版），2021（4）.

［6］王远新 b. 民族交往的语言表现：新疆汉语方言中的维吾尔语借词使用研究［J］. 民族语文，2021（4）.

［7］王远新 c. 访谈法在语言田野调查实践中的运用［J］. 民族教育研究，2021（6）.

附录　民族聚居村语言生活调查问卷

三亚市中廖黎族村语言生活及语言文化变迁调查问卷

调查时间：＿＿＿年＿＿月＿＿日；问卷编号：＿＿＿＿＿＿＿＿；姓名：＿＿＿＿＿＿

住址：＿＿＿＿＿＿＿＿村委会＿＿＿＿＿＿＿村民小组；联系方式：＿＿＿＿＿＿＿＿

A. 基本情况

A1. 性别：1. 男　2. 女

A2. 民族成分：＿＿＿＿＿

A3. 年龄：＿＿＿＿＿＿

A4. 出生地或原居住地：＿＿＿＿＿＿＿＿＿＿＿＿＿＿＿＿＿＿＿＿＿＿＿＿＿＿＿

A5. 迁入本村的时间：＿＿＿＿＿

A6. 在出生地、原居住地和现居住地以外的地方居住过一年以上（请注明时间、地点和外出目的）：＿＿＿＿＿＿＿＿＿＿＿＿＿＿＿＿＿＿＿＿＿＿＿＿＿＿＿＿＿＿＿＿＿＿＿

A7. 受教育程度【含在读和肄业】
　1. 没上过学　　　　2. 初小　　　　　3. 高小
　4. 初中　　　　　　5. 高中（含中专、职高、技校）
　6. 大专　　　　　　7. 本科及以上　　8. 其他（请注明＿＿＿＿＿＿＿＿）

A8. 常看什么语言或方言的电视节目和网络视频【可多选】
　1. 少数民族语言（请注明＿＿＿＿＿＿＿）
　2. 普通话
　3. 汉语方言（请注明＿＿＿＿＿＿＿）
　4. 其他语言（请注明＿＿＿＿＿＿＿）
　5. 无此情况

A9. 常听什么语言或方言的广播节目【可多选】
　1. 少数民族语言（请注明＿＿＿＿＿＿＿）
　2. 普通话
　3. 汉语方言（请注明＿＿＿＿＿＿＿）
　4. 其他语言（请注明＿＿＿＿＿＿＿）
　5. 无此情况

B. 家庭基本情况

B1. 您家庭成员的民族成分【未婚者不问后两项】
　爷爷＿＿＿＿＿＿族　　　奶奶＿＿＿＿＿＿族
　爸爸＿＿＿＿＿＿族　　　妈妈＿＿＿＿＿＿族
　配偶＿＿＿＿＿＿族　　　子女＿＿＿＿＿＿族

B2. 在您的家庭成员中，有没有与其他民族结婚的【家庭成员含近亲】

    1. 有（请注明成员和民族_____）　　2. 没有

B3. 假如您本人与其他民族成员结婚，您是什么态度【所有调查对象回答】

    1. 愿意（请注明原因_____）

    2. 无所谓

    3. 不愿意（请注明原因_____）

    4. 其他想法（请注明_____）

    5. 无法回答

B4. 无论您家有没有与其他民族通婚的人，您对不同民族通婚有什么看法【所有调查对象回答】

    1. 应当提倡　　　　　　　　　　2. 应当尊重

    3. 可以接受　　　　　　　　　　4. 不合心意

    5. 其他想法（请注明_____）　6. 无法回答

C. 语言掌握和使用

C1. 您小时候（上学前或五周岁前）最先学会什么语言或方言【可多选】

    1. 黎语

    2. 普通话

    3. 汉语方言（请注明_____）

    4. 其他语言（请注明_____）

C2. 您上小学时，老师用什么语言或方言讲课【可多选】

    1. 黎语

    2. 普通话

    3. 汉语方言（请注明_____）

    4. 其他语言（请注明_____）

    5. 无此情况

C3. 您现在能用哪些语言或方言与人交谈【可多选】

    1. 黎语

    2. 普通话

    3. 汉语方言（请注明_____）

    4. 其他语言（请注明_____）

C4. 小时候，您父亲（或男性抚养人）跟您交谈使用什么语言或方言【可多选】

    1. 黎语

    2. 普通话

    3. 汉语方言（请注明_____）

    4. 其他语言（请注明_____）

C5. 小时候，您母亲（或女性抚养人）跟您交谈使用什么语言或方言【可多选】

    1. 黎语

第十二章 语言生活调查问卷的设计

  2. 普通话
  3. 汉语方言（请注明_____）
  4. 其他语言（请注明_____）
C6. 现在您跟父亲交谈使用什么语言或方言【可多选】
  1. 黎语
  2. 普通话
  3. 汉语方言（请注明_____）
  4. 其他语言（请注明_____）
  5. 无此情况
C7. 现在您跟母亲交谈使用什么语言或方言【可多选】
  1. 黎语
  2. 普通话
  3. 汉语方言（请注明_____）
  4. 其他语言（请注明_____）
  5. 无此情况
C8. 您跟同辈（配偶、兄弟姐妹等）交谈使用什么语言或方言【可多选】
  1. 黎语
  2. 普通话
  3. 汉语方言（请注明_____）
  4. 其他语言（请注明_____）
C9. 您跟后代或晚辈交谈使用什么语言或方言【可多选】
  1. 黎语
  2. 普通话
  3. 汉语方言（请注明_____）
  4. 其他语言（请注明_____）
  5. 无此情况
C10. 您跟本民族邻居或熟人交谈使用什么语言或方言【可多选】
  1. 黎语
  2. 普通话
  3. 汉语方言（请注明_____）
  4. 其他语言（请注明_____）
C11. 您跟其他民族邻居或熟人交谈使用什么语言或方言【可多选】
  1. 黎语
  2. 普通话
  3. 汉语方言（请注明_____）
  4. 其他语言（请注明_____）

5. 无此情况

C12. 您跟亲人或朋友谈论国家大事使用什么语言或方言【可多选】
1. 黎语
2. 普通话
3. 汉语方言（请注明_____）
4. 其他语言（请注明_____）
5. 无此情况

C13. 在本地，您跟陌生人交谈使用什么语言或方言【可多选】
1. 黎语
2. 普通话
3. 汉语方言（请注明_____）
4. 其他语言（请注明_____）
5. 无此情况

C14. 您在本地集贸市场买东西使用什么语言或方言【可多选】
1. 黎语
2. 普通话
3. 汉语方言（请注明_____）
4. 其他语言（请注明_____）
5. 无此情况

C15. 您去本地政府部门（乡镇及以上部门）办事使用什么语言或方言【可多选】
1. 黎语
2. 普通话
3. 汉语方言（请注明_____）
4. 其他语言（请注明_____）
5. 无此情况

C16. 在民族节日或村内集体活动中，您跟本族人交谈使用什么语言或方言【可多选】
1. 黎语
2. 普通话
3. 汉语方言（请注明_____）
4. 其他语言（请注明_____）
5. 无此情况

C17. 在民族节日或村内集体活动中，您跟其他民族的人交谈使用什么语言或方言【可多选】
1. 黎语
2. 普通话
3. 汉语方言（请注明_____）
4. 其他语言（请注明_____）

5. 无此情况

C18. 您去三亚市购物使用什么语言或方言【可多选】

  1. 黎语

  2. 普通话

  3. 汉语方言（请注明_____）

  4. 其他语言（请注明_____）

  5. 无此情况

C19. 您的黎语程度怎样

  （1）听

  1. 完全能听懂（95%—100%）

  2. 大部分能听懂（85%—94%）

  3. 基本能听懂（40%—84%）

  4. 能听懂日常用语（10%—39%）

  5. 基本听不懂（1%—9%）

  6. 完全听不懂

  （2）说

  1. 能熟练交谈，没有障碍（95%—100%）

  2. 能熟练交谈，个别时候有障碍（85%—94%）

  3. 基本能交谈（40%—84%）

  4. 会说日常用语（10%—39%）

  5. 基本不会说（1%—9%）

  6. 完全不会说

C20. 您的普通话程度怎样

  （1）听

  1. 完全能听懂（95%—100%）

  2. 大部分能听懂（85%—94%）

  3. 基本能听懂（40%—84%）

  4. 能听懂日常用语（10%—39%）

  5. 基本听不懂（1%—9%）

  6. 完全听不懂

  （2）说

  1. 能熟练交谈，没有障碍（95%—100%）

  2. 能熟练交谈，个别时候有障碍（85%—94%）

  3. 基本能交谈（40%—84%）

  4. 会说日常用语（10%—39%）

  5. 基本不会说（1%—9%）

6. 完全不会说

C21. 您的当地汉语方言（请注明_____）程度怎样【会两种以上者只问当地通行的汉语方言】

（1）听

1. 完全能听懂（95%—100%）
2. 大部分能听懂（85%—94%）
3. 基本能听懂（40%—84%）
4. 能听懂日常用语（10%—39%）
5. 基本听不懂（1%—9%）
6. 完全听不懂

（2）说

1. 能熟练交谈，没有障碍（95%—100%）
2. 能熟练交谈，个别时候有障碍（85%—94%）
3. 基本能交谈（40%—84%）
4. 会说日常用语（10%—39%）
5. 基本不会说（1%—9%）
6. 完全不会说

C22. 您的外语（请注明_____）程度怎样【会两种以上者只问最熟练的语种】

（1）听

1. 完全能听懂（95%—100%）
2. 大部分能听懂（85%—94%）
3. 基本能听懂（40%—84%）
4. 能听懂日常用语（10%—39%）
5. 基本听不懂（1%—9%）
6. 完全听不懂

（2）说

1. 能熟练交谈，没有障碍（95%—100%）
2. 能熟练交谈，个别时候有障碍（85%—94%）
3. 基本能交谈（40%—84%）
4. 会说日常用语（10%—39%）
5. 基本不会说（1%—9%）
6. 完全不会说

D. 文字掌握和使用

D1. 您的汉文程度怎样

（1）读

1. 能读书看报
2. 能看懂家信或简单文章

第十二章 语言生活调查问卷的设计

    3. 只能看懂便条或手机短信
    4. 基本看不懂
    5. 完全看不懂
  (2)写
    1. 能写文章
    2. 能写家信或简单文章
    3. 只能写便条或手机短信
    4. 基本不会写
    5. 完全不会写
D2. 您的黎文程度怎样
  (1)读
    1. 能读书看报
    2. 能看懂家信或简单文章
    3. 只能看懂便条或手机短信
    4. 基本看不懂
    5. 完全看不懂
  (2)写
    1. 能写文章
    2. 能写家信或简单文章
    3. 只能写便条或手机短信
    4. 基本不会写
    5. 完全不会写
D3. 您的外文（请注明_____）程度怎样
  (1)读
    1. 能读书看报
    2. 能看懂家信或简单文章
    3. 只能看懂便条或手机短信
    4. 基本看不懂
    5. 完全看不懂
  (2)写
    1. 能写文章
    2. 能写家信或简单文章
    3. 只能写便条或手机短信
    4. 基本不会写
    5. 完全不会写

D4. 您常登录或浏览什么语言文字的网站或网页【可多选】
　　1. 黎语文
　　2. 汉语文
　　3. 其他语文（请注明_____）
　　4. 无此情况

D5. 您平时书写使用什么文字【可多选】
　　1. 黎文
　　2. 汉文
　　3. 其他文字（请注明_____）
　　4. 无此情况

D6. 您用电脑书写使用什么文字【可多选】
　　1. 黎文
　　2. 汉文
　　3. 其他文字（请注明_____）
　　4. 无此情况

D7. 您发手机短信或微信使用什么文字【可多选】
　　1. 黎文
　　2. 汉文
　　3. 其他文字（请注明_____）
　　4. 无此情况

E. 语言文字学习途径、动机和语言文字态度

E1. 您是怎样学会黎语的【可多选】
　　1. 家人影响自然学会
　　2. 在学校学习（请注明_____）
　　3. 在培训班学习（请注明_____）
　　4. 在本地与黎族交往
　　5. 在外地习得（请注明地点和原因_____）
　　6. 其他方式（请注明_____）
　　7. 无此情况

E2. 您是怎样学会黎文的【可多选】
　　1. 家人教会
　　2. 在学校学习（请注明_____）
　　3. 在培训班学习（请注明_____）
　　4. 在外地习得（请注明地点和原因_____）
　　5. 其他方式（请注明_____）
　　6. 无此情况

第十二章 语言生活调查问卷的设计

E3. 您是怎样学会普通话的【可多选】
  1. 家人影响自然学会
  2. 在学校学习（请注明_____）
  3. 在培训班学习（请注明_____）
  4. 在本地与人交往
  5. 媒体影响（看电视电影或听广播、看视频）
  6. 在外地习得（请注明地点和原因_____）
  7. 其他方式（请注明_____）
  8. 无此情况

E4. 您是怎样学会汉文的【可多选】
  1. 家人教会
  2. 在学校学习（请注明_____）
  3. 在培训班学习（请注明_____）
  4. 在外地习得（请注明地点和原因_____）
  5. 其他方式（请注明_____）
  6. 无此情况

E5. 您是怎样学会当地汉语方言（请注明_____）的【可多选】
  1. 家人影响自然学会
  2. 在学校学习
  3. 在本地与人交往
  4. 在外地习得（请注明地点和原因_____）
  5. 其他方式（请注明_____）
  6. 无此情况

E6. 您是怎样学会外语（请注明_____）的【可多选】
  1. 家人教会
  2. 在学校学习（请注明_____）
  3. 在培训班学习（请注明_____）
  4. 在本地与人交往
  5. 媒体影响（看电视电影或听广播、看视频）
  6. 在外地习得（请注明地点和原因_____）
  7. 其他方式（请注明_____）
  8. 无此情况

E7. 您是怎样学会外文（请注明_____）的【可多选】
  1. 家人教会
  2. 在学校学习（请注明_____）
  3. 在培训班学习（请注明_____）

4. 在外地习得（请注明地点和原因_____）

　　5. 其他方式（请注明_____）

　　6. 无此情况

E8. 您认为学习黎语有用吗

　　1. 很有用

　　2. 对一部分人或在一定范围内有用（请注明_____）

　　3. 没有用

　　4. 无法回答（请注明原因_____）

E9. 您认为学习黎文有用吗

　　1. 很有用

　　2. 对一部分人或在一定范围内有用（请注明_____）

　　3. 没有用

　　4. 无法回答（请注明原因_____）

E10. 您认为学习普通话有用吗

　　1. 很有用

　　2. 对一部分人或在一定范围内有用（请注明_____）

　　3. 没有用

　　4. 无法回答（请注明原因_____）

E11. 您认为学习汉文有用吗

　　1. 很有用

　　2. 对一部分人或在一定范围内有用（请注明_____）

　　3. 没有用

　　4. 无法回答（请注明原因_____）

E12. 您认为学习当地汉语方言（请注明_____）有用吗

　　1. 很有用

　　2. 对一部分人或在一定范围内有用（请注明_____）

　　3. 没有用

　　4. 无法回答（请注明原因_____）

E13. 您认为学习外语（请注明_____）有用吗【只问当地学校开设的外语种类】

　　1. 很有用

　　2. 对一部分人或在一定范围内有用（请注明_____）

　　3. 没有用

　　4. 无法回答（请注明原因_____）

E14. 您认为学习外文（请注明_____）有用吗【只问当地学校开设的外文种类】

　　1. 很有用

　　2. 对一部分人或在一定范围内有用（请注明_____）

第十二章 语言生活调查问卷的设计

3. 没有用

4. 无法回答（请注明原因_____）

E15. 您学习黎语的目的是什么【可多选】

1. 从小自然学会，没有特别目的

2. 工作或外出需要

3. 生活地区用处广泛

4. 便于与黎族沟通

5. 有助于传承黎族文化

6. 个人兴趣

7. 其他目的（请注明_____）

8. 无法回答（请注明原因_____）

9. 无此情况

E16. 您学习普通话的目的是什么【可多选】

1. 从小自然学会，没有特别目的

2. 工作或外出需要

3. 普通话是全国通用语

4. 说普通话能与更多的人沟通

5. 学好普通话有前途

6. 个人兴趣

7. 学校或单位要求

8. 其他目的（请注明_____）

9. 无法回答（请注明原因_____）

10. 无此情况

E17. 您觉得说普通话遇到的主要问题是什么【可多选】

1. 周围的人不说，说的机会少

2. 受汉语方言影响，不好改口音

3. 受黎语影响，不好改口音

4. 说汉语方言更容易与本地人沟通

5. 说黎语更容易与本地人沟通

6. 说黎语更自然

7. 说汉语方言更自然

8. 怕本地人笑话

9. 没有任何问题

10. 其他问题（请注明_____）

11. 无此情况

E18. 您觉得什么语言或方言对您本人比较重要【可多选】
   1. 黎语
   2. 普通话
   3. 汉语方言（请注明＿＿＿＿＿＿）
   4. 其他语言（请注明＿＿＿＿＿＿）
   5. 无法回答（请注明原因＿＿＿＿）

E19. 您希望黎语有怎样的发展前景
   1. 有很大发展
   2. 在一定范围内发展
   3. 任其自然发展
   4. 不久将来不再使用
   5. 无法回答（请注明原因＿＿＿＿）

E20. 您希望黎文有怎样的发展前景
   1. 有很大发展
   2. 在一定范围内发展
   3. 任其自然发展
   4. 不久将来不再使用
   5. 无法回答（请注明原因＿＿＿＿）

E21. 您希望政府采取什么措施发展黎语文【可多选】
   1. 在幼儿园教黎语文
   2. 在小学教黎语文
   3. 在黎族中普及黎语歌曲
   4. 维持现状（没必要采取措施）
   5. 其他（请注明＿＿＿＿＿＿）
   6. 无法回答（请注明原因＿＿＿＿）

E22. 您希望普通话有怎样的发展前景
   1. 有很大发展
   2. 在一定范围内发展
   3. 任其自然发展
   4. 不久将来不再使用
   5. 无法回答（请注明原因＿＿＿＿＿）

E23. 您希望汉文有怎样的发展前景
   1. 有很大发展
   2. 在一定范围内发展
   3. 任其自然发展
   4. 不久将来不再使用

第十二章 语言生活调查问卷的设计

　　5. 无法回答（请注明原因＿＿＿＿＿）
E24. 您希望当地汉语方言（请注明＿＿＿＿）有怎样的发展前景
　　1. 有很大发展
　　2. 在一定范围内发展
　　3. 任其自然发展
　　4. 不久将来不再使用
　　5. 无法回答（请注明原因＿＿＿＿＿）
E25. 您希望外语有怎样的发展前景【只问当地学校开设的外语种类】
　　1. 有很大发展
　　2. 在一定范围内发展
　　3. 任其自然发展
　　4. 不久将来不再使用
　　5. 无法回答（请注明原因＿＿＿＿＿）
E26. 您希望外文有怎样的发展前景【只问当地学校开设的外文种类】
　　1. 有很大发展
　　2. 在一定范围内发展
　　3. 任其自然发展
　　4. 不久将来不再使用
　　5. 无法回答（请注明原因＿＿＿＿＿）
E27. 您是否赞成广播影视剧、电视节目使用当地汉语方言
　　1. 赞成　2. 不赞成　3. 无所谓　4. 无法回答（请注明原因＿＿＿＿＿）
E28. 您是否赞成微信公众号用黎文发布信息
　　1. 赞成　2. 不赞成　3. 无所谓　4. 无法回答（请注明原因＿＿＿＿＿）
E29. 您希望后代上小学前最好学会什么语言或方言【所有调查对象回答，可多选】
　　1. 黎语
　　2. 普通话
　　3. 汉语方言（请注明＿＿＿＿＿）
　　4. 其他语言（请注明＿＿＿＿＿）
　　5. 无法回答（请注明原因＿＿＿＿＿）
E30. 您希望后代上什么语言授课的幼儿园【所有调查对象回答，可多选】
　　1. 黎语
　　2. 普通话
　　3. 汉语方言（请注明＿＿＿＿＿）
　　4. 其他语言（请注明＿＿＿＿＿）
　　5. 无法回答（请注明原因＿＿＿＿＿）

E31. 您希望后代上什么语言授课的小学【**所有调查对象回答，可多选**】
    1. 黎语
    2. 普通话
    3. 汉语方言（请注明_____）
    4. 其他语言（请注明_____）
    5. 无法回答（请注明原因_____）

调查员签名：_____

习题

1. 简述语言生活调查问卷的类型。
2. 简述设计封闭式语言生活调查问卷应当遵循的原则。
3. 简述语言生活自填式调查问卷的特点和局限性。
4. 语言生活综合性调查问卷应当包括哪些内容？
5. 设计语言生活专项调查问卷需要注意哪些方面的问题？
6. 简述语言生活调查问卷设计和调查过程中问题和选项逻辑检验的必要性。
7. 简述语言生活调查问卷样本统计的注意事项。
8. 总结本章附录语言生活调查问卷的特点和不足。
9. 尝试设计一份针对某类社区语言生活的调查问卷。

第十三章 语言认同的调查内容和方法

语言认同与语言结构演化、语言功能[①]发展、语言态度特点、语言政策制定和语言规划实施关系密切。自古希腊哲学家提出"认识你自己"的命题后，认同逐渐成为个体和集体心理学的重要概念，其中前者强调个体与他人情感和心理趋同过程，后者更加重视社会环境和文化因素。心理学在"我者"和"他者"的关系中考察认同问题，进而解释"我是谁"的哲学命题。随着研究的深入，认同概念的外延逐渐扩大，几乎涉及人文社会科学的每个领域。

关于语言认同，D. 克里斯特尔（D. Crystal，2002）结合语言与身份关系的研究认为，语言可以表达物理、心理、地域、社会、族群或国家、语境、风格七种身份认同[②]。D. 卡梅伦、D. 库里克（D. Cameron & D. Kulick，2003）认为，语言使用是一种认同行为，使用某种语言是认同这种语言的表现，是个体或群体向他人表明自己身份的手段。A. 帕夫连科、A. 布莱克利奇（A. Pavlenko & A. Blackledge，2004）认为，在多语环境中，语言选择、语言态度与说话人如何看待自己和他人的身份密不可分。J. 詹金斯（J. Jenkins，2007）认为，语言认同十分复杂，与语言态度、语言意识、语言权势密不可分。

国内早期语言认同研究多隐含在语言态度、语言规划等研究中，近20年来有将其作为独立论题的趋势。以"语言认同"为关键词进行检索，结果显示，中国知网中文数据总库2000—2020年论文总数131篇：学术期刊论文87篇、学位论文21篇、学术辑刊论文9篇、特色期刊论文8篇、会议论文6篇，其中有多篇语言认同的研究综述（黄行，2013，2016；周庆生，2016；朱瑶瑶，2017；姚欣，2020）。扩大搜索范围，相关成果会更多。总体而言，国内语言认同研究主要分两大类：一类以理论梳理、概念界定、研究分类和文献综述为主，这类成果对相关研究具有借鉴作用，其局限性是结合中国语言实际不够；另一类是个案调查研究，主要涉及汉语（包括海外华语）、少数民族语言、二语习得等领域，这类成果对积累研究个案、提炼相关理论和方法具有促进作

[①] 特指语言交际功能及相关的社会文化功能。
[②] 转引自徐大明. 社会语言学实验教程［M］. 北京：北京大学出版社，2010；文末英文参考文献参看朱瑶瑶. 语言认同研究综述［G］//王远新. 语言田野调查实录（12）. 北京：中央民族大学出版社，2017.

用,其局限性是概念界定、理论梳理不够。本章在阐述语言认同特性的基础上,结合语言田野调查实践,论述语言认同调查的主要内容、方法及调查注意事项。

第一节　语言认同的特性

认同是哲学概念,涉及语言、族群、文化、地域、国家等维度,具有天然性(原生性)、建构性和互动性,其本质是社会身份建构。语言使用是社会身份的重要标志,语言认同在语言使用者社会身份建构中发挥着重要作用(王远新,2008;黄行,2016)。

一、语言认同的天然性

语言认同的天然性(原生性)指没有选择性。母语是自幼习得的,且与特定语言社区相联系,不以个体意志为转移。语言认同的天然性使得每个族群都对母语有着与生俱来的情感认同和归属感,并且会维护母语、传承母语文化。更重要的是,语言认同的其他两个特性即建构性和互动性都受制于天然性,因为没有天然性,建构性和互动性就无所依附。

以增强族群或社区内部凝聚力为目的的聚合心理、母语忠诚度和自豪感等,会影响语言使用及语言变异的方向;优势语言或方言包围中的语言岛或方言岛、弱势语言或方言具有顽强的生命力,均与母语忠诚和聚合心理有关。有的语言已处于极度濒危状态,族群内部会通过家庭、社区和有组织的活动强化母语文化的传承,如赫哲语已处于极度濒危状态,赫哲族通过学唱口传文学遗产等方式加以传承(史春颖,2020)。有些族群已转用语言,但仍会保留一些语言特征或词语,并将其视为族群意识和身份认同的标志,以增强族群凝聚力,如回族聚居区的"经堂语"和"经名"(董洪杰,2018)。有些语言有一定活力甚至活力很强,一些人以使用本族语为荣,将不懂本族语的个体称为"半吊子",即族群内部会以是否掌握或使用本族语作为衡量个体族群特征或"纯度"的标准。上述种种,都体现了语言认同的天然性。

二、语言认同的建构性

认同是"我者"和"他者"对比的结果，二者互为前提，即没有对比就不会产生认同。语言认同的目的是凸显个体或群体的独特性及其价值，自我定位和他者认可是社会身份建构的必要条件，且随着社会文化环境的改变而变化，因此，语言认同是自我定位和他者认可的统一体，具有建构性和动态性。简言之，语言认同是社会身份建构的依据，而社会身份的建构会影响语言及其使用特点。

清朝时期，青海境内的托茂人与蒙古族互动频繁，受蒙古族影响较大，使用蒙古语，认同蒙古族身份。1958年迁入托勒牧场后，因融入当地语言环境的需要，托茂人逐渐兼用当地汉语方言；受宗教信仰因素影响，与回族来往密切，通婚现象增多，逐渐向回族文化靠拢，并被政府识别为回族。20世纪七八十年代，为强调族群文化和社会身份的特殊性，托茂人多次向有关部门提交更改民族成分的申请，未获批。近年来，托茂人在向当地优势文化靠拢的同时，积极建构托茂人的独特身份。不同时期托茂人社会身份的建构，体现了认同的转变过程。在与周边民族的交往过程中，托茂人建构了多重社会身份，且与语言文化适应相辅相成。换言之，语言文化适应是其社会身份建构的重要策略（史冬梅，2021）。与托茂人类似的还有新疆使用土尔克曼话的族群（分别被划为维吾尔族、柯尔克孜族、塔吉克族）、青海卡力岗的部分藏族、内蒙古阿拉善左旗的部分蒙古族、云南西双版纳傣族自治州的部分傣族等。这些族群人数不多，多生活在民族杂居区。他们常在融入当地优势语言文化和保持族群语言文化特点的张力中徘徊和平衡，建构新的社会身份是其必然选择。

三、语言认同的互动性

语言认同的互动性，是指不同群体在特定社会文化环境中的互动以及社会身份建构的过程。个体在特定社会文化环境中成长，通过社会化的过程建构社会身份。语言变体或变异项的选择，体现了说话人身份建构的动态过程，选择的结果证实了其特定的社会身份。社会文化环境的变化导致群体语言生活的变化，需要他们建构新的社会身份，改变对语言变体或变异项的态度和认同及交往方式，以适应新的语言文化环境。

在新的社会文化环境中，河南省南阳市镇平县经商务工的新疆维吾尔族群体首先依据现居住地的语言资源和环境，调整自己的语库存储和交际模式，以适应新的生存环境。在适应过程中，在与当地人不断互动中形成了新的语言认同、建构了新的社会身份（王远新，2020）。又如，农村进城经商务工群体的语言文化适应和新的社会身份建构，需要在与城市主流群体的交往和语言文化互动过程中完成。总之，社会身份建构是说话人综合权衡语言变体或变异项及其体现的特定文化意义的过程，是交际双方语言文化互动和适应的结果。

第二节　语言认同的调查内容

一、语言认同与语言结构

（一）语言认同是语言结构演化的重要动因

有学者认为，语言演变的动力主要来自语言结构内部，语言单位或语言结构的类推作用、自组织功能和系统内部的不平衡性是语言变化的主要原因（徐通锵，2001）。毋庸置疑，语言单位和语言结构不是孤立的，与其他单位和结构关系密切，语言使用者的心理联想是类推的内在力量。然而，语言变体或变异项常携带着特定的社会文化意义，当其携带的某种社会文化意义与某个群体的社会身份契合时，它们就会被选择，就有扩散的可能。总之，语言变体或变异项的选择，变异的起因、变异项的扩散，虽有语言结构内部的需求，但主要受制于语言的地位、交际和社会文化功能以及语言使用者的语言态度和语言认同，即社会因素、文化力量、语言使用主体的心理认同，才是推动语言结构不断演化的重要动因。

（二）语言认同对语言变体、变异项选择的影响

同一族群内部，不同社会特征说话人的语言态度和语言认同存在结构性差异，它会影响语言变体或变异项的选择。新疆境内兰银官话北疆片、中原官话南疆片与各自方言其他片区的差异，是有较多的维吾尔语借词和语码夹杂现象，句法结构也受到维吾尔语的影响。维吾尔族中的汉维双语人对这些语言特点的态度和认同存在明显的群体差异：持积极态度的多为受教育程度和双语熟练程度较低的普通民众；持消极态度的多为受教育程度和双语熟练程度较高的调查对象。与之相应，前者更多使用带有借词、语码夹杂和维吾尔语句法特点的汉语变体，后者更倾向于使用普通话（王远新，2021）。

（三）语言认同对语料认知、判断和获取的影响

语言认同及相关的语言态度不仅会影响调查对象对语料的认知，还会影响研究者对

语料的判断和获取。我们在调查新疆土尔克曼话时发现，有些词语或语言形式已不在日常生活中使用或很少被使用，只保留在部分老年人的记忆中，调查对象仍坚持"我们平时就这么说"。更有甚者，调查者已记下发音人的自然话语材料，调查对象坚持说"我们平时不这么说"。追问"应该怎么说"时，其回答要么是"让我想想看"，要么是"我问问老人再告诉你"。得到答案后，调查对象会解释："你前面记录的说法，是我不注意说的，现在的说法才是正宗的。"表面看，这是对"纯正"母语的坚守，深层次的原因则是强调本族群及其语言变体的特殊性，即体现了族群认同和语言认同。如果调查目的是保护濒危语言，应当重点记录保留在少数长者记忆中的语料；如果目的是描写语言现状，既应当记录日常生活中不使用或不常用的语料，也应当记录调查对象日常生活中使用的自然语料，以保证描写的充分性。

二、语言认同与语言功能

语言认同具有一定的稳定性，但并非一成不变。受语言环境变化的影响，语言认同也会发生相应的变化。积极的语言认同可以促进语言的保持和传承，促使个体或群体重视并积极学习和使用这种语言，反之亦然。在双语或多语社会里，语言使用者对高变体语言的评价普遍较高；双语或多语人为获得交际方的认同和更好的交际效果，会有意无意地向对方的语言变体或表达方式靠拢。社会语言学调查表明，女性比男性更倾向使用标准语言变体、文雅形式和委婉的表达方式，这是因为女性普遍缺乏安全感，社会关系网相对狭窄，社会地位敏感度更高。由于人们通常根据外在表现尤其是说话方式评价女性，因此，女性比男性更需要通过语言使用显示其社会地位。男性比女性更常使用非标准语言变体，有时甚至会使用"粗俗"的表达方式，以显示其"男子汉气"（罗纳德·沃德华，2009：239—240，373，385）。

三、语言认同与语言态度

狭义语言态度指说话人对语言变体或变异项及其使用的情感认知和评价、前景期望和需求等主观要素；广义语言态度还包括语言使用的行为倾向和实际表现等客观要素。说话人对语言变体或变异项本身、对自己和他人语言变体或变异项的使用均持一定的态度，而且不同族群、同一族群内部不同社会群体的语言态度也不尽相同。总体而言，语言态度有三个特点：一是由不同要素复合而成；二是不同族群或同一族群内部不同群体有特定的语言态度；三是同一族群内部，不同群体的主观态度和行为表现之间存在结构性差异。全面分析语言态度的上述特点，可以恰当评估语言态度对语言变体或变异项使用特点及发展趋势的影响，也可以为语言认同研究提供依据。由于语言态度和语言认同密不可分，因此，有些问题既可以看作语言态度，也可以视为语言认同。如果说语言态度更多体现了语言使用者社会心理和社会行为层面的问题，语言认同则是语言态度基础上更深层的认识，更多体现了哲学层面的问题。与语言态度相比，语言认同的敏感性和抽象度更高、调查难度更大，因此，最好先积累一定数量的语言使用、语言态度调查个案，语言认同研究才不至于空泛，结论才更具有针对性。

四、语言认同与社会身份建构

语言认同会制约说话人对语言结构、语言使用的判断和选择，因此，研究语言变体或变异与社会身份建构的关系，既能够从微观角度考察语言结构的演化和语言功能的发展，如特定群体选择何种语言变体，为何选择这种语言变体，这种语言变体存在怎样的变异项目，其扩散过程如何，体现了怎样的社会文化意义等；也可以从宏观角度综合考察历史因素、社会环境、族群互动对族群内部不同群体社会身份建构特点甚至个体价值观及人生走向的影响。

具有相同历史来源和社会特征的群体，会有意无意强调群体内部的共性和不同群体间的差异，并形成特定的社会身份认同。拥有或期待拥有特定的社会身份，会使某个群体倾向于选择特定语言变体或变异项。语言或方言相同，容易让说话人之间建立信任感；共同接受某种或某些语言变异项者可谓"知音"，彼此的话语风格就可能趋同。每个时期都有特定的流行语，网络时代更是如此，什么流行语在哪类人群中流行并扩散，与特定人群的社会身份有关。相反，具有不同历史来源和社会特征的同一族群，会弱化同族认同，从而影响其语言认同和语言使用。比如受"族源多元""同族异语"等历史因素以及现实语言环境和语言实用功能的影响，青海省同仁县土族内部不同群体分别使用吾屯话和保安语，且使用两种语言变体的土族之间相互认同度不高，同族认同趋于弱化。在现实语言生活中，受藏语和藏族文化优势地位的影响，使用吾屯话的土族在与藏族的互动过程中，逐渐建构了藏语和藏文化认同。他们不仅兼用藏语，吾屯话也具有了混合语特征，这进一步弱化了两个语言群体的同族认同（王远新，2009）。上述种种均说明，语言变体或变异项的选择与社会身份建构具有密切关系。

五、语言认同与语言政策和语言规划

语言使用涉及日常生活、行政司法、教育科技、文化传媒、宗教活动、特定公共空间（虚拟空间、语言景观）等领域，且与语言政策和语言规划有关。一方面，语言使用者的语言认同及相关语言态度在语言政策制定和规划实施等方面扮演着重要角色，是制定政策和规划的重要依据，因为政策和规划要服务于大众语言生活。另一方面，语言政策制定和规划实施体现了特定的语言意识形态，语言意识形态的导向及媒体宣传、公共舆论等会影响大众的语言态度、语言认同和语言实践。汉语方言普遍存在的新老派差异、汉语方言和普通话双言社会的形成等，均与语言政策和语言规划有关。鉴于此，语言政策和规划、语言发展和战略等宏观研究，离不开语言使用、语言态度和语言认同的调查及实证个案的积累，否则，相关论述就可能脱离实际，缺乏针对性。

总之，影响语言结构及其演化、语言功能及其发展的因素错综复杂，既涉及语言生态环境（如语言政策和规划、语言资源、语言社会文化功能）等宏观因素，也涉及语言习得和语言能力、语言使用（交际场合、对象、话题、表达方式）等微观因素，还涉及语言结构规律和语言变异的相互作用、语言和文字的关系等因素。上述客观因素都是语言认同调查研究的基础；母语忠诚，对相关语言变体或变异项的情感认知、社会地位和实用功能评价、发展前景期望，对学校、媒体、行政、司法等领域的语言文字需求，对当地语言政策和规划、政府部门语言服务的评价等主观因素，以及受其影响的行为表现是语言态度研究的基本内容。如果进一步追问特定社会条件下特定群体为什么会有这样而不是那样的语言态度，就涉及语言认同研究。

第三节　语言认同调查的切入角度和方法

语言认同调查需要从不同角度切入，综合运用多种方法，以保证调查的信度和效度以及研究的深度。

一、切入角度

语言认同调查可以从两个角度切入：一是调查对象对相关语言变体（语言功能）、语言变项（语言结构）本身的态度和认同；二是调查对象对本人和他人使用相关语言变体、语言变项的态度和认同。比如，研究当代汉语中的网络新词语，不能只停留在描写其构成特点和表达功能、调查不同社会群体的熟悉程度和使用情况等层面，还要考察调查对象对网络新词语本身、本人和他人使用网络新词语的态度和认同特点。在此基础上，需要分析影响网络新词语产生、使用和扩散的因素，以及它们对语言使用者社会身份建构的影响。

二、调查和分析方法

（一）直接和间接调查法

依据调查对象自报获取材料和数据的方法是直接调查法；通过转移调查对象注意力等方式获取材料和数据的方法是间接调查法，如引导式访谈法、调查问卷设置假设题目、快速隐匿调查法、伪装语义量表法等。语言认同研究可以使用直接调查法，更需要使用间接调查法，最好是直接和间接调查法相结合。

引导式访谈法指采取迂回或委婉的问话方式，在调查对象意识不到调查目的的前提下，引导其说出真实看法。比如，我们在调查新疆汉语方言中的维吾尔语借词及借词使用态度时，从调查对象日常接触的媒体及其评价切入，以新疆电视台地方特色栏目《新疆羊肉串》作为访谈话题，引出调查对象对相关语言变体、不同类型借词和语码夹杂及其使用的态度（王远新，2021）。又如，调查北京话的禁忌语，让调查对象看《饭桌上"老北京人"敬酒》的词语忌讳小视频，可以引起调查对象的兴趣，激活其语库存储，有效获取相应的语料。

在了解语言变体或语言变项及其使用特点的基础上，提炼语言态度和语言认同的调查指标或选项，采用语义量表或为调查指标赋值的方法获取数据，是问卷调查常用的直接调查法。语义量表测试法可以在短时间内获取同质性数据，便于量化分析，但调查对象的自报可能与其真实想法或实际表现存在差异。最简单的解决办法是在调查问卷中设置假设题目，即通过间接调查法获取语言态度和语言认同的数据。比如，调查少数民族进京务工群体的语言文化适应和身份建构，可以设置"如果重新选择，您还愿意来北京务工吗""如果再次来京务工，您更愿意选择什么职业或岗位"等假设题。调查少数民族地区双语教育政策和教学模式，可以从调查对象的后代教育切入，假设其所在社区或附近有不同语言授课的学校，询问他们愿意把子女送到什么语言授课的学校。通过这类假设题与其他问题的相关分析，加之问卷调查过程中的互动观察，大体可以了解调查对象真实的语言态度和行为表现以及语言认同的特点。在封闭问卷后设置一两个开放问题，也是深化语言态度、语言认同调查的有效方法。封闭问卷的题目要求调查对象在给定的选项或指标范围内做出选择，开放问题的设置应当主题明确、有助于调查对象较充分表达想法。比如，询问怎样看待外出回乡的人或在外地见到老乡不说家乡话等现象，可以从中窥见调查对象语言认同的特点。封闭问题和开放问题同步调查，其答案均具有结构性，可以进行量化分析，还可以相互印证。

快速隐匿法多用于试调查，主要采用间接询问或伪装调查方式获取语言变异形式。

W. 拉波夫在调查费城市居民英语 str 的发音状况时，以问路方式故意将事先知道的地名 X Street 问成 X Avenue，以此诱导出受访者的发音形式。在调查纽约市百货公司职员英语 r 音的层化变异时，W. 拉波夫采用诱导问话方式，获取了所要调查的语言变异形式。这种方法效率高，可以为语言态度和语言认同调查确定相对客观的调查指标。在得到纽约市民英语元音之后 r 是否发音的语音变项及其评价后，W. 拉波夫让几位女性朗读 r 音出现频率很高的文章段落，得出总是发 r 音和有时不发 r 音的两类样本。然后，他将录音片段拼接到其他话语样本中，制作成伪装录音，设置"电视台名人、行政秘书、前台、接线员、售货员、工人、都不是"等职业适合度语义量表，请不同社会阶层的纽约市调查对象听录音，标出说话人职业适合度等级。结果显示，不同阶层评价人对有时发、有时不发 r 音说话人的职业等级评价较低，在五个用例中只有一次未发 r 音，说话人的职业量表等级也会降低 3—4 级。可见，在纽约人心目中，发元音后的 r 音是社会地位较高群体使用的高威望发音形式（罗纳德·沃德华，2009：197—200）。

（二）定量和定性分析方法

田野文献法、观察法、访谈法、测试法、问卷调查法是获取定性认识和量化数据的基本方法，每种方法都有特定作用，也都有一定的局限性。从定量分析看，抽样基础上的问卷调查是获取量化数据的基本方法。为保证问卷调查的质量，我们提倡一对一访谈式问卷调查法，辅以测试法、观察法和访谈法。从定性研究看，田野文献法、观察法特别是参与式和追踪式观察法、深度访谈法是获取定性材料和典型案例的基本方法。问卷调查等定量方法源自社会学，观察、访谈等民族志方法受到人类学影响。语言认同研究需要在语言习得和使用、语言态度和行为表现调查的基础上，综合运用多种调查方法，量化分析和定性研究取长补短。这样，既能够避免语言认同研究泛泛而论，又可以增加数据的可信度和结论的说服力，揭示的问题也更为深刻。

（三）共时和历时分析方法

共时和历时是相对的，语言的共时特点既是历时演变的结果，也是新变化的开端。换言之，语言的历史演变是由不同阶段的共时变异导致的，语言的共时变异本身就具有历时演变的性质，即"进行中的变化"。比如，同一语言社区甚至同一家庭内部不同年龄段的人使用的亲属称谓词语存在差异，这种共时差异实际是新的历时演变的开端。

汉语方言普遍存在的文白异读现象，是共时语音系统中不同历史层次的语音随语境、语体和语用变化形成的词语异读现象，是语言接触（书面语和方言口语接触、强势方言和弱势方言接触）的结果，是典型的历史演变现象。随着教育的普及和普通话的推广、人口流动的加速，不同历史时期积淀在方言系统中的文白异读现象不仅产生了形式、内容和功能变化，而且出现了共时变异现象，即历史上的异读现象具有了共时变异特点。它既受语言结构内部要素相互作用的影响，也受语言变异项社会分布、说话人社会特征及其语言态度和心理认同的影响。鉴于此，语言调查需要将语言的历时演变和共时变异结合起来。

第四节　语言认同调查注意事项

信度和效度是调查质量的基本保证，关于语言认同对相关问题影响的调查，应当注意四个方面的问题。

一、语言认同影响语言能力和语言使用

语言认同会影响调查对象对自己语言能力和语言使用的判断和认知。语言和语言使用现象太过平常，致使人们对语言文字及其使用大都缺乏理性认识。因此，科学设计调查方法、准确界定相关概念和术语、与调查对象的有效沟通十分重要。否则，难以保证调查数据和材料的质量。有的汉语方言与普通话差异很小，如果不事先界定清楚，并与调查对象达成共识，调查数据就不同质，就会影响调查结论。

东北官话区的许多人想当然地认为他们说的就是普通话，这是东北官话区语言生活问卷调查的难点。区分东北官话和普通话，需要兼顾语言结构、调查对象个人经历和心理认同三项标准。从结构标准看，不区分平翘舌、频繁使用方言特色词语，可以确定为东北官话。从个人经历看，应当考虑是否接受过系统的普通话教育（何时在何处上学、不同学段教师的授课语言等）、是否经常外出或在异地居住过、家庭语言环境等。心理认同标准较难把握，可以采用对比测试法，校正调查对象的固有认知。比如，为了让辽宁省海城县（现海城市）一位老年调查对象确认自己说的不是普通话而是东北官话，先问他孙女的普通话标准还是他的标准，他毫不迟疑地回答："当然是咱孙女的标准，她是学校学（çiao^{35}）的，老标准了。她有时候还会笑话我，纠正我的发音。"接下来，询问他孙女的普通话与中央电视台新闻联播播音员的发音有没有差别，他同样毫不迟疑地回答："当然有差别了，差别老大了，人家说得更标准呗。"调查对象话语中的"咱、学（çiao^{35}）、老"等都是典型的东北官话词语和发音形式。通过对比，调查对象承认自己说的是东北官话，孙女说的是"海城普通话"，中央电视台播音员说的是标准普通

话。调查对象区分并认可了东北官话和普通话的差别，后续问题自然可以做出正确判断和选择。因此，充分考虑调查对象的社会特征及语言认同特点，才能保证调查数据的信度。要做到这一点，必须采用面对面、一对一访谈式问卷调查法，必要时还应当辅以简单的测试法。

语言生活问卷调查的另一种常见现象是，调查对象将会说简单日常用语等同于掌握这种语言，而对日常生活中使用的某种语言变体自报程度不高，即对不同语言变体的水平自报偏高或偏低。解决的办法是，除问卷中设计语言能力的等级测试题、从"听说读写"四个维度分级测试调查对象的真实语言能力外，还需要参照调查对象在不同交际场合、针对不同交际对象和话题的语言使用情况进行逻辑检验。在此基础上，进一步分析调查对象自报偏高或偏低的影响因素，如哪类群体对何种语言变体自报偏高或偏低、分别受哪些因素特别是语言态度和语言认同的影响，并以此检验调查对象自报的信度。比如，在民族地区或汉语方言区调查，常会遇到这样的现象：调查对象对高变体如普通话、外语评价较高，自报能力也容易偏高；对低变体如方言土语评价较低，自报能力也容易偏低。如果无法避免自报偏高或偏低现象，不要轻易更改数据，应当在调查报告中如实说明，并采用统计学方法减少误差。这样，既可以增加调查信度，也有助于佐证语言态度和语言认同的相关结论。

二、语言意识形态影响语言态度

政策导向、媒体宣传、公共舆论、传统认知等会影响调查对象语言能力和语言使用的自报，导致其给出符合社会主流看法的答案。因此，语言认同调查应当考虑"社会成见"对调查对象"个体见解"的影响。社会成见或潜在的社会规约会潜移默化地影响调查对象如何想、如何说、如何做，个体的真实想法和实际表现未必总是与社会成见或社会规约一致。比如，民族地区一些少数民族特别是外出经商务工经历丰富的中青年调查对象，对本族语的认同度和前景期望度不高，但受族群内部特别是老年群体传统认识的影响，担心被指责"数典忘祖"，常做出违心的回答。解决办法是将语言态度和语言认同分解为不同维度的调查题目及相关选项，比如从情感认同（亲切度和好听度）、社会地位、实用功能（现实生活中的作用）等维度，分别询问调查对象对不同语言变体的等级评价；从行为倾向维度询问调查对象希望子女最先习得哪种语言变体、为子女不同学段选择什么语言授课的学校；从发展前景维度询问调查对象对不同语言变体前景期望的等级评价。同时，结合相关问题的逻辑检验，通过引导式或转移话题式的访谈、与调查对象交流互动和察言观色等途径判断其真实看法。

三、社会关系网及其变化影响语言变体或变异项的使用

具有同类社会身份的人常构成一定的社会关系网,实体或虚拟社会关系网均可以分为强社会关系网和弱社会关系网。同一社会群体或社会网络内部也有强弱关系之分,比如,同事是具有共同社会特征的群体,其内部关系有强弱差异。社会关系具有建构性,过去是强社会关系,受特定因素影响会变为弱社会关系。社会关系网及其亲疏关系的变化,可能影响语言变体的选择或变异项的使用。比如,常年在外地经商务工者回到原居住地后,原有的社会关系有了亲疏远近变化,语码选择和使用也会产生一定变化。从更宏观的角度看,民族关系格局中,族群关系的亲疏、联系的密度会影响语言关系,包括语言兼用、词语借用、语码夹杂、语码转换等。因此,语言认同调查应当动态观察语言社区内部社会关系网的构成及其变化。

四、正确处理主观认知与行为表现的结构性差异

语言态度和语言认同调查常会遇到这样的情形,调查对象对某种语言变体或变异项及其使用的情感认知和主观评价积极,行为表现消极。一些人声称抵触某类语言成分或表达形式如音译借词或语码夹杂,但又不自觉地使用;一些人强调学习和使用本族语的重要性,却不愿付诸行动。在民族地区,少数民族知识和官员阶层多在主观意识方面强调本族语的重要性,却想方设法把子女送入条件更好的汉语授课学校,哪怕异地就读。面对民族认同时,受教育程度较高的人强调母语的重要性;但考虑后代前途时,更注重语言的实用性。普通百姓对本族语的认知似乎平淡无奇,行为倾向和实际选择多是"顺其自然",他们对本族语的认同常具有天然性:"因为我是本族人,生下来就会本族语,所以应该学习和使用本族语";知识和官员阶层对本族语的认同更具有民族性即建构性,强调学习和使用本族语可以传承本族文化,增强民族自豪感和凝聚力(王远新,2007)。针对上述结构性差异,调查者应当充分理解并尊重个体和群体语言认同的特点,恰当评估特定文化环境、社会化过程对语言使用者社会身份的塑造及其语言使用的影响。从田野调查角度看,需要兼顾不同社会特征的群体,在获取调查对象情感认知、主观评价数据的同时,还应当通过多种途径获取其行为表现方面的数据。这样,才能全面揭示不同族群或同一族群不同社会特征人群语言态度和语言认同的特点。简言之,访谈和问卷调查应当包括调查地不同社会特征的群体。与此同时,不能单凭调查对象的自报,还应当考察其行为表现;不能只关注不同群体的语言态度和认同特点,还应当从不同维度多途径观察其语言态度和语言认同的结构性差异。

第十三章　语言认同的调查内容和方法　　　　　　　　　　　　　　　　·255·

第五节　本章小结

　　本章在阐述语言认同特性的基础上，重点论述了语言认同的调查内容、调查方法和注意事项，认为语言认同具有天然性（原生性）、建构性和互动性的特点，与社会、文化、族群、地域、国家认同联系密切，是语言使用者社会身份建构的依据。语言生态环境、语言习得、语言能力、语言使用与语言态度和语言认同相互关联，前几项客观因素调查是语言态度和语言认同等主观因素的研究基础，语言态度是语言认同的实践层面，语言认同是语言态度的哲学层面，几个方面的调查研究相结合，可以更好地解释它们对语言结构演变、语言功能发展、语言政策制定和语言规划实施的影响。因此，语言认同调查需要从不同角度切入，兼顾多种调查和分析方法，以保证调查的信度、效度和研究的深度。

参考文献

［1］董洪杰．西安坊上回民语言变异与身份认同研究［D］．中国人民大学博士学位论文，2018．

［2］黄行．论国家语言认同与民族语言认同［J］．云南师范大学学报（哲学社会科学版），2012（3）．

［3］黄行．论中国民族语言认同［J］．语言战略研究，2016（1）．

［4］［加］罗纳德·沃德华（Ronald Wardhaugh）．社会语言学引论：第五版（*An Introduction to Sociolinguistics：Fifth Edition*）［M］．雷红波，译，上海：复旦大学出版社，2009．

［5］史春颖．赫哲语的濒危、保护与传承［D］．中央民族大学博士学位论文，2020．

［6］史冬梅．青海回族托茂人语言文化适应和身份建构研究［D］．中央民族大学博士学位论文，2021．

［7］王远新．语言态度调查问卷的设计问题［A］//北京市语言学会．语言学的理论与应用［C］．北京：商务印书馆，2004．

［8］王远新．民族语言政策与民族认同［N］．中国民族报，2007—01—26（6）．

［9］王远新．论语言功能和语言价值观［J］．湘潭大学学报（哲学社会科学版），2008（5）．

［10］王远新．青海同仁土族的语言认同和民族认同［J］．中央民族大学学报（哲学社会科学版），2009（5）．

［11］王远新．构建民族地区双语和谐社会的思考［J］．民族教育研究，2010（5）．

［12］王远新．维吾尔族在豫经商务工者语言生活及语言文化适应调查［J］．民族教育研究，2020（5）．

［13］王远新．民族交往的语言表现：新疆汉语方言中的维吾尔语借词使用研究［J］．民族语文，

2021（4）．

[14] 王远新．访谈法在语言田野调查实践中的运用［J］．民族教育研究，2021（6）．

[15] 徐通锵．基础语言学教程［M］．北京：北京大学出版社，2001．

[16] 姚欣．语言认同的本质及其发展进路［J］．西安外国语大学学报，2020（4）．

[17] 周庆生．语言与认同国内研究综述［J］．语言战略研究，2016（1）．

[18] 朱瑶瑶．语言认同研究综述［G］//王远新．语言田野调查实录（12）．北京：中央民族大学出版社，2017．

[19] A. Pavlenko, A. Blackledge. *Negotiation of Identities in Multilingual Contexts* ［M］. Clevedon：Multilingual Matters Ltd, 2004.

[20] D. Cameron, D. Kulick. *Language and Sexuality* ［M］. Cambridge：Cambridge University Press, 2003.

[21] Jenkins Jennifer. *English as a Lingua Franca：Attitude and Identity* ［M］. Oxford：Oxford University Press, 2007.

附录　语言认同调查问卷

北京市留美回国人员语言认同调查问卷[①]

一、基本信息

A1. 姓名：_____；A2. 性别：_____；A3. 年龄：_____；A4. 联系方式：_____

A5. 出生地：_____省/市/自治区_____地/州/盟/市_____县/市/旗/区

A6. 出国前是否参加工作：（1）是，工作单位：_____；（2）否

A7. 回国首次就业工作单位：_____（没有工作请注明"无"）

A8. 现工作单位：_____（回国后没有更换工作或没有工作，请注明"同上"）

A9. 现工作单位性质

（1）国企或央企　（2）外企　（3）民企　（4）高校　（5）科研机构

（6）国家机关　（7）创业　（8）其他（请注明_____）

A10. 职业

（1）教师　（2）管理人员　（3）科研院所研究人员

（4）学生　（5）企事业单位普通职员　（6）其他（请注明_____）

A11. 教育背景

本科_____（大学）_____（专业）

硕士_____（大学/研究机构）_____（专业）

[①] 本问卷由笔者指导的中央民族大学语言学及应用语言学专业社会语言学方向2015级博士研究生朱瑶瑶设计，笔者修订。

第十三章 语言认同的调查内容和方法

博士＿＿＿＿＿＿＿＿＿（大学/研究机构）＿＿＿＿＿＿（专业）
博士后＿＿＿＿＿＿＿＿（大学/研究机构）＿＿＿＿＿＿（专业）
访学或交流＿＿＿＿＿＿＿（大学/研究机构）＿＿＿＿＿（专业）

A12. 留美时间：＿＿＿＿年＿＿＿月出国；＿＿＿＿年＿＿＿月回国

A13. 留美期间是否工作过（不包括实习、博士后研究）
(1) 是，工作时间＿＿＿年＿＿＿年　　　(2) 否

A14. 赴美留学进修期间获资助情况【可多选】
(1) 自费　(2) 国家公派　(3) 国外奖学金　(4) 其他（请注明＿＿＿＿）

A15. 留学美国的原因【可多选】
(1) 攻读学位（请注明＿＿＿＿）　(2) 增强职业综合竞争力
(3) 学习先进科学技术，接受先进教育　(4) 开阔眼界，了解美国文化
(5) 提高英语水平　　　　　　　　(6) 为子女提供良好教育环境
(7) 在国外就业或长期居住　　　　(8) 家人或朋友影响
(9) 工作单位要求　　　　　　　　(10) 其他（请注明＿＿＿＿）
(11) 无法回答

A16. 促使您回国的因素【可多选】
(1) 就业或工作因素　(2) 家庭因素　(3) 经济因素　(4) 文化因素
(5) 语言障碍　　　　(6) 公派要求　(7) 其他（请注明＿＿＿＿）
(8) 无法回答

A17. 在以下方面，您是否达到出国前的预期

	完全达到	基本达到	一般	基本没达到	完全没达到	无法回答
完成学业						
提高英语水平						
增强学术能力						
开阔眼界						
融入美国文化						
找到理想工作						
其他（请注明）：						

二、语言习得与语言能力

B1. 您什么时候开始学习英语
(1) 幼儿园　(2) 小学　(3) 初中　(4) 高中　(5) 大专
(6) 大学　　(7) 其他（请注明＿＿＿＿）

B2. 您开始学习英语的方式【可多选】
　　（1）学校学习　　（2）家长教授　　（3）辅导班　　（4）家教　　（5）其他（请注明＿＿＿）

B3. 您出国之前学习英语的原因【可多选】
　　（1）学校或工作单位要求　　　（2）考取证书　　　　（3）个人兴趣
　　（4）学术研究需要　　　　　　（5）利于就业　　　　（6）提高个人素质
　　（7）为出国做准备　　　　　　（8）家长意愿
　　（9）其他（请注明＿＿＿＿）　（10）无法回答

B4. 您参加以下英语类考试的最高成绩【可多选】
　　（1）托福，成绩＿＿＿＿＿＿＿＿＿　　（2）雅思，成绩＿＿＿＿＿＿＿＿＿
　　（3）WSK（外语水平考试），成绩＿＿＿＿　　（4）GRE，成绩＿＿＿＿＿＿＿＿
　　（5）GMAT，成绩＿＿＿＿＿＿＿＿＿　　（6）SAT，成绩＿＿＿＿＿＿＿＿＿
　　（7）大学英语＿＿＿＿级，成绩＿＿＿＿　　（8）专业英语＿＿＿级，成绩＿＿＿＿
　　（9）其他＿＿＿＿＿考试，成绩＿＿＿＿＿　　（10）无此情况

B5. 与出国前相比，您的英语水平发生了怎样的变化（请在下表空格内填写阿拉伯数字）
【（1）较大提高　（2）稍有提高　（3）没有变化　（4）稍有退步　（5）明显退步　（6）无法回答】

	听力	口语	阅读	写作
日常生活领域				
专业科研领域				

B6. 回国后，与在美国时相比，您的英语水平发生了怎样的变化（请在下表空格内填写阿拉伯数字）
【（1）较大提高　（2）稍有提高　（3）没有变化　（4）稍有退步　（5）明显退步　（6）无法回答】

	听力	口语	阅读	写作
日常生活领域				
专业科研领域				

B7. 如回国后英语水平下降，您有怎样的感受
　　（1）很沮丧　　　　　　　　　（2）有些遗憾　　　　　（3）无所谓
　　（4）其他（请注明＿＿＿＿）　（5）无此情况　　　　　（6）无法回答

三、语言使用【以下题目中"美国人"不包括美籍华人，"中国人"仅指中国大陆和台湾人】

C1. 在美国，您的英语使用情况

C1-1. 用英语问路，有没有遇到问题【刚到美国时在下列选项之前打钩，回国前在下列选项之后打钩】
　　（1）完全没有问题　　　　（2）偶尔有问题
　　（3）有时有问题　　　　　（4）经常有问题

第十三章 语言认同的调查内容和方法

(5) 总是有问题　　　　　(6) 无此情况

C1-2. 用英语点餐，有没有遇到问题【刚到美国时在下列选项之前打钩，回国前在下列选项之后打钩】
(1) 完全没有问题　　　　(2) 偶尔有问题
(3) 有时有问题　　　　　(4) 经常有问题
(5) 总是有问题　　　　　(6) 无此情况

C1-3. 用英语购物，有没有遇到问题【刚到美国时在下列选项之前打钩，回国前在下列选项之后打钩】
(1) 完全没有问题　　　　(2) 偶尔有问题
(3) 有时有问题　　　　　(4) 经常有问题
(5) 总是有问题　　　　　(6) 无此情况

C1-4. 用英语办理银行业务，有没有遇到问题【刚到美国时在下列选项之前打钩，回国前在下列选项之后打钩】
(1) 完全没有问题　　　　(2) 偶尔有问题
(3) 有时有问题　　　　　(4) 经常有问题
(5) 总是有问题　　　　　(6) 无此情况

C1-5. 用英语看病，有没有遇到问题【刚到美国时在下列选项之前打钩，回国前在下列选项之后打钩】
(1) 完全没有问题　　　　(2) 偶尔有问题
(3) 有时有问题　　　　　(4) 经常有问题
(5) 总是有问题　　　　　(6) 无此情况

C1-6. 用英语处理水电、网络、保险等生活事项，有没有遇到问题【刚到美国时在下列选项之前打钩，回国前在下列选项之后打钩】
(1) 完全没有问题　　　　(2) 偶尔有问题
(3) 有时有问题　　　　　(4) 经常有问题
(5) 总是有问题　　　　　(6) 无此情况

C1-7. 和美国朋友聊天，听力有没有问题【刚到美国时在下列选项之前打钩，回国前在下列选项之后打钩】
(1) 完全可以听懂，包括俚语、笑话等
(2) 大部分可以听懂，有时听不懂俚语、笑话等
(3) 能听懂一半，理解大致意思　　(4) 只能听懂简单日常用语
(5) 基本听不懂　　　　　　　　　(6) 无此情况

C1-8. 和美国朋友聊天，口语表达有没有问题【刚到美国时在下列选项之前打钩，回国前在下列选项之后打钩】
(1) 能够熟练交流，没有什么障碍
(2) 能够熟练交流，个别时候有障碍　(3) 基本能交流

(4) 会说简单日常用语　　　　　(5) 基本无法交流
(6) 无此情况

C1-9. 英文阅读水平如何【刚到美国时在下列选项之前打钩，回国前在下列选项之后打钩】
(1) 能自由阅读书刊　　　　　　(2) 能借助工具书阅读书刊
(3) 大致能看懂简易读物　　　　(4) 能看懂简单句子
(5) 基本看不懂　　　　　　　　(6) 无此情况

C1-10. 英文写作水平如何【刚到美国时在下列选项之前打钩，回国前在下列选项之后打钩】
(1) 能写较复杂的文章　　　　　(2) 能写自荐信一类的文章
(3) 能写日记一类的文章　　　　(4) 能写简单邮件或手机短信
(5) 基本不会写　　　　　　　　(6) 无此情况

C1-11. 听课或参加国际学术会议，有没有遇到问题【刚到美国时在下列选项之前打钩，回国前在下列选项之后打钩】
(1) 完全能听懂　　(2) 大部分能听懂　　(3) 能听懂一半儿
(4) 只能听懂常用术语　(5) 几乎听不懂　　(6) 无此情况

C1-12. 与美国老师讨论学术，有没有遇到问题【刚到美国时在下列选项之前打钩，回国前在下列选项之后打钩】
(1) 完全没有问题　　(2) 偶尔有问题　　(3) 有时有问题
(4) 经常有问题　　　(5) 总是有问题　　(6) 无此情况

C1-13. 与美国同学或同事讨论学术，有没有遇到问题【刚到美国时在下列选项之前打钩，回国前在下列选项之后打钩】
(1) 完全没有问题　　(2) 偶尔有问题　　(3) 有时有问题
(4) 经常有问题　　　(5) 总是有问题　　(6) 无此情况

C1-14. 课堂发言，有没有遇到问题【刚到美国时在下列选项之前打钩，回国前在下列选项之后打钩】
(1) 能完整、流畅表达观点
(2) 能较完整、流畅表达观点，偶尔有表达障碍
(3) 只能表达基本意思　　　　　(4) 只会说常用术语
(5) 无法用英语发言　　　　　　(6) 无此情况

C1-15. 阅读本专业英文文献水平如何【刚到美国时在下列选项之前打钩，回国前在下列选项之后打钩】
(1) 能自由阅读　　(2) 能借助工具书阅读　　(3) 能看懂摘要和简单句子
(4) 只能看懂常用术语　(5) 几乎看不懂　　(6) 无此情况

C1-16. 英文论文写作水平如何【刚到美国时在下列选项之前打钩，回国前在下列选项之后打钩】
(1) 语法正确，用词、句式丰富　　(2) 语法正确，用词、句式较单一
(3) 有时出现语法错误　　　　　　(4) 经常出现语法错误
(5) 词汇较贫乏，句式较单一　　　(6) 词汇很贫乏，句式很单一
(7) 基本不会写　　　　　　　　　(8) 无此情况

第十三章　语言认同的调查内容和方法

C1-17. 回国后，您在日常生活中使用汉语汉文有没有遇到问题
（1）完全没有问题　　　（2）偶尔有问题　　　（3）有时有问题
（4）经常有问题　　　　（5）无法回答

C1-18. 回国后，您在工作或学术领域使用汉语汉文有没有遇到问题
（1）完全没有问题　　　（2）偶尔有问题　　　（3）有时有问题
（4）经常有问题　　　　（5）无法回答

C2-1. 在美国，与中国朋友或同学、同事谈论日常生活话题，您的语言使用情况是【可多选】
（1）汉语　　　　　　　（2）英语　　　　　　（3）汉语和英语交替
（4）汉语夹杂英语词汇　（5）英语夹杂汉语词汇　（6）无此情况

C2-2. 回国后，与留美回国的中国朋友谈论日常生活话题，您的语言使用情况是【可多选】
（1）汉语　　　　　　　（2）英语　　　　　　（3）汉语和英语交替
（4）汉语夹杂英语词汇　（5）英语夹杂汉语词汇　（6）无此情况

C2-3. 回国后，与没有留学背景的中国同事交流工作或学术问题，您的语言使用情况是【可多选】
（1）汉语　　　　　　　（2）英语　　　　　　（3）汉语和英语交替
（4）汉语夹杂英语词汇　（5）英语夹杂汉语词汇　（6）无此情况

C2-4. 回国后，与留美回国的中国同事交流工作或学术问题，您的语言使用情况是【可多选】
（1）汉语　　　　　　　（2）英语　　　　　　（3）汉语和英语交替
（4）汉语夹杂英语词汇　（5）英语夹杂汉语词汇　（6）无此情况

C2-5. 您在美国时的语言使用情况（请在下表空格内填写阿拉伯数字）
【（1）总是（2）经常（3）有时（4）很少（5）从不】

	汉语	中文	英语	英文
收听广播、播客				
看影视				
听歌				
浏览网页看新闻				
阅读学术文献				
阅读工作材料				
阅读生活报刊、书籍				
使用社交软件				
撰写学术论文				

C2-6. 您回国后的语言使用情况（请在下表空格内填写阿拉伯数字）

【（1）总是 （2）经常 （3）有时 （4）很少 （5）从不】

	汉语	中文	英语	英文
收听广播、播客				
看影视				
听歌				
浏览网页看新闻				
阅读学术文献				
阅读工作材料				
阅读生活报刊、书籍				
使用社交软件				
撰写工作报告				
撰写学术论文				

四、语言态度

D1. 在美国，遇到中国人主动跟您说英语，您有什么感觉
　　（1）可以接受　　（2）别扭　　（3）反感　　（4）无所谓
　　（5）其他（请注明_____）　（6）无法回答　　（7）无此情况

D2. 回国后，如果中国朋友或同事与您交谈时夹杂英语，您有什么感觉
　　（1）可以接受　　（2）别扭　　（3）反感　　（4）无所谓
　　（5）其他（请注明_____）　（6）无法回答　　（7）无此情况

D3. 国内有些人说汉语时夹杂英语，对这种表达方式您怎么看【可多选】
　　（1）表达方便　　（2）国际化程度高　　（3）不规范
　　（4）有炫耀的感觉　　（5）其他（请注明_____）（6）无法回答

D4. 您希望子女什么阶段开始学习英语
　　（1）学说话阶段　　（2）幼儿园　　（3）小学
　　（4）其他（请注明_____）　（5）无法回答　　（6）无此情况

D5. 您希望子女什么阶段出国学习
　　（1）不希望子女出国　　（2）幼儿园　　（3）小学
　　（4）初中　　（5）高中　　（6）大学
　　（7）大学毕业后　　（8）其他（请注明_____）（9）无法回答
　　（10）无此情况

D6. 北京市考试院拟调整高考分值，将英语由 150 分降到 120 分，将语文由 150 分提高到 180 分。对此您怎么看
  (1) 非常赞成　　(2) 比较赞成　　(3) 无所谓　　(4) 不太赞成
  (5) 非常反对　　(6) 无法回答

D7. 对以下观点，您的看法（请在下列选项后的括号内填写阿拉伯数字）
  【(1) 非常赞成 (2) 比较赞成 (3) 无所谓 (4) 不太赞成 (5) 非常反对 (6) 无法回答】
  (1) 提高英语水平能增强自信心（　　　　）
  (2) 用英文发表学术论文比用中文发表更被认可（　　　　）
  (3) 提高英语水平有助于增加就业优势或职业竞争力（　　　　）

五、文化适应

E1. 出国后，您对美国的生活、人际关系等方面的适应情况

E1-1. 饮食习惯【刚出国时在下列选项之前打钩，回国前在下列选项之后打钩】
  (1) 非常喜欢　　(2) 比较喜欢　　(3) 可以接受　　(4) 不太喜欢
  (5) 非常不喜欢　(6) 无法回答

E1-2. 娱乐方式【刚出国时在下列选项之前打钩，回国前在下列选项之后打钩】
  (1) 非常喜欢　　(2) 比较喜欢　　(3) 可以接受　　(4) 不太喜欢
  (5) 非常不喜欢　(6) 无法回答

E1-3. 居住环境【刚出国时在下列选项之前打钩，回国前在下列选项之后打钩】
  (1) 非常喜欢　　(2) 比较喜欢　　(3) 可以接受　　(4) 不太喜欢
  (5) 非常不喜欢　(6) 无法回答

E1-4. 交通出行【刚出国时在下列选项之前打钩，回国前在下列选项之后打钩】
  (1) 非常喜欢　　(2) 比较喜欢　　(3) 可以接受　　(4) 不太喜欢
  (5) 非常不喜欢　(6) 无法回答

E1-5. 交往方式【刚出国时在下列选项之前打钩，回国前在下列选项之后打钩】
  (1) 非常喜欢　　(2) 比较喜欢　　(3) 可以接受　　(4) 不太喜欢
  (5) 非常不喜欢　(6) 无法回答

E1-6. 人际关系【刚出国时在下列选项之前打钩，回国前在下列选项之后打钩】
  (1) 非常喜欢　　(2) 比较喜欢　　(3) 可以接受　　(4) 不太喜欢
  (5) 非常不喜欢　(6) 无法回答

E1-7. 家庭关系【刚出国时在下列选项之前打钩，回国前在下列选项之后打钩】
  (1) 非常喜欢　　(2) 比较喜欢　　(3) 可以接受　　(4) 不太喜欢
  (5) 非常不喜欢　(6) 无法回答

E1-8. 价值观及思维方式【刚出国时在下列选项之前打钩，回国前在下列选项之后打钩】
  (1) 非常喜欢　　(2) 比较喜欢　　(3) 可以接受　　(4) 不太喜欢
  (5) 非常不喜欢　(6) 无法回答

E1-9. 学习、科研硬件环境【刚出国时在下列选项之前打钩，回国前在下列选项之后打钩】
  （1）非常喜欢 （2）比较喜欢 （3）可以接受 （4）不太喜欢
  （5）非常不喜欢 （6）无法回答

E1-10. 教学模式及科研氛围【刚出国时在下列选项之前打钩，回国前在下列选项之后打钩】
  （1）非常喜欢 （2）比较喜欢 （3）可以接受 （4）不太喜欢
  （5）非常不喜欢 （6）无法回答

E1-11. 宗教信仰【刚出国时在下列选项之前打钩，回国前在下列选项之后打钩】
  （1）非常愿意了解并接受 （2）比较愿意了解并接受
  （3）愿意了解，但不接受 （4）比较排斥
  （5）非常排斥 （6）无法回答

E2. 回国后，您对中国的生活、人际关系等方面的适应情况

E2-1. 饮食习惯【刚回国时在下列选项之前打钩，现在在下列选项之后打钩】
  （1）非常喜欢 （2）比较喜欢 （3）可以接受 （4）不太喜欢
  （5）非常不喜欢 （6）无法回答

E2-2. 娱乐方式【刚回国时在下列选项之前打钩，现在在下列选项之后打钩】
  （1）非常喜欢 （2）比较喜欢 （3）可以接受 （4）不太喜欢
  （5）非常不喜欢 （6）无法回答

E2-3. 居住环境【刚回国时在下列选项之前打钩，现在在下列选项之后打钩】
  （1）非常喜欢 （2）比较喜欢 （3）可以接受 （4）不太喜欢
  （5）非常不喜欢 （6）无法回答

E2-4. 交通出行【刚回国时在下列选项之前打钩，现在在下列选项之后打钩】
  （1）非常方便 （2）比较方便 （3）可以接受 （4）不太方便
  （5）非常不方便 （6）无法回答

E2-5. 交往方式【刚回国时在下列选项之前打钩，现在在下列选项之后打钩】
  （1）非常喜欢 （2）比较喜欢 （3）可以接受 （4）不太喜欢
  （5）非常不喜欢 （6）无法回答

E2-6. 人际关系【刚回国时在下列选项之前打钩，现在在下列选项之后打钩】
  （1）非常喜欢 （2）比较喜欢 （3）可以接受 （4）不太喜欢
  （5）非常不喜欢 （6）无法回答

E2-7. 家庭关系【刚回国时在下列选项之前打钩，现在在下列选项之后打钩】
  （1）非常喜欢 （2）比较喜欢 （3）可以接受 （4）不太喜欢
  （5）非常不喜欢 （6）无法回答

E2-8. 价值观及思维方式【刚回国时在下列选项之前打钩，现在在下列选项之后打钩】
  （1）非常喜欢 （2）比较喜欢 （3）可以接受 （4）不太喜欢
  （5）非常不喜欢 （6）无法回答

第十三章 语言认同的调查内容和方法

E2-9. 工作、科研硬件环境【刚回国时在下列选项之前打钩，现在在下列选项之后打钩】
　　（1）非常满意　　（2）比较满意　　（3）可以接受　　（4）不太满意
　　（5）非常不满意　（6）无法回答

E2-10. 工作、科研氛围【刚回国时在下列选项之前打钩，现在在下列选项之后打钩】
　　（1）非常喜欢　　（2）比较喜欢　　（3）可以接受　　（4）不太喜欢
　　（5）非常不喜欢　（6）无法回答

E2-11. 中国传统宗教文化【刚回国时在下列选项之前打钩，现在在下列选项之后打钩】
　　（1）非常愿意了解　（2）比较愿意了解　（3）一般　　（4）比较排斥
　　（5）非常排斥　　（6）无法回答

E3. 在美国，您班级同学或实验室同事中
　　（1）几乎都是美国人　（2）美国人较多　　（3）中国人较多
　　（4）几乎都是中国人　（5）几乎一样多　　（6）其他（请注明＿＿＿＿＿＿）

E4. 在美国，您是否主动与美国人交朋友
　　（1）非常主动　　（2）比较主动　　（3）一般　　（4）不太主动
　　（5）非常排斥　　（6）无法回答

E5. 在美国，您结交美国朋友的原因【可多选】
　　（1）提高英语水平　　（2）了解不同文化　　（3）寻求生活帮助
　　（4）寻求学习科研帮助　（5）学习他人长处　　（6）其他（请注明＿＿＿＿＿＿）
　　（7）无此情况

E6. 在美国，影响您融入美国人圈子的因素【可多选】
　　（1）性格因素　　（2）英语水平　　（3）融入意愿　　（4）文化差异
　　（5）其他（请注明＿＿＿＿＿＿）　（6）无此情况

E7. 出国前您对美国文化的认同感
　　（1）非常强烈　　（2）比较强烈　　（3）一般　　（4）不太认同
　　（5）完全不认同　（6）无法回答

E8. 现在您对美国文化的认同感
　　（1）非常强烈　　（2）比较强烈　　（3）一般　　（4）不太认同
　　（5）完全不认同　（6）无法回答

E9. 出国前您对中国文化的认同感
　　（1）非常强烈　　（2）比较强烈　　（3）一般　　（4）不太认同
　　（5）完全不认同　（6）无法回答

E10. 现在您对中国文化的认同感
　　（1）非常强烈　　（2）比较强烈　　（3）一般　　（4）不太认同
　　（5）完全不认同　（6）无法回答

E11. 假如您本人与美国人结婚，您有什么看法
　　（1）愿意　　（2）无所谓　　（3）不愿意

(4) 其他（请注明_____） (5) 无法回答

E12. 假如您本人与 ABC（在美国出生的华人）结婚，您有什么看法
(1) 愿意 (2) 无所谓 (3) 不愿意
(4) 其他（请注明_____） (5) 无法回答

E13. 假如您的亲友与美国人结婚，您有什么看法
(1) 应当提倡 (2) 应当尊重 (3) 可以接受
(4) 不合心意 (5) 其他（请注明_____） (6) 无法回答

E14. 假如您的亲友与 ABC（在美国出生的华人）结婚，您有什么看法
(1) 应当提倡 (2) 应当尊重 (3) 可以接受
(4) 不合心意 (5) 其他（请注明_____） (6) 无法回答

E15. 您是否愿意移民美国
(1) 愿意，也想加入美国国籍 (2) 愿意，但不想加入美国国籍
(3) 无所谓 (4) 不愿意
(5) 其他（请注明_____） (6) 无法回答

E16. 如果您的中国朋友留学美国后，拿到绿卡定居美国，您有什么看法
(1) 很羡慕 (2) 可以理解 (3) 无所谓 (4) 不认同
(5) 其他（请注明_____） (6) 无此情况 (7) 无法回答

E17. 如果您的中国朋友留学美国后，定居美国并加入美国国籍，您有什么看法
(1) 很羡慕 (2) 可以理解 (3) 无所谓 (4) 不认同
(5) 其他（请注明_____） (6) 无此情况 (7) 无法回答

E18. 请简单描述一件在美国因文化差异造成的不愉快交际经历。

习题

1. 为什么说语言认同具有原生性？
2. 为什么说语言认同具有建构性？
3. 为什么说语言认同具有互动性？
4. 简述语言认同与语言结构的关系。
5. 简述语言认同与语言功能的关系。
6. 简述语言认同与语言态度的关系。
7. 简述语言认同与社会身份建构的关系。
8. 简述语言认同与语言政策和语言规划的关系。
9. 语言认同调查可以从哪些角度切入？
10. 简述语言认同调查的直接法和间接法。
11. 举例说明语言意识形态对语言态度调查的影响。

第十三章 语言认同的调查内容和方法

12. 语言认同调查为什么要动态观察语言社区内社会关系网的构成及其变化?
13. 如何认识和处理调查对象语言态度主观认知与行为表现的结构性差异?
14. 总结本章附录语言认同调查问卷的特点和不足。
15. 尝试设计一份针对某一专题的语言态度或语言认同调查问卷。

结 语

语言田野调查是获取第一手语言材料的重要途径，是语言学多个分支学科存在和发展的基础，也是学术创新的基础。本书遵循多学科理论和方法兼容并蓄、理论联系实际的原则，从经验科学角度，依据多年的语言田野调查实践，结合描写语言学、汉语方言学、社会语言学的理论和方法，阐述语言田野调查的历史、理论和方法论特点，论述语言本体、语言生活、语言态度和语言认同等领域的主要研究内容、调查方法和注意事项，旨在建构具有中国特色的语言田野调查方法体系。

全书除绪论和结语外，正文13章分为3个板块：第一个板块是语言田野调查的历史回顾；第二个板块是语言田野调查的一般理论和方法论特点；第三个板块论述不同领域语言田野调查的主要内容、调查方法和注意事项。为了便于各章的学习，每章之后都配有习题；为了使读者更好地理解和掌握不同类型的调查方法，在相关章节之后附录访谈提纲、观察表格和不同类型的调查问卷。全书最后的附录是辑刊《语言田野调查实录（1—18）》的目录，方便读者查阅。

第一章"语言田野调查的历史回顾"将语言田野调查的历史分为早期和现代语言学时期两大阶段，在简述两个阶段语言田野调查特点的基础上，从调查对象、内容、方法和目的等方面，重点阐述了中国现代语言学时期的汉语方言、少数民族语言、方言地理学和社会语言学的田野调查。总体而言，我国的语言田野调查已经逐步走上语言描写与解释、语言本体与语言功能相结合以及跨学科研究的道路，但需要进一步扩大调查范围、互鉴成果，规范和创新调查研究方法，提炼本土化的语言调查理论和方法。

第二章"语言田野调查的价值、内容和学术伦理"认为，充分认识语言田野调查的价值、重视学术伦理是语言研究的基本问题。本章在阐述语言田野调查必要性和主要研究内容的基础上，讨论学术伦理与学术规范的关系，重点论述了道德层面的学术伦理。结合我国国情和多年的语言田野调查经验，本章将西方学者提出的"自愿参与""尊重隐私权"两项原则扩充为尊重、换位、诚信、知情、隐私、互助等相互关联的六项原则，并认为对语言研究主流与非主流及其辩证关系的认识，涉及研究者学术道路的选择以及更深层次的学术伦理。

第三章"怎样选择可持续性的语言研究"认为，选择可持续性的语言研究方向或项目，需要有精准的定位和问题意识。一旦确定研究方向或项目，就要持之以恒、坚持不懈。选择恰当的学术方向和研究问题，是学术新手学术研究和论文写作的前提，甚至会影响研究者的学术道路。本章立足语言田野调查，从充分利用和主动挖掘身边的语言资源、关注空白调查点、关注语言生活及其变迁等角度，阐述了如何选择可持续性学术研究方向的看法，认为掌握大量的第一手材料、积累一定数量的实证个案，是保证语言研究具有可持续性的基本保证。

第四章"语言田野调查的方法论特点"认为，语言田野调查是典型的经验科学，主要涉及田野文献、访谈、观察、测试、问卷调查等多种方法。依据上述方法可以从宏观与微观、共时与历时、定量与定性、主位与客位调查和研究方法相结合，以及从不同类型实证个案对比分析的角度，提炼语言田野调查研究的方法论。语言使用的宏观分析可以扩大语言本体研究的视野，语言结构的微观分析可以深化语言功能的研究。语言发展的时间因素和空间分布具有相对性，结合语言结构及语言使用的共时变异和历时变化，可以有效观察语言变化的原因和过程，预测其发展趋势。语言使用的共时状态具有变异性，结合定性研究和定量分析，可以揭示语言发展的阶段性和变异性特点。语言田野调查研究的主位立场强调揭示研究对象的特性，客位立场重视考察人类语言的共性，主位与客位立场的有机结合以及恰当把握主位与客位立场的转换，有助于深化个案研究以及不同类型实证个案的对比分析，并从共性中揭示个性、从个性中归纳共性。

第五章"语言本体调查方法及注意事项"认为，语言本体调查有字音、词表、词语、语法大纲、长篇语料以及综合调查等方法，不同研究目的需要使用不同的调查方法，不同调查方法有各自的功用。语言本体调查应当选择恰当的调查点及合适的发音合作人，把握调查时机，正确运用调查方法和调查工具，重视同音字表整理，慎重对待发音人提供的语料，层层筛选、细致询问特色词语，并根据不同的研究目的采用不同调查策略，尽可能获取不同领域、话题、体裁和社会特征发音人的长篇语料，才能保证调查语料的准确性、全面性以及描写的充分性。

第六章"语言生活调查的主要内容和方法"认为，语言生活已成为我国语言学的特色研究领域。本章从语言社区、领域或行业、群体三个维度，论述了语言生活调查的主要内容、调查方法和注意事项，认为不同社区、领域或行业、群体的语言生活调查各有侧重、相互关联，既可以做综合性的调查，也可以做专项调查。无论何种类型的调查，都应当以问题为导向，既要有宏观视野，又要有全面精细的设计，还要恰当运用各种调查方法。只有这样，才能获取真实可靠的调查数据和典型案例，准确揭示调查地语言生活的特点和规律，并在相关调查数据和不同类型个案对比分析的基础上，建构理论认识。本章还就濒危语言和高同质性社区语言生活调查问题做了进一步说明，阐述了它们的研究价值及调查注意事项。

第七章"语言生活调查点的选择及相关问题"结合语言生活田野调查的实例，重点论述了社区语言生活调查的选点问题,阐述了兼顾民族分布、社区类型、地理环境、周边语言文化大环境以及统筹上述各种因素的必要性。从"由上而下""由下而上""由点及面"三种路径,论述了顺利进入田野调查点的注意事项。从试调查和正式调查角度,论述了克服语言交流障碍的方法。本章还认为,语言生活调查的选点应当具有学术敏感性和宏观视野,可以有适当的灵活性和变通性。

第八章"传媒领域语言生活调查"认为,我国少数民族语文媒体经历了从无到有、从少到多的发展。从少数民族受众的需求看,传统媒体仍有存在的必要,新媒体特别是自媒体对少数民族语文的发展具有双重影响。传媒领域语言生活调查应当立足于大众的需求,从媒体级别和类型、传播形式和内容、传播主体和受众等角度切入,综合采用多种田野调查方法,依据实地调查材料和数据描述传媒领域语言生活的状况,分析受众的媒体接触和评价、需求和期望,揭示传媒领域语言生活存在的问题及其影响因素,预测不同类型、不同语言文字媒体的发展趋势。传媒领域语言生活研究不能止于表面的观察证据、问卷调查数据和访谈材料,还需要在整体和系统观念的指导下,采用共时和历时对比相结合的方法,结合宏观、中观、微观或主观、客观因素进行归因分析。这样,研究结论才比较稳妥,提出的对策建议才有针对性和可操作性。

第九章"语言田野调查的文献方法"认为,广泛深入阅读基础上的理论反思(文献综述)是提出研究问题、建立研究假设的重要途径;掌握第一手材料基础上的个案研究积累,是提炼证据、解释问题、建构理论的重要手段。前者涉及理论继承和研究问题的"对话",属专业论文写作范畴;后者涉及验证已有理论、建构新的理论,属语言田野调查的基本方法。本章从研究文献阅读、梳理和评述以及田野文献采集和使用等角度,讨论了文献综述和田野文献法的特点、作用及其注意事项,认为新的认识是前人研究成果与研究者调查实证分析互动的结果,因此,文献阅读和梳理贯穿于一项调查研究的全过程,应当广泛深入阅读、谨慎客观评述,审慎对待研究文献中的数据和结论。关于田野文献法的使用,认为田野文献的采集和使用不能轻信"知情人"提供的数据,应当慎重使用某些地方文献中的数据,认真核实田野数据及其逻辑关系,为相关研究提供可靠的背景材料和研究证据。

第十章"访谈法在语言田野调查中的运用"认为,访谈法不仅贯穿于一项田野调查的全过程,而且是人文社会科学研究的常规方法,其最高境界是有目的的成功"聊天"。结合语言田野调查的实践,本章重点讨论了结构、非结构和半结构访谈的方法及其特点,认为深度访谈是否全面深入,关系到定性研究的广度和深度。访谈获取的典型案例、访谈者和受访者共同建构的认识以及研究者对访谈材料的定性解析,与问卷调查数据分析相互配合,是完善一项实证研究、建构理论认识的基本保证。本章还从学术态度、访谈能力和访谈技巧三方面阐述了访谈注意事项。在讨论访谈提纲针对性、前瞻性和虚实兼顾原则的基础上，简要叙述了访谈材料的整理和验证，认为访谈法既是独立的田野调查方法，其他调查方法也离不开访谈法。

第十一章"观察法在语言田野调查中的运用"结合语言田野调查的实践，从观察法的特点、类型等角度，阐述了观察法的作用以及各类具体观察手段和注意事项，认为观察法不仅是语言田野调查的基本方法，贯穿于一项调查的全过程，也是研究者融入调查地生活、体验当地语言文化的重要途径。观察法看似比较容易操作，实则对经验积累的要求很高，它不仅要求研究者在整个调查过程中时刻保持高度的热情、主动性和敏感性，而且需要具备搜集有用素材、发现新问题、捕捉新线索的能力。观察法难以独立承担一项研究，需要其他调查方法的配合使用。

第十二章"语言生活调查问卷的设计"认为，问卷调查既是获取定量分析数据的基本途径，也是语言生活研究的重要手段。本章主要针对语言生活问卷调查的相关问题，阐述了不同类型问卷的特点、问卷题干或选项设计及调查注意事项，论述了综合性和专项语言生活调查的内容，以及问卷核查和逻辑检验、样本统计、分析工具和统计方法等问题，认为在不同类型的问卷调查中，一对一访谈式问卷调查是保证调查信度和效度的最佳方式。

第十三章"语言认同的调查内容和方法"在阐述语言认同特性的基础上，重点论述了语言认同的调查内容、调查方法和注意事项，认为语言认同具有原生性、建构性和互动性特点，与社会、文化、族群、地域、国家认同联系密切，是语言使用者社会身份建构的依据。语言生态环境、语言习得、语言能力、语言使用与语言态度和语言认同相互关联，前几项客观因素调查是语言态度和语言认同等主观因素研究的基础，语言态度是语言认同的实践层面，语言认同是语言态度的哲学层面，几个方面的调查研究相结合，可以更好地解释它们对语言结构演变、语言功能发展、语言政策制定和语言规划实施的影响。因此，语言认同调查需要从不同角度切入，兼顾多种调查和分析方法，以保证调查的信度、效度和研究的深度。

附录 《语言田野调查实录（1—18）》辑刊目录

语言田野调查实录

王远新主编，衣莉、刘玉屏副主编，北京：中央民族大学出版社，2007年3月。
王远新：田野是大课堂，田野调查是硬功夫——《语言田野调查实录》前言

调查方法
王远新：论语言使用情况调查的方法
于天昱：漫漫调查路，苦乐两相伴——两项调查总结
张莉萍：新疆语言调查杂记
邬美丽：语言田野调查的实践与技巧
刘　琦：语言田野调查的过程和方法
彭春芳：问卷调查的方法和技巧

田野日志
刘玉屏：走进新疆，感受语言生活
王如利：北疆语言调查记
衣　莉：写在问卷边上
申　泉：体验·感悟·调查技巧
牟　章：难忘的田野调查之旅
彭春芳：难忘的经历，宝贵的财富
李　玲：青海语言调查访谈手记
申　泉：青海语言调查日志

专　题
武　燕：宗教认同的力量——记喇嘛的语言文字使用情况
寇福明：青海省循化撒拉族自治县教育现状调查

会议纪要与访谈录
李　凤、刘玉屏：新疆城市化进程中的各民族语言使用、语言关系调查——课题组

会议纪要

  李 玲：青海语言田野调查访谈录

语言田野调查实录（二）

王远新主编，衣莉、罗蓉副主编，北京：中央民族大学出版社，2009年2月。

  王远新：不一样的方式，不一样的收获——《语言田野调查实录（二）》代前言

青海篇

  王远新：青海省同德县双语教育调研报告

调查方法及田野日志

  衣 莉：同德的语言与教育：现象与反思
  武玉芳：青海省同德县双语教育调研印象
  罗 蓉：喜忧参半调查路，苦乐相随青海行——青海双语教育调查体会
  刘 艳：精于心，艰于行——青海省同德县双语及双语教育田野调查
  郝 晶：青海双语教育调查实感
  包冬梅：母语走向何方
  郭 庆：同德双语教育田野调查日志
  杨丽如：走近青海双语教育
  衣 莉：换位思考——站在别人的鞋里

教育部门及专家访谈

  王远新、楼春芳：青海省双语教育相关部门座谈纪要
  王远新：同德县教育局访谈
  王远新、楼春芳、刘铭：青海省教育厅双语教育调研回访纪要
  刘 铭：青海省海南州教育局、海南州民族中学双语教育座谈纪要
  刘 铭：青海高校专家访谈录

校领导和教师访谈

  武玉芳：同德县九年一贯制学校领导和教师访谈
  刘 铭、衣 莉：同德县民族完小校长和汉语教师访谈
  刘 铭、武玉芳：同德县巴沟中心完小校长访谈
  楼春芳、武玉芳、王远新、衣 莉：同德县唐谷镇谷芒中心寄宿制完小领导和教师访谈
  楼春芳：同德县河北乡英奴乎寄宿制完小领导和教师访谈

衣　莉：同德县秀麻乡江群寄宿制小学领导和教师访谈

学生访谈
刘　艳、楼春芳、郭　庆、郝　晶：同德县九年一贯制学校小学部学生访谈
刘　艳、楼春芳、郭　庆、杨丽如、郝　晶：同德县民族完小学生访谈
包冬梅、郭　庆、郝　晶、罗　蓉：同德县巴沟中心完小学生访谈
刘　艳、郝　晶、罗　蓉：同德县唐谷镇谷芒中心寄宿制完小学生访谈

新疆篇

调查方法及田野日志
衣　莉：新疆语言田野调查中的挫折和失败案例分析
罗　蓉：语言使用、语言关系调查方法的几点体会——以 2007 年新疆语言田野调查为例
郝　晶：不在调查，就在去调查的路上——新疆语言调查实感
左　雁：且行且记——语言田野调查反思
韩　炯：感受新疆语言田野调查
包冬梅：新疆语言田野调查感悟
李　玲：南疆语言调查纪行
刘　艳：透过高台民居审视喀什双语教育
闫　丽：语言田野调查技巧的几点感受

访谈报告
王远新、衣　莉：新疆双语教育访谈录
左　雁：文化广场语言访谈报告

山西篇

武玉芳、李　燕、李　凤、卢　莉、李媛冬：山阴县语言使用及语言态度调查——兼论方言保护与推广普通话的关系
武玉芳：山阴话"你"和"您"类代词的使用变化——以家庭内部使用为例
李　燕：方言区学校的语言环境问题——以山阴县语言态度调查为例
李媛冬：在路上——语言调查教我成长

语言田野调查实录（三）

王远新主编，李秋杨、张阳副主编，北京：中央民族大学出版社，2009 年 7 月。

王远新：脚踏实地，一步一个脚印前行——《语言田野调查实录（三）》代前言

田野调查方法

王远新：田野调查：社会语言学存在和发展的基础——兼论社会语言学方法的局限性

京以宬：北京话田野调查方法漫谈

李媛冬：清西陵北京话方言岛调查追记——语言田野调查方法浅谈

罗　蓉：云贵语言使用情况调查两论

语言本体调查

王远新：新疆汉语方言中维吾尔语借词的使用及语序差异——以察布查尔锡伯自治县察布查尔镇公务员为个案

王如利：论新英源借词在当代汉语中的发展趋势

王如利：英语词在汉语语境中使用的年龄差异调查

左　雁：语言接触条件下的洋泾浜现象调查——以"秀水街英语"为例

刘玉屏：义乌市农民工社交称谓语使用调查

罗　蓉：衡阳铁路普通话的句法特点及其使用调查

武玉芳：中古入声字在山西方言的使用状况调查——以大同县为例

李　凤：晋语定襄话形容词重叠式使用状况调查

卢　莉：恭城官话新老派语音差异调查

语言生活调查

王远新：省界苗汉杂居社区的语言生活——湖南省城步县五团镇第一居委会语言使用、语言态度调查

李庐静：福建省永安市区永安话使用现状调查

衣　莉：北京在校大学生英语学习态度调查

申　泉：在京朝鲜族的语码转换调查

符红萱：昆明市"城中村"居民语音变异意识调查

田野调查日志

李秋杨：云南三地语言使用、语言态度调查实录

何　丽：云南多民族地区语言使用、语言关系、语言态度暑期调查纪实

张　阳：彩云之南，难忘之行——云南语言田野调查记

王雪梅：走进乡野，感受语言学田野调查的魅力

贾海霞：滇行散记——记云南之旅的体会与收获

格根通力嘎：难忘的调查之旅——昆明、大理、丽江语言调查记

付楠楠：足踏彩云之南——记云南暑期田野调查

王晓谦：清东陵语言调查日志

语言田野调查实录（四）

王远新主编，姚春林、韩春晓副主编，北京：中央民族大学出版社，2010年7月。
王远新：实证研究：语言学发展的基础——《语言田野调查实录（四）》代前言
田野调查方法
王远新：语言田野调查点的选择及相关问题
语言本体调查
王远新：城市维吾尔族维吾尔词语掌握和使用状况调查——以乌鲁木齐市天山区药王庙社区为个案
李庐静：福建永安普通话入声字声调变异调查
吐尔逊·卡得：维吾尔语柯坪土语的语音特征
李庐静：福建永安普通话中的"掉"及其使用调查
贾海霞：晋语柳林话形容词重叠式使用状况调查
语言生活调查
王远新：都市哈萨克族社区的语言生活——乌鲁木齐市哈萨克族中学家属院居民语言使用、语言态度调查
蔡学娣、张慧玲：大学生西班牙语学习与自我认同变化研究
战凤梅：英文名字与自我认同的建构——普通理工科大学生英文日记分析
文华俊：维吾尔族预科生汉、英语学习中母语迁移情况调查
戈　怡：在歌声中变异的语言：场景、发音与社会互动——蒙古民歌元音声学分析与研究过程
双语教育调查
才　果：青海藏区藏汉双语教育现状与思考
王远新：青海同德县教师语言使用和汉语教学现状调查
姚春林：民族教育问题思考——以河北五台蒙古营和内蒙古巴彦嵯岗为个案
田野调查日志
韩春晓：走进田野、走向生活——内蒙古呼伦贝尔市语言调查记
沈世玘：从校园走向田野——河北尚义、内蒙古呼伦贝尔语言田野调查记实
张　阳：无边青草香，漫漫调查路——内蒙古呼伦贝尔市语言使用及语言态度调查
高　青：语言田野调查草原行——记河北、内蒙古语言田野调查
王晓谦：犹记经行旧时路——内蒙古呼伦贝尔市语言文化调查日志

格根通力嘎："宝岛"五台蒙古营之行——五台语言田野调查记
格根通力嘎：天堂草原——呼伦贝尔草原语言调查记
钟　明：草原语言田野调查记行
何　维：魂牵梦绕，奔向那苍鹰翱翔的地方——河北省尚义县、内蒙古呼伦贝尔市语言田野调查

语言田野调查实录（五）

王远新主编，韩春晓、李庐静副主编，北京：中央民族大学出版社，2011年3月。
王远新：发扬传统，继往开来——《语言田野调查实录（五）》代前言
田野调查方法
王远新：我国少数民族双语教育调查研究应当注意的几个问题
语言本体调查
王远新：新疆汉语方言中维吾尔语借词的使用及语序差异调查——以乌鲁木齐市老居民社区明园石油小区为个案
吐尔逊·卡得：维吾尔语柯坪土语体词性词类的形态特征
李　荷：语义认知分析在对外汉语教学中的作用——以量词"把"为例
语言生活调查
王远新：一个从双语到单语过渡的社区——湖南城步县白毛坪村语言使用、语言态度调查
王远新：湖南省城步县羊石村语言使用、语言态度调查
李庐静、田文静：北京话、普通话态度差异调查——以北京市居民和常住人口为个案
姚春林：少数民族预科生英语学习性别差异研究
王云娜：吉尔吉斯共和国汉语教学现状调查
李　雅：塔吉克斯坦共和国汉语教材使用状况调查
双语教育调查
韩春晓：锡林郭勒盟蒙汉双语教育访谈与思考
赵剑宏：校本课程与民族文化——锡林浩特市民族学校校本课程调查与思考
钟　明：蒙汉双语教育存在的问题——以锡林浩特市和二连浩特市为个案
文华俊：他们该学英语吗——新疆维吾尔族"民考民"大学生英语教育访谈录
田野调查日志（上篇：内蒙古自治区）
李庐静：田野里锻炼，调查中成长——内蒙古语言田野调查散论

刘　宾：两个草原城市间的奔忙——内蒙古社会语言学田野调查行记
何　维：走进草原，感受边境语言生活——锡林浩特市、二连浩特市语言田野调查
魏　琳：马头琴声萦绕的地方——内蒙古语言田野调查日志
岳朋雪：我和草原有个约定——内蒙古语言田野调查记
强　泰：无边青翠，一马飞歌——内蒙古语言田野调查行记

田野调查日志（下篇：广西壮族自治区）
张　阳：半程山色半程水——记广西少数民族语言使用情况及跨境语言文化调研
方　阳：桂乡山海一路行——广西凭祥市、防城港市语言田野调查琐记
魏　琳：求索·力行——记广西中越边境语言田野调查
何　维：多种语言，多元文化——广西三地语言使用、语言态度调查实录
周　荣：多语交汇的中越边境——广西凭祥、东兴跨境语言田野调查行
强　泰：山歌悠扬，美景难忘——广西边境地区语言使用、语言态度调查行记
康军帅：广西语言使用、语言态度调查边境行

语言田野调查实录（六）

王远新主编，李庐静、李荷副主编，北京：中央民族大学出版社，2011年12月。

王远新：走进田野，关注民族地区语言生活的新走向——《语言田野调查实录（六）》代前言

田野调查方法
王远新：田野调查中的数据采集和研究文献中的数据使用问题
李庐静：地方普通话语言变项调查方法初探

语言本体调查
王远新：新疆汉语方言中维吾尔语借词的使用及语序差异调查——以哈巴河县公务员为个案

语言生活调查
王远新：吐鲁番市葡萄村语言使用、语言态度调查
王远新：石油新城"城中村"的语言生活——库尔勒市铁克其乡海里帕尔村语言使用、语言态度调查
姜　燕：昆明高校普米族学生语言使用和语言态度调查
陈　竹：云南大学留学生学习动机与学习现状调查——以欧美、东南亚、日韩留学生的比较为例
李　雅：塔吉克斯坦汉语教学现状调查

双语教育调查
刘　军：新疆学前、中小学双语教育发展状况与对策
刘　军：新疆少数民族中小学汉语教材使用研究——人教版《语文》教材的难点、问题与对策
韩春晓：内蒙古少数民族师范教育双语教学现状调查——以锡林郭勒职业学院为个案
赵剑宏：蒙古语授课高中英语教学调查纪实——以锡林郭勒盟蒙古族中学为例

语言调查综述
刘　婷：中国蒙古语族语言使用情况调查述论

田野调查日志
李庐静：行无域，思无疆——2011年社会语言学田野调查广西行
方　阳：山海取经，美美与共——广西沿海边民社区语言文化调查纪略
李　荷：山水景色美，民族一家亲——记广西移民社区语言使用、语言态度调研
何　维：流动的美丽——记广西移民社区社会语言学田野调查
岳朋雪：南国边境行——广西移民社区语言田野调查
刘　宾：南方之南——广西社会语言学田野调查行记
刘羽佳：我的首次语言田野调查——广西边境地区移民社区语言使用、语言态度调查纪行

语言田野调查实录（七）

王远新主编，赵剑宏、李荷副主编，北京：中央民族大学出版社，2012年2月。

王远新：关注重大现实问题，注重微观实证个案——《语言田野调查实录（七）》代前言

田野调查方法
王远新：沟通和信度：语言田野调查三论
赵剑宏：访谈法在民族教育语言教学调查中的应用——以内蒙古锡林浩特市民族中小学教师访谈为例

语言本体调查
王远新：城市哈萨克族哈萨克词语掌握和使用状况调查——以乌鲁木齐市三十六中家属社区为个案

语言生活调查
王远新：哈巴河县多民族杂居村的语言生活——阿克齐村语言使用、语言态度调查

王远新：乌鲁木齐市友好北路街道办事处公务员语言使用、语言态度调查
　　刘　艳：北京市潞河中学新疆高中班学生语言使用、语言态度调查
　双语教育调查
　　刘　军：新疆塔城地区双语教育调研报告
　　刘　军：新疆中小学汉语教学现状研究
　　韩春晓：新疆少数民族汉语教学调查
　　姚春林：青海省藏汉双语教育的现状与思考
　田野调查日志
　　刘　军：新疆双语教育随笔
　　李庐静：一路向西，感受多民族语言文化——记新疆乌鲁木齐市、伊宁市语言生活调研
　　薛一萌：初踏边疆热土，难舍田野情怀——新疆语言田野调查日志
　　刘晓凤：塞外江南风景异——记乌鲁木齐市、伊宁市语言文化生活调查
　　厉国华：新疆语言田野调查记行
　　魏　萌：我的初次语言田野调查——新疆语言田野调查纪实
　　赵　婕：新疆语言使用、语言态度调查纪实
　　刘羽佳：重识新疆，感受多彩语言文化

语言田野调查实录（八）

王远新主编，李庐静、李天聪副主编，北京：中央民族大学出版社，2013年3月。
　　王远新：语言研究：从我们身边做起——《语言田野调查实录（八）》代前言
　田野调查方法
　　王远新、黄如猛：大规模入户问卷调查的设计与实施：广西世居少数民族语言文字使用状况调查
　语言本体调查
　　王远新：牧区哈萨克族哈萨克词语掌握和使用状况调查——以乌鲁木齐县居民为个案
　　刘　宾：北京市昌平区崔村镇人称代词"您"使用调查
　　岳朋雪：当代汉语旧词新义词语使用的社会差异调查——以北京市出租车司机为个案
　语言生活调查
　　王远新：牧区移民社区的语言生活——锡林浩特市欣康村居民的语言使用和语言态

度调查

  王远新：乌鲁木齐市政府公务员语言使用和语言态度调查
  刘　艳：上海市七宝中学新疆高中班学生语言使用和语言态度调查
  赵　婕：新疆高校中亚留学生语言使用和语言态度调查

双语教育调查
  刘　军：构建新疆少数民族中小学汉语课堂教学质量评价体系探索
  杨文革：新疆和静县蒙古语文教学现状调查
  刘　军：新疆双语教育调研纪实

语言调查综述
  李庐静：地方普通话研究述评
  李　荷：中原官话研究综述

田野调查日志
  姜昕玫：行走在孔雀之乡——记云南省德宏州边境语言生活调研
  李天聪：走进云南边境，感受少数民族语言生活
  康　宁：风华天然，走向田野——记云南省德宏州暑期语言田野调查
  姜　燕：天涯有穷时，行思无尽处——云南语言田野调查散记
  张月心：在语言的田野上——记云南德宏州边境语言文化调研
  朴艺娜：初踏田野，别样情怀——记云南德宏州语言田野调查
  孙雨婷：情牵西南热土，难舍田野情怀——记云南边境语言文化调研

语言田野调查实录（九）

王远新主编，赵剑宏、赵婕副主编，北京：中央民族大学出版社，2013年11月。
  王远新：应当加强少数民族生态移民语言文化适应的调查研究——《语言田野调查实录（九）》代前言

田野调查方法
  瞿霭堂：语言调查经验谈
  张　阳、赵小兵：双语教育语文教材语料库设计方案

语言本体调查
  王远新：新疆汉语方言中维吾尔语借词使用情况及语序特点调查——以吐鲁番市公务员为个案
  刘　宾：北京市昌平区崔村镇人称代词"俺"使用情况调查
  岳朋雪：当代汉语旧词新义词语使用的社会差异调查——以北京市学生群体为个案

语言生活调查

王远新:"中华布依第一寨"的语言生活——贵州省贵定县音寨、春风寨居民语言使用和语言态度调查

王远新:贵阳市花溪区公务员语言使用和语言态度调查

赵剑宏、李天聪:新疆籍"民考民"大学生英语学习现状及学习需求调查

赵　婕:新疆高校中亚留学生汉语学习现状调查

双语教育调查

杨文革:新疆阿图什市柯尔克孜语文教学现状调查

刘　军:HAFALA教学实验在新疆喀什地区双语教学中的推广

李天聪:新疆民族中小学双语教育的现状及问题

张惠萍:乌鲁木齐市小学双语教学现状——以乌鲁木齐市第四十四小学为个案

姜昕玫:新疆学前双语教育访谈与思考

刘　军:新疆双语教育研讨会和座谈会纪实

姜　燕:德宏州民族语文教学田野调查纪实

康　宁:泸水县傈汉双语教育发展历程考察

语言调查综述

姜昕玫:河州话研究综述

孙雨婷:汉语四字格研究综述

姜　燕:云南省少数民族双语教学研究综述

田野调查日志

姜　燕:芒市傣汉、载瓦汉双语教学田野调查纪行

刘　军:南疆双语教学调研纪行

语言田野调查实录（十）

王远新主编，叶黑龙、姜昕玫副主编，北京:中央民族大学出版社，2014年12月。

王远新:新疆传媒领域少数民族语言文字使用现状、问题及对策——《语言田野调查实录（十）》代前言

田野调查方法

劲　松:语言变异和变化研究的调查方法

赵剑宏:少数民族学生英语学习问卷调查应注意的问题

语言本体调查

王远新:新疆汉语方言中维吾尔语借词的使用及语序特点调查——以新疆维吾尔自

治区民语委公务员为个案
　　叶黑龙：西盟县新厂镇代格拉寨佤族"炯道"祭词分析
　　李天聪：当代汉语中的日本动漫高频词语使用及扩散研究——以在京大学生为个案
　　刘晓凤：冀鲁官话无棣方言亲属称谓语使用研究
　语言生活调查
　　王远新：洱海白族村落的语言生活——大理市大理镇白族村居民语言使用和语言态度调查
　　姜　燕：芒市傣族、景颇族学校语言使用调查
　　李天聪：当代汉语中的日本动漫词语特点和分类
　　韦珂珂：中越边境凭祥市越南语培训与就业调查
　双语教育调查
　　刘　军：新疆双语教育研究的几点感悟
　　刘　军：新疆双语教育"送教"活动纪实
　　杜曼·加合甫：新疆哈萨克语学校教学现状调查——以新塞克网搜集的资料为依据
　语言调查综述
　　叶黑龙：佤族祭词研究综述
　田野调查日志
　　张月心：策马扬鞭驰草原，励学励行忆田野——记内蒙古通辽市语言田野调查
　　桂柳玥：走进田野大课堂，练就语言调查硬功夫——记内蒙古通辽市语言田野调查
　　姜昕玫：深入孝庄故里，了解语言文化生活
　　郑国娟：走进草原深处，感受田野调查——记内蒙古通辽市语言生活调查
　　孙睿泽：白日放歌须纵酒，田野调查要躬行——记内蒙古通辽市语言文化田野调查
　　朱晓旭：魅力田野，风情草原——记内蒙古通辽市语言生活调研
　　孙文虹：躬行且闻青草香——内蒙古通辽市语言田野调查札记

语言田野调查实录（11）

王远新主编，姜昕玫、赵婕副主编，北京：中央民族大学出版社，2015年12月。
　田野调查通论
　　王远新：云南边境地区少数民族语言文化调研报告——以德宏傣族景颇族自治州为个案
　　姜昕玫：新疆司法领域蒙古语文使用现状、问题及对策

田野调查方法
陈宗振：语言田野调查的一些经验教训
语言本体调查
叶黑龙：佤语代格拉话音系结构分析
王远新：新疆汉语方言中维吾尔语借词的使用及语序特点调查——以新疆人民出版社工作人员为个案
郑仲桦：新疆察布查尔锡伯语调查概述
迪亚尔别克·阿力马洪：哈萨克语的地方性差别
语言生活调查
王远新：中缅边境村落的语言生活——瑞丽市芒棒村村民语言使用和语言态度调查
王远新：中缅边境移民村的语言生活——瑞丽市勐力移民村村民语言使用和语言态度调查
康　宁：怒江州六库镇傈僳语使用活力调查
康　宁：怒江州六库镇新老傈僳文使用活力调查
姜　燕：芒市生源傣族景颇族大学生语言使用和语言态度调查
双语教育调查
赵　婕、董秋瑾：双语教育背景下基础教育阶段柯尔克孜语文教学现状调查
刘　军：新疆库车县玉奇吾斯塘乡住村工作双语活动纪实
刘　军：新疆双语教育教材修编工作纪实
姜　燕：芒市傣汉、载瓦汉双语教学对比研究
语言调查综述
席卓馨：汉语亲属称谓词语调查研究综述
田野调查日志
康　宁：怒江州傈僳语文使用活力调查纪行
席卓馨：黑土韵，传奇乡，田野情——记东北官话特色词语使用调查
朱晓旭：黑土地里的田野情——东北官话特色单音节动词使用调查
孙睿泽：走进清朝发祥地　躬行田野调查情——东北官话特色动物词语使用调查
王远新：后记

语言田野调查实录（12）

王远新主编，姜燕、朱瑶瑶副主编，北京：中央民族大学出版社，2017年3月。

田野调查通论
瞿霭堂、劲　松：论语言与认同
王远新、李　玲：土尔克曼人和土尔克曼话
赵　婕：新疆行政、司法领域柯尔克孜语文使用现状、问题及对策

田野调查方法
劲　松：新时期普通话发展变化调查研究的反思

语言本体调查
阿孜古丽·阿布力米提、杨　潇：维吾尔语于田话长元音调查研究
阿孜古丽·阿布力米提、杨　潇：维吾尔语于田话元音/i/调查研究
王远新：新疆汉语方言中维吾尔语借词的使用及语序差异——以新疆维吾尔自治区民委公务人员为个案
魏　萌：西宁市城东区回族汉语常用词语使用及其社会差异调查
朱晓旭：东北官话特色单音节动词使用调查

语言生活调查
王远新："中国阿昌第一村"的语言生活——芒市龙昌移民村村民语言使用和语言态度调查
王远新：德昂族村落的语言生活——芒市出冬瓜村村民语言使用和语言态度调查

双语教育调查
刘　军：汉语课程标准与新疆民族中小学汉语课程改革
张建新：新疆麦盖提县双语教育背景下的民族语文教育研究

语言调查综述
朱瑶瑶：语言认同研究综述
姜　燕：胶辽官话研究综述
魏　萌：回族汉语研究综述
孙睿泽：汉语动物词语研究综述

田野调查日志
金万丽：新疆行政、司法、教育领域和移民社区哈萨克语文使用田野调查
朱　琳：新疆维吾尔语文使用田野调查
李　雪：新疆行政、司法领域语言田野调查
辛美敬：新疆蒙古族、维吾尔族语言使用田野调查

语言田野调查实录（13）

王远新主编，姜燕、赵妍副主编，北京：中央民族大学出版社，2017年12月。

田野调查通论
王远新、姜昕玫：新疆民族教育领域语文政策发展概述

田野调查方法
郑仲桦：少数民族语言方言调查研究方法

语言本体调查
王远新：新疆汉语中维吾尔语借词的使用及语序差异——以新疆喀什地区行署公务员为个案
厉国华：五莲话语音特点调查
厉国华：五莲话语音差异及影响因素调查
孙睿泽：东北官话特色动物词语社会差异调查
孙睿泽：东北官话特色动物词语使用及其影响因素调查
郑仲桦：论排湾语的重音与央元音

语言生活调查
王远新：都市边缘白族村落的语言生活——昆明市五华区沙朗白族乡居民语言使用和语言态度调查
王远新：德昂族移民新村的语言生活——云南芒市上帮村村民语言使用和语言态度调查
陈秋蓉：昆明市哈尼族农民工语言使用和语言态度调查

双语教育调查
赵　妍：新疆基础教育阶段哈萨克语文教学现状调查
朱　琳：新疆中小学维吾尔语文教学现状调查
刘　军：新疆民族中小学汉语课程改革的经验、问题及建议

语言调查综述
赵　妍：新疆少数民族双语教育研究述略

田野调查日志
姜　燕：新疆少数民族语言生活调查反思
王少华：新疆北塔山牧场田野调查纪行
王少华：奎屯市哈萨克族社区语言生活调查记
李　雪：新疆哈萨克族移民社区语言文化适应调查纪行

辛美敬：新疆哈萨克族移民语言文化适应调查

语言田野调查实录（14）

王远新主编，赵丽萍、史春颖副主编，北京：中央民族大学出版社，2018年12月。

田野调查通论
瞿霭堂：语音和功能的最佳恰合：整理语音系统提要

田野调查方法
姜　燕：《青岛话文白异读变异研究》写作及调查反思

语言本体调查
王远新：新疆汉语中维吾尔语借词的使用及语序差异——以新疆库尔勒市公务人员为个案
郑仲桦：排湾语的重叠构词：以大鸟土语为例
郑仲桦：排湾语 aja 的语法化研究
土　南：哈尼语雅尼话的数量名结构

语言生活调查
王远新：中哈边境地区锡伯族村落的语言生活——伊宁市霍城县伊车嘎善村村民语言使用和语言态度调查
王远新：乌鲁木齐市郊白杨沟哈萨克族移民新村的语言生活
王远新：哈萨克族牧民安居点努尔加村的语言生活
朱　琳：新疆行政领域维吾尔语文使用现状调查
朱　琳：新疆司法领域维吾尔语文使用调查
安冉欣：通辽市蒙古族语言使用和语言态度调查
叶敬媛：社会网络调查的实践——以二道营子村蒙古语使用调查为例
叶敬媛：二道营子蒙古族语言社区语言活力评估

双语教育调查
姜昕玫：新疆基础教育领域蒙古语文使用调查研究
刘　军：新疆汉语教学向汉语文教学转型中的问题及思考

语言调查综述
贾海霞：晋语文白异读研究综述
赵丽萍：汉语方言文白异读研究综述
杨　潇：中国土耳其语研究综述
张武玉玲：越南语汉越词研究综述

田野调查日志
史春颖：初入赫哲族社区：黑龙江省饶河县赫哲语保护和传承调查
郑仲桦：台湾南岛语田野调查随笔
潘晶晶：蒗渠摩梭话田野调查纪行
阿茹恒：甘其毛都镇和边境口岸语言生活的初步调查

语言田野调查实录（15）

王远新主编，史冬梅、安冉欣副主编，北京：中央民族大学出版社，2020年12月。
田野调查通论
瞿霭堂：语言联盟：汉藏语言的新认识
董洪杰、周敏莉、Visar Sylaj：国外语言多样性与贫困关系研究
田野调查方法
郑仲桦：台湾南岛语方言研究方法与新进展
语言本体调查
王远新：哈萨克族的哈萨克语掌握程度和使用状况调查——以新疆大学社区哈萨克族为个案
语言生活调查
王远新：哈萨克族牧民安居点的语言生活——昌吉市阿什里哈萨克民族乡阿什里村语言文化适应调查
王远新：国营牧场安居社区的语言生活——乌鲁木齐市阿克苏乡冬不拉社区居民语言使用和语言态度调查
王远新：城市多民族杂居社区的语言生活——乌鲁木齐市药王庙社区居民的语言使用和语言态度调查
岳朋雪：海南兴隆华侨农场印尼归难侨语言文化生活初探
包冬梅：肃南县喀尔喀蒙古族的语言生活
史冬梅、邓 垚、安冉欣：青海回族托茂人蒙古语濒危过程及原因初探
禄雨薇：青海省海西州蒙古语言文字使用调查
赵婷婷：青海省海西州蒙古族语言生活调查
史冬梅、邓 垚：阿拉善左旗信仰伊斯兰教蒙古族的语言使用和语言态度调查
双语教育调查
兰 鸽：海西州蒙古族双语教育调查研究

语言调查综述
王远新、吐尔逊·卡得：塔塔尔语研究综述
王睿智：冀鲁官话沧惠片研究综述
白佳奕：语言景观研究综述
田野调查日志
王远新：1987年8月新疆塔塔尔族调查访谈录
吐尔逊·卡得：乌鲁木齐市塔塔尔族语言文化调查记
王少华：大泉塔塔尔民族乡访谈录
白佳奕：石佛寺镇维吾尔族经商务工者语言文化适应调查
王睿智：河南省镇平县维吾尔族语言文化适应调查记
刘静萍：新疆与石佛寺镇的"玉缘"故事——维吾尔族经商务工人员语言文化适应调研日志
迪丽娜孜·吐尔逊：中原维吾尔族的语言生活——河南石佛寺镇维吾尔族经商务工者的语言文化适应
祖木来提·艾克木：在田野中感悟，在调查中成长——镇平县石佛寺镇维吾尔族经商务工者语言文化适应调研日志
邓　垚：石佛寺镇维吾尔族经商务工者语言文化适应调查记
周晓晗、和霁瑶、崔　璇、秦晓敏：三亚市中廖黎族村语言生活调查记
刘　宇、秦晓敏、牛良玉：中廖村黎族与兴隆华侨农场归难侨语言生活调查纪实

语言田野调查实录（16）

王远新主编，魏萌、赵婷婷副主编，北京：中央民族大学出版社，2022年7月。
田野调查通论
王远新：语言接触研究的几个问题
田野调查方法
王远新：语言本体调查方法及注意事项
董洪杰：语言变异与身份认同研究纵览
魏　萌：西北民族走廊地区汉语方言接触研究
语言本体调查
任先木：藏语舟曲赞嘎话音系分析
郑仲桦：布农语脏话分析
王睿智：山东临邑话亲属称谓语使用调查

安冉欣：蒙古语儿语词汇初探——以内蒙古通辽市科左后旗个案为例
陈茉莉：泰语双音节同义并列复合词的语素序

语言生活调查
王远新：昌吉市庙尔沟乡和谐二村和谐的语言生活
王远新：阿勒泰市红墩镇萨亚铁热克村的语言生活及其变迁
王远新：尚义县公务人员语言使用和语言态度调查
董洪杰：西安回族坊上的语言生活和坊上话
赵婷婷、兰　鸽、安冉欣、禄雨薇：青海省海西州城镇蒙古族语言使用及其发展趋势
罗向鱼：甘肃省肃北县蒙古族语言生活调查
陈秋蓉：昆明市彝族进城务工者语言文化适应调查
白佳奕：桂林市语言景观调查研究
白佳奕：桂林市店铺标牌调查

双语教育调查
包冬梅：肃北县民族教育概况、问题及对策

语言调查综述
杨　倩：近十年国内语言变异研究综述
杨何欢：文白异读及云南汉语方言文白异读研究综述
陈秋蓉：少数民族进城务工者语言文化适应研究综述

田野调查日志
白佳奕：桂林市语言景观调查记
包冬梅：肃北蒙古族自治县语言田野调查纪行
安冉欣：青海省海西州蒙古族语言生活调查
赵婷婷：兴义市少数民族移民语言文化适应调查纪实
曾雪雨：移民社区的新生活：兴义市麻山社区调查记
曾雪雨：西陵镇北京官话方言岛语言使用与儿化词调查
史丹丹：西陵镇北京官话方言岛居民语言使用及语言态度调查记
王博翔：西陵镇北京官话方言岛居民语言状况调查及反思

语言田野调查实录（17）

王远新主编，赵婷婷、黄晔副主编，北京：中央民族大学出版社，2023年5月。

田野调查通论
王远新：选择可持续性语言研究的看法
巴达玛敖德斯尔：蒙古族语言生活调查：目标与进展

田野调查方法
郑仲桦：疫情期间的方言田野调查：方法与反思

语言本体调查
黄　晔：新疆鄯善县七克台镇汉语方言选择性问句研究
魏　萌：西宁方言的助词"着"
郑仲桦、高子淇：冀鲁官话邹平话音系及后滑音的实验语音分析
郑仲桦：鄂温克语的重音
吴　玲：白市酸汤话音系及其新老派差异
曾雪雨：西陵镇北京官话方言岛的文白异读
李　荷：汶上县高中生方言特色词的使用和语言态度
李贵英：晋方言邯新片峰峰土语人体词使用调查
宋箴颜：宋辽时期汉语借词在西域的使用

语言生活调查
王远新：北塔山牧场哈萨克族牧民安居的语言生活及语言文化适应
王远新：民族杂居社区的语言生活及其变化：察布查尔锡伯自治县良种繁育场的案例
王远新：乌鲁木齐市高档居民区的语言生活：南门国际城小区居民的语言使用和语言态度调查
黄　晔：巴音郭楞蒙古自治州蒙古族的语言生活
王远新：京族聚居区澫尾村的语言生活及其变迁
王远新："京族三岛"巫头村的语言生活及其变迁
余沛航：嵩县德亭镇赴粤务工者语言文化适应调查

双语教育调查
兰　鸽：青海民族大学双语教育调查研究

田野文献综述
赵婷婷：汉语方言岛及陕西境内胶辽官话方言岛研究
杨　倩：陕西汉中方言研究综述
吴　玲：酸汤话研究综述
赵婷婷：语言功能的社会语言学研究——《语言功能论纲》述评
迪丽娜孜·吐尔逊：国内少数民族语言生活研究综述

田野调查日志
赵婷婷：陕西省蒲城县胶辽官话方言岛调查
史丹丹：晋方言泽州话入声字使用初步调查
谯金亚：云南卡卓人语言使用调查纪实

语言田野调查实录（18）

王远新主编，赵婷婷、曾雪雨副主编，北京：中央民族大学出版社，2025 年 2 月。
田野调查通论
王远新：马学良先生对年轻学人的扶持以及在语言学领域的重要贡献
郑仲桦：赵元任《湖北方言调查报告》与汉语方言研究
田野调查方法
郑仲桦：记音杂记
赵婷婷：陕西省蒲城县胶辽官话方言岛语言生活和方言接触调查
语言本体调查
王远新：塔塔尔语新词构成的类型和特点
曾雪雨：西陵话的儿化韵与儿化词
曾雪雨：西陵话儿化词的社会使用状况
吴　玲：白市酸汤话语音变异调查
郑仲桦：胶辽官话高密话音系
郑仲桦：台湾普通话的语音特点
郭中发：湖南桂东话中"箇"的多功能用法
安冉欣：通辽市蒙古族语言生活及科尔沁土语畜牧业词调查
语言生活调查
王远新：乌鲁木齐市大湾地区维吾尔族语言生活调查
王远新：乌鲁木齐市中档居民区的语言生活：沙依巴克区泰琇小区居民语言使用和语言态度调查
王远新：通辽市白音珠日河生态移民村的语言生活
王远新：科左中旗新农村示范点那仁嘎查的语言生活
帕尔文·帕尔哈提：伊宁市语言景观的历史变迁
张丁戈：民族地区高校新媒体矩阵在大学生交往中的作用：以新疆农业大学大学生新闻中心为个案

语文教育调查
孙茹义：科尔沁左翼中旗城镇与农村蒙古族蒙汉语文教育现状调查
语言调查综述
吴　青：官话方言尖团音研究综述
孔鑫颖：中原官话兖荷片研究综述
马雯雯：我国群体语言认同研究综述